Nuala O'Faolain

Sein wie das Leben

Nuala O'Faolain

Sein wie das Leben

Aus dem Englischen
von Karen Nölle-Fischer

Claassen

Die Originalausgabe erschien 2003 unter dem Titel
Almost There. The Onward Journey of a Dublin Woman
bei Riverhead Books, New York.

Claassen Verlag
Claassen ist ein Verlag der Ullstein Buchverlage GmbH

ISBN 3-546-00351-9

Gesetzt aus der Sabon
bei Franzis print & media GmbH, München
Druck und Bindung: GGP Media, Pößneck

Meiner geliebten Schwester Deirdre

1. Kapitel

Der Tiefpunkt

Hätte man mich mit Mitte fünfzig gebeten, über das Älterwerden zu berichten, hätte ich gesagt, es sei zu trostlos, als dass ich mich darüber äußern wollte. Viel zu trostlos, wenn man wie ich von tiefstem Herzen glaubte, im eigenen Leben versagt zu haben. Nach außen hin war ich erfolgreich, das wusste ich – ich arbeitete als Kolumnistin bei einer irischen Zeitung, und Kolumnisten haben einen gewissen Status. Doch wenn ich die private Seite meines Lebens betrachtete, sah ich nur Bereuenswertes und das, was fehlte. Ich hatte weder Kinder noch sonst das Gefühl, etwas erreicht zu haben. Ich hatte keinen Lebensgefährten und keine Lebensgefährtin. Ich hatte keine Liebschaft und sei sie noch so locker, und hatte auch keine Sehnsucht nach einer. Meine in der Nähe lebenden Geschwister sah ich gelegentlich, aber ich empfand sie nicht als Bereicherung für den Alltag. Unser Vater, der als erster Journalist in Dublin eine tägliche Klatschspalte über die allabendlichen Empfänge, Feste und gesellschaftlichen Ereignisse der Stadt verfasste, war ein großer Fisch in einem kleinen Teich gewesen. Eine charmante, elegante Erscheinung, meist im Abendanzug, die überall gern gesehen war. Meine arme Mutter dagegen war eine scheue, einsame Frau, die von jedem Haus, in dem wir gerade lebten, überfordert war. Sie war ein Bücherwurm: Lesen und Alkohol verhalfen ihr zur Flucht vor der Realität ihrer neun Kinder und ihres Mannes, dem sie in Liebe, aber ohne Vertrauen verbunden war. Wir sahen über die Jahre mit an, wie unser Vater begehrter wurde und unsere Mutter immer hoffnungsloser in den Alkoholismus versank. Als unser Vater starb, wurde die Sorge um sie zum Band zwischen uns, doch als auch sie nicht mehr lebte, schien die Familie keine Funktion mehr zu haben. Außerdem meinte ich, mit fünfundfünfzig sei es an der Zeit, meinen Bezugspunkt nicht mehr bei der Ursprungsfamilie zu suchen, sondern in einem Kreis von Menschen, den man sich selbst aufgebaut hat. Doch ich hatte nicht einmal einen Arbeitsplatz mit Kollegen, weil ich meine Kolumnen zu Hause schrieb. Und machte mir ehrlich gesagt auch sonst keine Mühe, Kontakte zu knüpfen. Ich süffelte jeden Abend in aller Stille ein Gläschen Wein mehr, als mir gut tat, und dabei hätten andere Leute nur gestört. Bis ich bei der Zeitung in Rente ging, blieben nur noch zehn Jahre. Aber wovon und wofür sollte ich dann leben? Ich hatte nichts gespart, und weil ich erst vor kurzem zur festen Mitarbeiterin avanciert war, war meine Rente knapp bemessen. Doch ich hatte sowieso keine Pläne. Und meine Stelle bei der *Irish Times* war so ziemlich das Beste in meinem Leben.

Unter Schriftstellern gilt es als Herausforderung, eine Figur zu erfinden, die durch und durch langweilig ist, ohne den Leser zu langweilen. Die Amme aus *Romeo und Julia* gilt als gelungenes Beispiel. Ich hingegen war damals so langweilig, dass jede Beschreibung meiner Langweiligkeit noch zu lebendig geraten wäre. Ich glaube nicht, dass man es mir von außen ansah, aber ich war so down, dass ich glaubte, mich nie wieder hochrappeln zu können. Als junger Mensch wird man durch das Ende einer Beziehung in einen Wirbel von Gefühlen gestürzt und die praktischen Implikationen sind sekundär. Wenn man näher an sechzig als an fünfzig ist und wie selbstverständlich angenommen hat, man würde mit seiner Partnerin bis zum Lebensende zusammenbleiben, ist das anders. Mich erinnerten die leeren Stellen an den Wänden und die klappernden Bügel, auf denen ihre Kleider gehangen hatten, ständig an den Bruch mit Nell, die in Irland als Aktivistin und Schriftstellerin so bekannt ist, dass man sie überall unter ihrem Vornamen kennt. Unser Haus hatte uns beiden zugleich als Büro gedient, sodass auch der ganze berufliche Kladderadatsch sortiert werden musste – Telefon und Internet-Provider, Gemeinschaftsausgaben und Nachsendeauftrag bei der Post. Wir mussten Geschirr, Pflanzen, Bettdecken aufteilen. Sachen tauchten wieder auf. Die Suppenterrine aus Porzellan, die wir damals in Ungarn gekauft hatten, als wir Russland – in Gestalt einer dunklen Baumschule am anderen Ufer des Flusses – in der Ferne gesehen und lauthals »Lara's Theme« geträllert hatten, damit uns drüben vielleicht jemand hörte. Sachen aus unserer gemeinsamen Geschichte, die nichts mehr zählte. Und was war mit unseren Freunden, Urlaubsgewohnheiten, den beiden Familien, all dem, was wir einander anvertraut hatten? Das Haus wurde mit jedem Tag stiller – mit ihrem Weggehen schied alles Leben.

Irgendwo habe ich gelesen, dass bestimmte Kiefernarten nur bei extremer Kälte keimen – sie brauchen eisige Winter, damit die Samen aufbrechen und ein neues Leben beginnt. Wenigstens war mit Nells Auszug das Gezanke vorbei. Das Band zwischen uns war noch immer stark, und ich war ihr noch für vieles dankbar, aber wie bei vielen anderen Paaren war jeder Satz zu einem Giftpfeil geworden, musste jede Aussage bestritten, sich an jedes Argument geklammert werden, bis bewiesen war, dass eine von beiden Unrecht hatte. Dürre, zornige Siege. Wir gingen zu einer befreundeten Psychologin in die Paarberatung. Nach neun Sitzungen sagte sie: »Könntet ihr nicht zusammen wohnen bleiben, aber es euch zur eisernen Regel machen, nicht mehr zu diskutieren und euch in allem aus dem Weg zu gehen?« Von da an las ich abends ab sechs allein mit meiner Flasche Wein in meinem Zimmer. Nell arbeitete in ihrem Zimmer. Schmallippig vertilgten wir täglich eine gemeinsame, von mir zubereitete Mahlzeit. Sie bedankte sich nicht, weil sie den stummen Druck dazu verspürte. Ich brannte stumm vor Zorn, weil sie sich nicht bedankte. Und eines Tages wurde das bislang Unvorstellbare möglich. Ich hatte mir nie, nicht einmal in meinen geheimsten Gedanken, vorgestellt, dass wir uns trennen könnten, doch auf einmal war es das Einzige, was uns übrig blieb. Sie hatte mich mit irgendeinem Hader – und dem schieren Klang ihrer Stimme – durch die Diele bis an die Haustür getrieben. Ich lehnte mich dagegen, drehte mich um und sagte: »Zieh einfach aus!«

Und das war das Ende, nach beinahe fünfzehn Jahren.

Ich kenne nichts, was so viel Leid und Zerstörung verursacht und so wenig verstanden wird wie das Ende einer Liebe. Es wird als Frauensache abgetan, als würden Männer nicht genauso – und finanziell oft weit mehr – leiden, wenn eine Beziehung zerbricht. Worauf berufen sich Menschen, wenn sie meinen, es mit dem Partner nicht mehr unter einem Dach auszuhalten – selbst wenn die Dächer so weit sind wie in den Schlössern von Charles und Diana –, auch wenn Kinder und die Arbeit im Spiel sind, auch wenn alles ist, wie es war und nur die Liebe verebbt ist? Und warum ist sie, wenn sie verebbt, durch keine Kraft wieder zu wecken? Für nichts, das sich benennen ließe, wird die gesamte Welt eines gemeinsamen Lebens zerstückelt und verstreut, als sei man es der Wahrheit schuldig. Vielleicht war die Liebe von vornherein eine Illusion, aber wenn das so wäre, warum ist es plötzlich so verheerend, dass sie fehlt? Und warum geht einem ein Abschied, den niemand wollte und für den keiner etwas kann, überhaupt so tief?

Als bei uns die Ebbe kam, tauchte vor mir im Sand sozusagen mein altes, verstocktes Ich auf, das sich mir in den Jahren des Zusammenlebens verborgen hatte. Ich war überzeugt, dass ich in allen Liebesbeziehungen versagte. Ich hatte nie etwas anderes erfahren als vergängliche Liebe, ob sie nun kurz oder länger währte. So war es von Anfang an gewesen: Der erste Mann, den ich anhimmelte, war auch der erste, den ich verließ. In seinen Armen hatte ich die schönen Seiten der körperlichen Liebe kennen gelernt, mit ihm zum ersten Mal das Mittelmeer gesehen; er hatte mir auf seinem alten Pianino Mozart vorgespielt, mit mir draußen im Freien geschlafen und mich geweckt, damit ich durch das Blattwerk des Kirschbaums, unter dem wir lagen, einen Satelliten bestaunen konnte, der über den nachtblauen Himmel zog. Er hatte an Häfen und Bahnhöfen treu auf mich gewartet, für mich eingeholt und gekocht, mir Sachen gekauft – in San Remo zum Beispiel Sandalen, elegante kleine Sandaletten mit zierlichen roten Riemen und Kitten Heels. Und trotzdem standen wir uns eines Winterabends in Dublin auf einer Straße gegenüber und er redete auf mich ein, während ich auf dem einen Fuß wippte und den anderen über den Randstein hängen ließ. Ich bewegte ihn möglichst unmerklich und konzentrierte mich auf das winzige Schaukelgefühl im Körper, um nicht zuhören zu müssen und mir die Zeit zu vertreiben, bis er mit dem Reden fertig war. Weder er noch ich hatten etwas getan, um es dazu kommen zu lassen, und es war weder in seinem noch in meinem Interesse. Sondern einfach für die Katz. Und mit dem nächsten Mann, den ich sehr liebte, ging es genauso, nur dass diesmal er derjenige war, der mich verließ. Und jetzt war auch diese letzte Beziehung zerbrochen, die eigentlich den Rest des Lebens hätte halten sollen.

Doch es war nicht alles nur furchtbar. Das Haus war einsam, aber die Einsamkeit war ausschließlich privat. Meine öffentliche Rolle war mir geblieben: Aus meinen Kolumnen wurde häufig im Radio oder Fernsehen zitiert oder ich diskutierte selbst in einer Sendung mit. Meine Arbeit gefiel mir gut, ich empfand es als Privileg, meine Ansichten einmal die Woche für ein Publikum aufzubereiten, und es machte mir Freude, meine Argumente in Worte zu kleiden. Die Kolumne war nicht eben gut bezahlt, aber der Aufwand hielt sich im Rahmen. Mit dem, was ich hatte, zahlte ich die Hypotheken für das Haus in Dublin und ein kleines Cottage im Westen Irlands ab. Das Haus in Dublin war nicht mehr, und das Cottage in Clare war noch nicht wohnlich – es hatte weder Heizung noch einen funktionierenden Herd –, aber ich war sehr gerne dort. In beiden Häusern las ich unentwegt. In dem Sommer, als die Beziehung zerbrach, pflügte ich mich zum zweiten Mal komplett durch die *Suche nach der verlorenen Zeit.*

Die Abendstunden, in denen ich klassische Musik hörte und mich ganz der Lektüre hingab, genoss ich sehr. Es wird allgemein geglaubt, dass einsame Trinker ihr Elend ertränken, aber das ist ein Irrtum – sie haben es eher gefährlich gemütlich. Und auch wenn ich wirklich zu viel trank, so war es doch weniger als mit dreißig oder vierzig. Ich selbst empfand meinen Alkoholkonsum als mäßig – wenn man eine Alkoholikerin zur Mutter hat, erscheint einem alles, was noch keine schwere Alkoholsucht ist, als Leistung. Gesundheitlich ging es mir gut – »Gott sei Dank« möchte ich unwillkürlich anfügen, nicht weil ich an einen Gott glaube, der über mich wacht, sondern weil ich weiß, dass geistige und körperliche Gebrechen es einem auch auf anderen Gebieten schwer machen. Ich war sogar so gesund, wie seit meiner Kindheit nicht mehr, da ich es gerade mit großer Anstrengung geschafft hatte, mir das Rauchen abzugewöhnen. Für mich als Kettenraucherin war es unmenschlich schwer aufzuhören. Ich ging wie auf Watte, weil ich das Gefühl hatte, mir sitze der Kopf lose, und weil mir die vor mir liegende Aufgabe schier überwältigend erschien. Die Überwindung der Sucht beschäftigte mich auf allen Ebenen. Zum Beispiel musste ich meine Einstellung zur Zeit ändern. Damit sich die Tage nicht endlos und unerträglich zigarettenlos vor mir dehnten, trainierte ich meine Aufmerksamkeit, sich zu einem guten Teil auf das Hier und Jetzt zu richten, sodass ich immer aufs Neue die Entscheidung treffen konnte, nicht zu rauchen.

Trotzdem machte ich anfangs kaum Fortschritte. Auf der Straße heftete ich mich Rauchern an die Fersen und saugte in ihrem Windschatten den Rauch ein. In Cafés und in der Bahn war ich eine eifrige Passivraucherin. Ich musste stets Zigaretten in der Tasche haben, damit meine Finger nicht leer waren, deshalb trug ich monatelang eine volle Packung mit mir herum und ersetzte sie durch eine neue, wenn sie so zerknittert war, dass der Tabak herausrieselte. Einmal verfolgte mich ein wildfremder

Mann in einen Laden und versuchte mich daran zu hindern eine Ersatzpackung zu kaufen, weil er, wie die Hälfte der Nation, meine Artikel über die Schwierigkeiten des Nichtrauchens gelesen hatte.

»Ich trage die Packung mit mir herum, damit ich nicht das Gefühl habe, etwas zu entbehren«, erklärte ich verzweifelt. »Man muss es unbedingt vermeiden, sämtliche Entbehrungen wachzurufen, unter denen man im Leben gelitten hat, angefangen mit dem Verlust der Mutterbrust. Man muss sich immer wieder verdeutlichen, dass man von niemandem gezwungen wird, mit dem Rauchen aufzuhören, sondern es aus freien Stücken tut.«

Er sah mich zweifelnd an. Ich konnte es ihm nicht verdenken. Ich versuchte mir nur selbst einzureden, was die Leiterin der Anti-Raucher-Klinik gesagt hatte, und glaubte mir selbst kein Wort. Das Einzige, was ich glaubte, war, dass ich im Innern ein gähnendes Loch hatte, das danach lechzte, mit Rauch gefüllt zu werden.

Und trotzdem schaffte ich es. Ich wurde Nichtraucherin. Und das stärkte mein Selbstvertrauen im Allgemeinen. Ich beschloss, einen Laptop zu kaufen und mir die notwendigen Kenntnisse anzueignen, damit ich meine Artikel darauf schreiben und an die Zeitung verschicken konnte. So erfuhr ich nach vielen Jahren, in denen ich mich nicht bemüht hatte, etwas Neues zu lernen, dass die Löschtaste des Laptops dem Geschriebenen zu einem ganz anderen Auftritt verhalf als die alten getippten Seiten mit ihren ausgeixten Zeilen, denen man die Mühe ansah, mit der man um die richtigen Wörter und Wendungen gerungen hatte, und ich gewann einen frischen Zugang zur Sprache. Wörter glitten an ihren Platz, während sie zuvor einzementiert worden waren.

Außerdem beschloss ich, mir einen Hund anzuschaffen, und setzte den Beschluss unmittelbar, bevor die Beziehung mit Nell in die Brüche ging, in die Tat um. Ich habe mich oft gefragt, ob ich unbewusst ahnte, dass wir uns trennen würden, und mir den Hund zulegte, damit ich etwas hatte, das mein Herz am Leben hielt. Ich holte Molly aus dem Tierheim, einen jungen schwarzweißen Sheepdog-Mischling, nahm sie mit nach Hause und folgte ihr mit zerrissenem Zeitungspapier durchs Haus. Zuerst liebte ich sie noch nicht. Ich hatte keine Ahnung, wie sehr man einen Hund ins Herz schließen kann. Ich hatte keine Ahnung, wie dankbar ich ihr schlicht dafür sein würde, dass sie bei mir lebte. Sie war – und ist – eine ehrliche, vertrauensvolle, eifrige und begeisterungsfähige Hündin, und ich beobachtete sie, als könnte ich von ihr lernen – als seien die einfachen Wahrheiten ihres Lebens etwas, an das sich auch ein Mensch halten könnte.

Und schließlich holte ich noch eine große prächtige schwarze Katze dazu, damit Molly Gesellschaft hatte. Hodge ist kein verschmuster, aber ein imposanter Kater, und vor allem ein schönes Tier.

Für die Zeit, die es brauchte, unseren gemeinsamen Haushalt auseinander zu sortieren und Nells Umzug zu organisieren, borgte ich mir ein Haus für mich allein, ein ehemaliges Bauernhaus in den Hügeln über Dublin, voll knarrender Wandschränke und nachträglich eingezogener Holzwände und mit braunem Linoleum auf dem unebenen Boden. Die schweren Möbel – Buffets, gedrechselte Esszimmerstühle – waren alles andere als gemütlich, und draußen konnte man nirgends sitzen als zwischen struppigen Beerensträuchern, die im Schutz einer Ligusterhecke in kniehohem Gras wuchsen. Die nächtlichen Geräusche im Haus machten mir Angst. Nell war immer die Mutige gewesen. Am Fuß des Hügels unweit des Hauses kroch ein neue Siedlung heran, deren Bungalows noch roh verputzt in der von den Baukolonnen hinterlassenen zerfurchten Erde standen, während auf den künftigen Rasenflächen bereits bunte Kinderschaukeln lachten. Von dort führte ein altes, von Weißdornhecken gesäumtes Sträßchen bergan. Ein verlassenes, verwittertes Torpfostenpaar mitten auf einem Feld zeigte an, dass da, wo der Hang nun in Baugrundstücke aufgeteilt werden sollte, einst ein kultiviertes Anwesen gestanden hatte. Ich streifte gern mit Molly über das weiche Gras und durch das Eichengehölz. Und eines Abends dann, als der Sommer fast zu Ende war und die ersten Blätter rieselten, war sie plötzlich weg. Ich rief und rief über den Hügel, doch nirgends kam eine kleine schwarze Gestalt auf mich zugesprungen.

Der Schreck war nach einer Stunde ausgestanden, als sie hechelnd durch alte Himbeersträucher hinter dem Haus stürmte und die Schnauze in meine Hand legte. Doch in dieser Stunde war ich einem Totalzusammenbruch so nahe wie noch nie. Der Gedanke, Molly zu verlieren, machte mich so fertig, dass ich den ganzen Weg hinunter, an den Bungalows vorbei und an der Hauptstraße laut nach ihr rief, ohne auf den Verkehr zu achten. In Tränen aufgelöst, schrie ich: »Nein! Nein! Nein!«, und meinte damit vermutlich, dass ich es nicht hinnehmen würde, dass der Hund weg war – dass ich weder das hinnehmen würde noch sonst weitere Schicksalsschläge. Ich war emotional am Ende.

Gleichzeitig betete ich laut: »Mach, dass sie da ist, mach, dass sie wiederkommt, mach, dass ihr nichts passiert ist, bitte, bitte, Gott …« Es ist mir unangenehm, das hier zu gestehen und mich daran zu erinnern, wie zerrüttet meine Nerven gewesen sein müssen, dass der Gedanke, womöglich den Hund verloren zu haben, einen Wirbel auslöste, in dem alles, was ich je verloren hatte, auf mich einstürzte: meine Eltern, die vielen anderen Menschen, alle Beziehungen, alle meine alten Wohnungen und Häuser, die Gemütlichkeit und Wärme meines Hauses, all die Jahre der Liebe, die ich investiert hatte und von denen nichts mehr übrig war. Nichts.

Das ist jetzt sechs Jahre her. Ich schreibe diesen Text in Amerika, in einem halb vergessenen Teil des Staates New York ungefähr drei Stunden nordwestlich von Manhattan, einem hübschen Landstrich mit bewaldeten Hügeln, kleinen Seen und unscheinbaren Dörfern in der Nähe des Delaware River. Ich sitze am Küchentisch, dem einzigen Tisch in einem Apartment, das so spartanisch eingerichtet ist wie ein Studentenwohnheim, im oberen Stock eines angegrauten Holzhauses in einer Siedlung unter riesigen alten Kiefern am Hang über einem See. Es ist noch früh am Tag und durch das Fenster mit dem dichten Fliegengitter zum Schutz gegen Sommerinsekten strömt goldenes Licht. Bald wird die schwüle Augustsonne die Luft erhitzen. Mimmo, der alte graue Hund, der hier bei mir wohnt und einen Großteil der Zeit verschläft, wird gleich anfangen unruhig zu werden. Dann gehe ich mit ihm über eine Wiese und eine Straße zum Steg, wo er sich einen Augenblick in Ufernähe abkühlen wird, und wenn er sich niederlässt, um die Bienen im bläulich roten Weiderichgestrüpp zu beobachten, werde ich mich ebenfalls ins weiche Wasser gleiten lassen und die durchsichtigen Fische stören. Ulkigerweise hütet die Heldin des Romans, den ich während der letzten Jahre schrieb, ebenfalls einen Hund und schwimmt in einem See mit moorigem Wasser wie diesem. Ulkig deshalb, weil ich damals weder von der Existenz des grauen Hundes noch des Sees etwas wusste.

Die Häuser gehören zu einer genossenschaftlichen Sommerkolonie, die in den zwanziger Jahren für Juden aus Brooklyn erbaut wurde. In den Monaten meines Hierseins war sie meist etwa so belebt wie eine Vorortsiedlung. Dann und wann gehen Leute über die weichen Wege unter den Kiefern zum Waschhaus, zum Gemeinschaftsraum oder zum großen altmodischen Schwimmbecken. Sie tragen einen Säugling auf dem Arm oder halten einen Sprössling auf einem kleinen rosa Fahrrad fest oder begleiten eine Schar langbeiniger Kinder in Shorts und getupften Sonnenbrillen. Doch an den Grenzen der Kolonie beginnt eine traurige, verträumte Gegend. Die Wälder sind voll von baufälligen Häusern, deren dick bemooste Türmchen und Balkone auf verrottende, von hohem Unkraut überwucherte Veranden stürzen. Das einstige Ferienhausgebiet für New Yorker ist nicht mehr. Hinter dem Parkplatz steht ein verlassenes Gebäude, das früher einer benachbarten Kolonie als Veranstaltungszentrum diente. Wenn man sich durchs hohe Gras und die Fliederbüsche zur gähnenden Eingangstür vorarbeitet, sieht man drinnen ein Klavier und auf dem Boden verstreute alte Schallplatten in braunen Papierhüllen. »Mammy O'Mine«, ein Foxtrott-Medley gespielt vom Orchester Yerkes Jazarimba, »Fun Mizrach Zeit« mit den Merlin Sisters und »Getzel at a Football Game«. Man feierte hier auch Partys. Unter dem Fenster, durch das jetzt die Winden kriechen, stehen stapelweise Tassen und Untertassen. Auf der Bühne müssen Stücke aufgeführt worden sein – noch immer ist ein rostiger Scheinwerfer auf sie gerichtet. Gestern Abend bei Sonnenuntergang haben Mimmo und ich im hohen Gras drei Kitze aufgeschreckt, die mit arabesken Sprüngen im Wald hinter dem Gebäude verschwanden. Da straffte sich einen Moment lang der müde Körper des alten Hundes und er stand stramm wie ein Jäger, doch dann ließ er sich auf eine Stufe sinken und legte den grauen Kopf auf die Pfoten. Ich stellte mich drinnen auf die kleine Tanzfläche und lauschte dem anschwellenden Nachtgesang der Grillen und Frösche.

Wie ich von derjenigen, die ich damals war, zu der wurde, die ich heute bin, ist eine Geschichte, deren Einzelheiten nur meine Person betreffen. Doch sie ist zugleich eine Parabel dessen, was jedem Menschen mittleren Alters widerfahren kann: Sie handelt von der Verzweiflung, die aus dem Glauben wächst, es sei zu spät für alles Gute, und der Freude, die ersteht, wenn das Gute doch noch kommt. Und sie beginnt mit dem, was ich für die banalste Beziehung überhaupt hielt und die ich verglichen mit der Liebe immer gering geschätzt hatte: Freundschaft. Sie beginnt damit, wie das Leben zu mir und Molly in das staubige, stille Haus zurückkehrte – durch Freunde und was sie für uns taten.

Im Herbst – ich wohnte noch in dem düsteren alten Bauernhaus – rief mich ein Bekannter namens Luke mit einem kleinen Anliegen an und fand mich weinend vor. Anstatt sich zu entschuldigen und aufzulegen, hakte er nach und schritt ein. Obwohl er hundert Meilen entfernt die Restauration einer großen palladianischen Villa und der umliegenden Gärten überwachte und mich eigentlich nicht besonders gut kannte, machte er sich die Mühe, Nell aufzuspüren und ihr zu sagen, dass sie mich kontaktieren solle – denn natürlich war sie die Ursache meiner Tränen. Und dann rief er mich ein paar Stunden später noch einmal an, um zu hören, ob es mir wieder besser ging. Ich berichte das so ausführlich, weil ich von ihm damals lernte, dass Freundschaft etwas mit Handeln zu tun hat. Er jedenfalls setzt sich für seine Freunde ein. Damals kümmerte er sich per Telefon um mich und lud mich eines Tages zu einer Hausparty in der Villa ein, zu der ich mich, obgleich ich das Gefühl hatte, schon gar nicht mehr zu wissen, wie ich mich unter Menschen verhalten sollte, tatsächlich einfand. Im Jahr darauf, als ich allmählich aus meinem Schockzustand erwachte, zog er zu mir ins Haus nach Dublin und fing – sehr taktvoll – an zu putzen und es schön einzurichten und gute Mahlzeiten auf den Tisch zu bringen.

Er war mir überhaupt nicht ähnlich – schwul, viel jünger als ich, unglaublich patent und sehr gesellig. Ich gewöhnte mich nur schwer daran, das Haus mit ihm zu teilen, und fühlte mich in meiner Ruhe gestört, obwohl ich ihn gern hatte. Er kam nie in mein Zimmer, wenn ich abends dort las und Wein trank, aber ich lauschte ständig auf das Klicken der Haustür, das mir sagte, er sei ausgegangen, und das konnte ich vor ihm nicht verbergen. Doch er war geduldig. Ich merkte mit der Zeit, dass seine Liebe zu Molly und ihre freimütige Liebe zu ihm uns eine Brücke bot. Wenn wir mit dem Hund schmusten und spielten – was wir beide ohne die geringste Scheu taten –, signalisierten wir, dass wir einander gewogen waren, auch wenn wir dafür keinen direkten Ausdruck fanden. Ich spürte, wie ich durch Lukes vielfältige Kontakte der Welt allmählich wieder näher rückte, obwohl ich weiterhin weder Besuche machte noch Leute zu mir einlud – ganz wie meine Mutter, die den Freuden gewöhnlicher Geselligkeit abgeschworen hatte, als das Leben sie zu einer gelangweilten, überarbeiteten Hausfrau und Mutter gemacht hatte statt zur Isolde von meines Vaters Tristan. Allerdings war mir Leidenschaft so fremd geworden, dass ich mich kaum entsinnen konnte, wie es war, Lust zu verspüren oder das Selbstvertrauen zu haben, sie zu zeigen. Ich kannte mich nicht mehr mit den gesellschaftsüblichen erotischen und emotionalen Signalen aus und wusste zudem, dass für eine Frau mittleren Alters – und für die in einer frauenfeindlichen Gesellschaft besonders ungeliebte Spezies der alternden Frau mit Überzeugungen allemal – andere Codes galten. Durch Lukes Kameradschaft war ich sowohl davon als auch von den Interessen und Themen heterosexueller Paare mit Kindern befreit, die in der irischen Gesellschaft dominieren. Mit ihm konnte ich leichthin und mühelos plaudern. Bei anderen Leuten steckte ich oft in einer Zwickmühle zwischen Schüchternheit und einer Empathie, die so weit ging, dass ich fühlte, was sie fühlten, und es gleichzeitig kaum erwarten konnte, ihnen wieder zu entkommen.

Freundschaft entsteht nicht über Nacht, und ich duldete den Fremden im Haus mal mehr, mal weniger froh. Doch Luke hörte nicht auf, seine Gesellschaft anzubieten – er blieb mir treu. Es mag verblüffend klingen, doch mich überraschte das. Ich rechnete eigentlich jederzeit damit, wieder allein dazusitzen. Stattdessen lernte ich von ihm, wie man Wäsche richtig aufhängt, welches die berühmtesten Vermeers in der Mauritshuis-Ausstellung waren, wie man Reis perfekt garte – und dass es in meiner Allgemeinbildung große Lücken gab. Dass ich einige der einfachsten Dinge erst spät entdeckt habe, sehe ich gewissermaßen als Lohn für ein falsch geführtes Leben. Viele Leute, die ihr Leben besser organisiert haben als ich, fangen in meinem Alter an sich zu langweilen. Ich habe noch viel zu entdecken.

Zum Beispiel war für mich neu, was Freunde alles füreinander tun konnten. Um die Zeit, als Luke bei mir einzog, nahm ich Molly mit in die Redaktion der *Irish Times*, um sie einem Kollegen vorzuführen, der ein Hundenarr ist. Sean merkte, wie deprimiert ich immer noch war, und lud mich ein, mit ihm und seinen Freunden in den Hügeln über Dublin wandern zu gehen. Eigentlich lud er Molly ein und sagte dazu, ich dürfe mitkommen. Also wischte ich den Staub von meinen Stiefeln, belegte mir Brote mit Ei und Zwiebeln und zog mit ihnen los. Die Freunde waren ein alteingespieltes Männertrio, und es war ein großes Zugeständnis, mich in ihren Kreis aufzunehmen. Die Samstags-Spaziergänge waren ein Geschenk, für das ich mich bei ihnen ebenso wenig angemessen revanchieren kann wie bei Luke dafür, dass er mir wieder Leben ins Haus gebracht hat. Ich kann das Geschenk nicht erwidern. Wie soll man jemandem genug danken, der einem so feinfühlig aus der Not hilft?

Ich hatte nicht geahnt, dass es nur eine Stunde von der Straße, in der ich wohnte, paradiesische Gefilde gibt, wo Bäche glitzernd und schäumend in weite Täler strömen und sich ein Bett aus reinsten Kieseln und Granitsand durch die Sümpfe graben. In den Senken stehen mit Flechten bewachsene Kiefern- und Fichtenpflanzungen, weiter oben mannshohe Heide und dann verstreuter Ginster an abgegrasten Hängen, die sich zu langen, von Felsgruppen und pechschwarzen Moorteichen durchsetzten Kämmen hinaufziehen. Dort oben sind die Dinge einfach: Wind, Regen und Hagel peitschen horizontal in Gesichter unter wasserdichten Kapuzen, Stiefel rutschen im Matsch oder auf nassem Stein. An sonnigen Tagen lagen die weiten saftigen Wiesen in lauer, vom Lied der Lerchen getupfter Luft, und wenn wir die Rucksäcke abschnallten und uns neben sie legten, waren die kleinen gewachsten Nadeln am Wacholder durch die Sonnenstrahlen erwärmt.

Der erste Ausflug wird mir unvergesslich bleiben. Das Wetter war für Irland heiß und ich konnte überhaupt nicht mithalten. Wir liefen einen begrasten Weg zwischen schlanken Eschenschösslingen entlang, die aus Feldsteinmauern wuchsen, bis wir auf eine offene Wiese hinaustraten und eine Senke überquerten, um zum Fuß des nächsten Hügels zu gelangen, über dessen steilen, von riesigen Granitfelsen durchsetzten Hang wir zum Kamm aufsteigen wollten. Zwischen den Felsen wuchs stacheliges Lorbeer- und Ginstergestrüpp.

Hier sitze ich in dem kleinen holzgetäfelten Zimmer in der Sommerkolonie, wo die Kiefernäste die Fliegengitter streifen, und schaue, während ich schreibe, an mir herunter. Ich habe zugenommen, seitdem ich nicht mehr rauche und in meiner Einsamkeit auf dem Lande reichlich den frisch gebackenen Blaubeer- und Kirschkuchen und dem Eis von der Tankstelle zuspreche, zu der ich mit dem Fahrrad fahre. Außerdem bin ich fünf Jahre älter. Heute hätte ich keine Chance mehr, den Berg zu erklimmen. Aber das ist auch gar nicht nötig, denn ich werde mich immer an den glasfein gemahlenen Stein unter meinen Händen erinnern, an meinen unbeholfenen Körper, dessen Gewicht mich nach unten zog, wenn ich aufwärtsstrebte, an meine schmerzenden Oberschenkel und an mein Triumphgefühl, als wir die Wiese auf der Kuppe erreichten, uns ins Gras warfen und Orangensaft tranken, der schmeckte, als hätte ihn der Himmel geschickt. Unter uns war das Tal von Sonne und Wolkenschatten gesprenkelt. Die Männer deuteten mal hier-, mal dorthin: auf eine leichte Bewegung im Graubraun des Hügels auf der anderen Seite des Tals, worauf sich bald ein Hirsch gegen den Himmel abhob wie ein altertümlicher Scherenschnitt; auf einen niederstoßenden Turmfalken; auf Kiebitze, die im Schwirrflug aus dem tiefen Gras aufstiegen; auf einen Hasen, der in einer Rinne Haken schlug.

Mit diesen Männern in den Hügeln zu wandern wurde zu einem seltenen, aber verlässlichen Glück, einem der schönsten Dinge in meinem Leben. Es war nicht das Draußensein an sich, das mir so entsprach, sondern das Draußensein in der Gesellschaft dieser Männer – ihr offener, persönlicher Umgang, ohne dass sie mir jemals zu nahe kamen. Molly war so übermütig wie sonst nie. Im Sommer kehrten wir spätnachmittags sonnenverbrannt und durstig von den Hügeln zum Parkplatz zurück, an dem wir auseinander gingen, im Winter so durchgefroren und verdreckt, dass ich kaum noch zu meinem Auto humpeln konnte. Vor mir lag der beste Teil des Tages, wenn ich es mir zu Hause gemütlich machte – dankbar, dass Luke nicht da war, und ohne andere Verpflichtungen –, den Abend genoss und dann früh ins Bett ging, um tief und fest zu schlafen.

Bei alledem merkte ich nicht, dass ich mich wieder einmal wie meine Mutter verhielt. Denn obwohl es mir so gut zu gehen schien und ich im Gegensatz zu meiner Mutter, die ihr halbes Leben in der Kneipe zubrachte, lauter gesunde Dinge in guter Gesellschaft unternahm, war ich auf genau die gleichen Vergnügen erpicht wie sie. Ungestörtes Lesen, Trinken, Schlaf, wobei sie sich Letzteren durch Tabletten verschaffte. Hätte ich Kinder gehabt, so hätte auch ich sie an diesen Abenden davon abgehalten, mich in irgendeiner Weise in Anspruch zu nehmen. Hätte ich einen Mann gehabt, hätte auch ich ihn sich selbst überlassen, während ich nach einem Bad frisch und rosig in den Morgenmantel schlüpfte und die Holzscheite anzündete, die ich morgens vor dem Weggehen aufgeschichtet hatte, meine Flasche aus dem Kühlschrank holte und dem Hund und mir die vorbereiteten Sachen servierte. Es waren Freuden, die ein einsames Leben schenkt. Und weil man einsam ist, glaubt man, sie verdient zu haben – und konfrontiert sich nie wirklich mit der Tatsache, dass einsame Vergnügen einen weiter von anderen Menschen abschneiden.

Ich glaube, mich haben die vielen langen Abende, die ich vor und nach dem Bruch mit Nell auf diese Weise allein verbrachte, zur Autobiographin gemacht. Beim dritten Glas Wein hatte ich meistens das Bedürfnis, den Hörer zu nehmen und jemanden anzurufen – egal, wen –, aber ich habe es nie getan. Ich habe immer nur darauf gewartet, dass der Impuls wieder verging. Zu allen anderen Zeiten hätte ich beteuert, dass mir das Reden nicht im Geringsten fehlte. Doch vielleicht benutzte ich den Alkohol, um mein Kommunikationsbedürfnis zu unterdrücken. Jedenfalls beschäftigten mich zunehmend Fragen über mein Leben wie: »Warum sitze ich ohne einen anderen Menschen da?«, und vermutlich habe ich mir ein Publikum gedacht und verschiedene Erklärungen erprobt.

Als ein kleiner Verlag in Dublin eine Auswahl meiner für die *Irish Times* verfassten Meinungskolumnen herausbringen wollte, dachte ich, diese Auswahl würde eines Tages wohl das Einzige sein, was von mir übrig blieb, und erbot mich deshalb eine Einführung zu schreiben. Dabei gedachte ich zunächst, die Einführung genauso von meinen persönlichen Belangen freizuhalten wie eine Kolumne. Doch als es mir damit ernst wurde und ich mich fragte, was Meinungen sind und woher sie rühren, ging mir auf, dass sie allein aus den Erfahrungen eines gelebten Lebens erwachsen. So begann ich, anstatt eine Einführung üblicher Länge in meinem gewohnten freundlichen, schwer fasslichen Ton zu schreiben, wie sie dem Verlag vorschwebte, an einem skizzenhaften Überblick über mein vergangenes Leben zu basteln. Die Leser, die ein Buch mit alten Meinungskolumnen kauften, nur weil sie von mir waren, würden dafür bestimmt empfänglich sein. Und sonst würde es niemand zur Kenntnis nehmen. Was hatte ich also zu verlieren? Nichts, was mir eingefallen wäre. Und plötzlich war die Idee geboren, einen Bericht über die mittleren Jahre zu schreiben, auch wenn ich dazu gar nicht aufgefordert worden war.

Durch die Kolumne war ich eine viel gefragte Expertin in den Medien und sozusagen Mitglied einer Elite, deshalb müssen mich Fremde für beneidenswert sicher gehalten haben. Doch im Alltag redete ich, obwohl ich Hund und Katze und sporadisch noch Luke zur Gesellschaft hatte, eher wenig. Es war, als wäre ich durch eine Serie von Entscheidungen, die ich nicht bewusst getroffen hatte, in eine Zone des Schweigens geraten. In der Einführung über mein Leben zu schreiben, als wäre es vorbei, passte ausgezeichnet zu diesem Empfinden. Für mein Gefühl lagen die guten Zeiten für immer hinter mir. Es war also der richtige Moment, meine Erfahrungen zu betrachten und zu schauen, wie die Leere um mich herum entstanden war. Ein weiterer Anreiz war, dass eine autobiographische Einführung zu den Kolumnen ein wenig wider den Stachel löckte. Ich war nicht gebeten worden, über mich als alternde Frau zu schreiben. Der Verlag war auf mich als politische Kommentatorin zugekommen. Ich bekam nur dank meiner politischen Funktion die Gelegenheit, mich über private Dinge zu äußern. Wäre ich Lehrerin oder Fernsehproduzentin gewesen – beides Berufe, in denen ich gearbeitet habe, während die Mehrheit der irischen Frauen sich auf ein Dasein als Hausfrauen und Mütter beschränken –, hätte man mir niemals die Möglichkeit eröffnet, über mich zu schreiben. Doch durch meinen »männlichen« Job war mir diese Chance plötzlich gegeben.

In einem der Zimmer im Obergeschoss des Hauses stand im obersten Regal ein Schrankkoffer, den ich bei jedem Umzug behalten hatte, obwohl der Schlüssel schon vor dreißig Jahren verschwunden war. Jetzt schubste ich ihn mit solchem Schwung vom Regal, dass er aufsprang, setzte mich, vom Duft verstaubter Papiere umgeben, auf den Boden und las die Briefe aus dem Koffer so begierig, als führten sie mich zu einem Schatz. Ich fand Briefe von Leuten, die mich unvergesslich geliebt hatten, und ebenso leidenschaftliche Briefe von Leuten, an die ich nicht die geringste Erinnerung besaß. Ich fand Briefe an meine erste Liebe. Auf vergilbten Fotos sah ich mein lächelndes junges Gesicht. Was war nur aus dem blühenden jungen Mädchen geworden?

Hätte es den Schrankkoffer nicht gegeben oder wären andere Dinge darin gewesen, dann wäre meine Geschichte vielleicht eine andere geworden. Autobiographien sind, denke ich, genauso einseitig und vorläufig wie alle anderen Erzählungen auch. Trotzdem bemühte ich mich, als ich das Projekt anging, von Herzen und nach Kräften um die Wahrheit. Warum denn auch nicht? Sie würde nicht viele Leser finden.

Verglichen mit anderen Dingen in der Welt ist eine irische Journalistin von sechsundfünfzig Jahren, die sich an den Küchentisch setzt, um ihre Lebensgeschichte niederzuschreiben, nicht eben bemerkenswert. Doch dank dieser Lebensgeschichte bin ich jetzt hier in Amerika, wo das

Licht aus meiner nächtlich heißen Wohnung goldene Rauten auf die Baumstämme wirft. John, Mimmos Besitzer, dem auch die Wohnung gehört, ist auf dem Weg von New York hierher. Gleich werde ich vorsichtig über den schlafenden, leise aufseufzenden Mimmo hinwegtreten und in einem Zimmer zu Bett gehen, in dem ich die Kiefern rieche, die sich am stillen See über den Hang ziehen. Als ich neulich bemerkte, ich könne mir gut vorstellen, wie amerikanische Ureinwohner in ihren leichten Kanus über den See gehuscht seien, grinste John und sagte, es sei ein kleiner See, sie hätten ihn vermutlich zu Fuß umrundet. Da kam mir das Bild, dass meine Lebengeschichte gleichsam ein Kanu war, das mich den langen Weg von Irland hierher getragen hat, doch das behielt ich lieber für mich. Es war ein bisschen zu verstiegen, um es laut auszusprechen. Aber die Memoiren haben wirklich magische Wirkung entfaltet – sie haben mich aus der Welt, wie ich sie sah, nachdem ich mich von Nell getrennt hatte, in die Welt transportiert, die ich jetzt vor mir sehe.

Doch etwas hat mich auf der Reise begleitet. Ich bin bei allen Veränderungen menschenscheu geblieben. Sogar meine Freunde hätte ich, wenn sie den Kontakt nicht gehalten hätten, aus meinem Leben entlassen. Ich wäre ohne Freunde wie meine Mutter, die sich lieber allein mit einem Buch in die Kneipe setzte und las, während sie trank, als dass sie sich mit anderen abgab. Auch ich habe immer zum Alleinsein tendiert. Die Einsamkeit war mein Element. Mir war halb bewusst, dass ich das von ihr hatte, und es war mir nicht gegeben, die Macht ihres Vorbilds zu brechen oder meine Identifikation mit ihrer inneren Kälte und Trostlosigkeit abzustreifen. Ich nahm es mehr oder weniger hin, dass sie – meine-Mutter-in-mir – fast fünfzehn Jahre darauf gelauert hatte, mein Leben mit

Nell zu zerschlagen, als wäre es nur Theater gewesen, und mich in die ihr getreue Einsamkeit zurückzuholen. Und der Lohn der Einsamkeit war für mich sehr anziehend. Ich genoss es, wenn vergangene Erlebnisse sich in der Erinnerung wandelten und tiefere Schichten der Erfahrung zutage gefördert wurden. In meinem Gedächtnis lebten Orte und Situationen, Gedanken und Gefühle von solcher Vielfalt und Differenziertheit, dass mir Menschen überhaupt nicht fehlten. Mein Kopf war auch ohne sie üppig möbliert.

Gleichzeitig war mir klar, dass ich für das Alleinsein auch einen hohen Preis bezahlte. Das Scheitern einer liebevollen Beziehung mit Nell kam spät im Leben. Die sieben Weihnachts- und Silvesterfeste seit unserer Trennung habe ich allein verbracht, weil ich es so wollte, obwohl ich jeweils nach wenigen Tagen schrecklich deprimiert war. Einmal, in einem der ersten Jahre, machte ich den Versuch, ein angenehmes Weihnachten zu planen. Ich hatte nicht viel Geld und buchte eine billige Reise nach Bulgarien, in einen Wintersportort, obwohl ich nicht Ski laufen kann. Dort war ich als Single unter lauter Paaren und fühlte mich so fremd, dass mir die anderen in ihrer Tendenz sich ständig aneinander zu lehnen, statt auf den eigenen Beinen zu stehen, leicht grotesk erschienen. Auf dem Berg lag keine einzige Schneeflocke, und ich kam mir vor wie in einer Lehrgeschichte, in der alle Details auf eine Moral hinauslaufen. Das Einzige, was die Hänge in Hülle und Fülle aufzuweisen hatten, war Müll. Die zur Tatenlosigkeit verdammten jungen Iren vergaßen ihre Manieren. Bei festlichen Mahlzeiten bewarfen sie sich mit Brot und spritzen bulgarischen Sekt durch den Speisesaal, während die Kellner, alte Männer in abgetragenen, viel geflickten weißen Jacketts, an den Wänden standen und in die Luft guckten, als gestatteten sie sich nicht, die Barbarei wahrzunehmen. Ich durchstreifte tagelang allein auf Fuhrwegen die schwarzen Wälder.

Die Nacht der Jahrtausendwende, in der das zwanzigste ins einundzwanzigste Jahrhundert überging, verbrachte ich in meinem Häuschen in County Clare, und gegen Mitternacht liefen die Hündin und ich hinunter ans Meer, wo Wasservögel schlafend auf den ruhigen nächtlichen Wellen schaukelten. Ich hatte mir vorgenommen, mich auf einen Stein zu setzen und mir das Feuerwerk über dem Dorf auf der anderen Seite der Bucht anzusehen – Rivebelle nenne ich es im Stillen, nach dem Dorf jenseits der Bucht, auf deren Lichter Prousts kränkelnder Erzähler sehnsüchtig schaut. Doch das Geknalle und Geheule der Feuerwerkskörper machte Molly Angst und sie drückte sich zitternd an meine Beine, sodass wir uns auf den Rückweg machten und früh schlafen gingen. Zu Mitternacht war mir die Zeit weit gegenwärtiger als an anderen Silvesterabenden. Wie üblich fragte ich mich, warum ich keine Einladung zu einem der Feste angenommen hatte, bei denen ich willkommen gewesen wäre, und wusste wieder keine Antwort. Ich hätte sonst wo sein können. Im Radio kamen Berichte von großen Feiern in aller Welt, und ich hatte überall Bekannte und genug Geld zum Reisen. Warum hatte ich mich nicht aufgerafft? Aber auch diese Frage hatte keinen Sinn. Ich wusste nicht, warum ich nicht an einem dieser wunderbaren Orte war.

Die Hündin und ich gingen vor zwölf schlafen. Molly, die noch immer den Feuerwerkslärm hörte, kam ins Schlafzimmer getapst, sprang aufs Bett und presste sich an meinen Rücken. Ein paarmal klingelte das Telefon, aber ich stand nicht auf. Ich dachte: »Morgen früh ist auch noch Zeit zu sehen, wer an mich gedacht hat.« Doch am nächsten Morgen stellte ich fest, dass ich vergessen hatte, den Anrufbeantworter einzuschalten.

Dieses Stück Vergesslichkeit empfinde ich im Nachhinein als sehr aufschlussreich. Ich muss gewusst haben, dass ich objektiv betrachtet gar nicht allein war. Es gab Leute, die mich liebten, mich gern hatten oder zumindest an mich dachten. Aber ich war darauf geeicht, keine Liebe zu mir durchdringen zu lassen. Oder vielmehr, nicht auf Liebesäußerungen einzugehen. Wollte man mein Herz erreichen, so sollte das nur ohne mein Zutun geschehen. Worin ich die Erfüllung suchte, als ich starr vor Einsamkeit im Dunkeln lag und nebenan das Telefon klingeln ließ, ohne die paar Meter zu gehen, um den Hörer abzunehmen, bleibt für mich bis heute eine offene Frage.

Das Pendeln zwischen den Polen des Alleinsein-Wollens und der Einsamkeit ist eine der Spannungen, die meinem Bericht aus den mittleren Jahren innewohnen. Die Zeit zwischen fünfzig und sechzig ist die Lebensphase, die am wenigsten zum Thema gemacht wird, und scheint mir doch die anstrengendste zu sein. Sie beschert uns eine Art zweiter Adoleszenz am anderen Ende der Erwachsenenjahre, geprägt von Identitätsunsicherheit, gesundheitlichen Überraschungen und den Mühen, damit umzugehen. Eine Frau, die ihre Unsicherheit nie abgelegt hat, die sich zaghaft und tastend fortentwickelt, erlebt mit Bestürzung, dass sie plötzlich zu der Altersgruppe gehört, die in einer Art vorweggenommenem Jüngsten Gericht bereits wieder ausgesondert wird. Ich schaue mittlerweile an unverbrauchten jungen Gesichtern vorbei und suche die mit erschlafften Wangen und Falten um die Lippen und Augen. Ich will sehen, ob meine Altersgenossen besser mit dem Älterwerden umzugehen wissen als ich. Wie steht es um ihre Gesundheit? Was für Menschen haben sie in ihrem Leben? Wirken sie heiter? Wirken sie glücklich? Wirke ich so glücklich wie sie?

Ich schilderte meine Lebensumstände nach Nells Auszug – dass es mir schien, als hätte ich niemanden, den ich liebte oder der mich liebte, keine Kinder und kaum Geld; dass ich zu viel trank, meine Familie nicht an meinem Leben teilhaben ließ und keine Zukunftspläne hatte. Nichts davon ist mehr aktuell. Mir ist in den letzten sechs Jahren so viel Gutes widerfahren, dass ich mich wie eine Pionierin fühle, die einen ganzen Kontinent überquert hat und jetzt von einem letzten Hügel auf fruchtbare Felder blickt. Auch wenn diese schon Herbstfarben tragen. Eine gewisse Unruhe ist mir trotzdem geblieben. Ich bin es nicht gewohnt, ohne Grund etwas geschenkt zu bekommen. Wenn mein derzeitiges Glück eine Belohnung ist – wann habe ich sie mir verdient? Oder wird man vom Leben vielleicht nicht belohnt für das, was man tut, sondern für das, was man ist? Dann kann ich nur sagen, dass ich, wenn man die Zeiten zusammenzählt, mit Lesen, Alkohol, Schlaftabletten und emotionalen Fluchten zwanzig Jahre weggeworfen habe. Ich war bei weitem nicht der Mensch, der ich hätte sein können, und selbst die Leute, die mich gern hatten, achteten mich nicht besonders. Seit einiger Zeit gehe ich erfolgreich gegen mein negatives Selbstbild an. Aber es fehlt mir immer noch an Selbstvertrauen. Ich weiß nicht, ob es mir gelingen wird, von dem Berg in die schönen herbstlichen Felder hinunterzusteigen.

Ich kannte früher ein Ehepaar, das sich in den mittleren Jahren ständig stritt, obwohl ihnen alle Welt ansah, dass sie sich in Wirklichkeit liebten. »Bleib!«, riet ich ihr jedes Mal, wenn sie ihn zu verlassen drohte. »Eines Tages breitet sich um euch Ruhe aus!« Diese beiden haben es geschafft, und auch mir wünsche ich, die Turbulenzen eines Tages hinter mir zurücklassen zu können. Als ich die ersten Worte von *Nur nicht unsichtbar werden* schrieb, war mir nicht bewusst, dass ich zu einer Reise aufbrach. Mir wäre nicht in den Sinn gekommen, dass mich unterwegs auch ruhige Wasser erwarten könnten. Doch inzwischen bin ich sicher, dass damals eine Bewegung einsetzte, die erst vollendet sein wird, wenn ich zur Ruhe finde. Vielleicht weil ich von dem Zimmer, in dem ich diese Worte schreibe, auf den See blicke, habe ich den Eindruck, dass ich mich diesem Zustand nähere – dass ich beinahe am Ziel bin.

2. Kapitel

Der erste Aufbruch

Im Zentrum von Dublin, unweit der Neonschilder und Hamburgerläden an der breiten Hauptstraße, gibt es Straßen und Plätze mit langen Reihen herrschaftlicher Häuser aus dem achtzehnten Jahrhundert, die in die Jahre gekommen sind und jetzt unterschiedlich genutzt werden. In einem davon ist das Irish Writers' Center untergebracht. Mir wollte es nicht gelingen, mit meiner autobiographischen Einleitung in Gang zu kommen, deshalb meldete ich mich dort widerstrebend zu einem sechstägigen Schreibkurs an und fand mich unter der eleganten Stuckdecke des Raumes ein, der früher als Empfangszimmer gedient haben musste, setzte mich auf einen Plastikstuhl und stierte missmutig auf die wunderschönen Schuhe an den wohlgeformten Beinen der Leiterin. Meine Mitstreiter beäugten mich am ersten Tag ein wenig argwöhnisch, weil sie wussten, wer ich war. In ihren Augen war ich schon eine Autorin. Aber jedes Mal, wenn ich mich an die versprochene Einleitung setzte, war mein Kopf wie leer gefegt. Es war mir nicht möglich, in der ersten Person zu sprechen. Ich brachte kein »Ich« heraus, das wirklich bei meiner Person ansetzte, statt sich wie das

Ich meiner Kolumnen munter in scheinbar gesicherten Aussagen zu ergehen. Ich hatte alle möglichen Theorien dafür, warum das so war – etwa, weil man mir als irischer Frau zeitlebens eingebläut hatte, dass weibliche Themen nicht annähernd so interessant und wichtig seien wie männliche. Wäre ich Amerikanerin, dachte ich, mit einer starken Bürgerrechtstradition im Rücken, dann würde mir das Wort »Ich« stolz über die Lippen kommen. Doch die Theorien halfen mir nicht. Ich traute mich kaum mehr, ans Telefon zu gehen, weil ich befürchtete, es könnte der Verleger sein, der sich nach dem Fortgang der Einleitung erkundigen wollte. Also beschloss ich in meiner Verzweiflung, mich zum Schreibkurs anzumelden. Ich weiß noch, wie die Scheibenwischer den strömenden Regen von einer Seite der schwarz glänzenden Straßen zur anderen schoben, wenn ich abends zum Kurs in die Stadt fuhr, und wie widerwillig ich mein Kaminfeuer und mein Weinglas verließ, und wie ich mich innerlich dagegen wehrte, andere Leute zu sehen, oder mich am Riemen zu reißen. Aber es musste sein.

In der Woche vor Weihnachten hatte sich Tony Glavin, ein amerikanischer Schriftsteller, der in Dublin lebte und als Lektor in einem kleinen irischen Verlag arbeitete, mit mir verabredet, um mir vorzuschlagen, dass ich aus meinen Kolumnen ein Buch machte. Er hatte ein paar Jahre zuvor an der University of Massachusetts in Amherst meinen Beitrag zu einer Vortragsreihe über Irland gehört und interessierte sich seitdem für das, was ich schrieb. Die Straßen, durch die ich ging, um ihn zu treffen, waren regennass, hier und da spiegelte sich das Rot und Gold und silberne Flechtwerk der geschmückten Schaufenster. Aus Lautsprechern über Ladentüren drangen leise Weihnachtslieder, und Tony wartete draußen vor dem Café, weil sich drinnen die gehetzten Weihnachtseinkäufer drängten. Angesichts des festlichen Treibens spürte ich deutlich, wie wenig ich dazugehörte. Alle hatten es eilig, während ich bloß Hund und Katze und ein paar Lebensmittel ins Auto laden und nach County Clare fahren musste, wo mich nichts als Stille erwartete. Vermutlich weil ich die Person betonen wollte, die hinter den Kolumnen stand – meine Person im Ganzen, die Frau, die Weihnachten nichts vorhatte –, sagte ich zu Tony: »Ich kann die Kolumnen mit einer Einleitung versehen, wenn Sie mögen.« Welche Art der Einleitung mir vorschwebte, war mir nicht klar, aber irgendwie löste die Tatsache, dass ich zu Weihnachten allein sein würde, den Wunsch aus, ein Zeichen zu setzen.

Vom ersten Augenblick an hatte ich gegen innere Stimmen zu kämpfen, die mich der Anmaßung bezichtigten. »Ihr helft mir nicht durchs Leben!«, protestierte ich. »Niemand hilft mir! Wem sollte ich also was schuldig sein? Ich bin niemandem etwas schuldig!« Doch je entschlossener ich war, desto lauter meldete sich die Befürchtung, dass viele es schon als Egoismus werten würden, wenn ich alte Kolumnen neu auflegte, und eine persönliche Einleitung erst recht. Ich bin genauso empfänglich für die lokale Hackordnung wie andere auch, und ich wusste, dass ich nicht zu den wenigen in Dublin gehörte, die es sich leisten konnten, in aller Öffentlichkeit so von sich eingenommen zu sein. Meine innere Stimme hielt es mit den Missgünstigen. »Für wen hält sie sich eigentlich?«, hörte ich mich denken und meinte mich damit selbst. Doch eine andere Stimme sagte: »Die können mich alle mal.«

Die inneren Widersprüche lähmten meine Zunge. Um dem abzuhelfen, meldete ich mich zum Schreibkurs an.

Und einige der Teilnehmer waren so begabt, dass ich mich jeden Tag auf das freute, was sie aus den Aufgaben der Leiterin gemacht hatten, mit denen ich selbst nie fertig wurde. Eines Abends auf der Rückfahrt vom Unterricht lachte ich laut vor mich hin, weil uns die Leiterin aufgetragen hatte, tausend Wörter über etwas zu schreiben, das sich in einem Badezimmer abspielte. »Keinen Sex!«, hatte sie gesagt und den Männern unserer Gruppe mit dem Finger gedroht, weil die eine erstaunliche Fähigkeit an den Tag legten, bei jedem noch so abwegigen Thema auf Sex zu kommen. Ich fragte mich, was sich die Kerle wohl diesmal ausdenken würden, als mein Lachen plötzlich verstummte. Ich hatte mit einem Mal das Bild meiner Mutter vor Augen, die in der kleinen Mietswohnung, in der sie das Ende ihrer Tage erlebte, auf dem Badezimmerfußboden gestorben war.

Das Lachen muss eine Tür in meinem Innern aufgestoßen haben. »Bestimmt ist es nicht besonders ungewöhnlich, dass Leute im Bad sterben«, versuchte ich mich zu beschwichtigen. »Das ist meistens das einzige Zimmer, das man abschließen kann. Bei armen Leute jedenfalls. Arme Leute haben fast keine andere Wahl.« Doch der Film, den ich nie hatte sehen wollen, lief bereits ab. Ich sah den Tod meiner Mutter. Noch im Mantel eilte ich an den Küchentisch, streckte die Hände über die Tastatur und überließ mich der Vorstellung, wie es gewesen sein musste. Sie hatte die Tür beim letzten Mal, als sie sie hinter sich zumachte, nicht abgeschlossen. Sie war allein in der hässlichen kleinen Wohnung. Ich hatte das Bad stets gemieden, um von der Privatsphäre meiner Eltern – Verdauungstabletten, gelbe Flecken am Porzellan der Toilettenschüssel – möglichst wenig mitzubekommen. Jetzt sah ich sie taumeln, als ihr schwindelig wurde, sah sie fallen, sah sie in sich zusammensacken, bis sie halb, dann ganz auf dem Boden lag. Ein Aufprall, dann Stille, Schweigen. Der Mensch, zu dem sie geworden war, eine plumpe Form, ihr armes Gesicht an den abgewetzten Boden gepresst. Das einzig Gute ist, dass sie keine Angst gehabt haben wird. Für Trinker gehört Schwindel zum Alltag, und ihr Gesicht war ohnedies von Stürzen der jüngeren Zeit gezeichnet.

Diese Szene war der Anfang, auch wenn ich im Schreiben bald weiter in die Vergangenheit vordrang und meine Kindheit an den eigentlichen Anfang der Erzählung stellte – und meine Mutter dabei keineswegs außen vor ließ. Mir fehlt die richtige Bezeichnung für das, was ich schrieb. Autobiographie wäre zu viel gesagt – eine Autobiographie beansprucht Vollständigkeit und muss von einer starken Überzeugung von der eigenen Bedeutung getragen sein. Aber es war auch kein bloßer autobiographischer Aufsatz, denn ich trug genug Material zusammen, um mich als Ganzes erkennbar zu machen, weniger für die Leser als für mich selbst. Ich schrieb assoziativ, ohne durchgängiges Thema. Der Text war mehr ein Aufschrei als alles andere und drehte sich um die Frage, warum aus meinem Leben trotz viel versprechender Anfänge und etlicher guter, glücklicher Zeiten und Weggefährten nichts geworden war. Wahrscheinlich trifft am ehesten die Bezeichnung »Memoiren« zu, obwohl auch sie nach einer ausgefeilten Ästhetik klingt. In dem Wort scheint mir mehr die Gestaltung der Erinnerungen durch den Verfasser im Vordergrund zu stehen als die schlichte Sammlung von Erinnerungen. Ich dagegen ließ meine Vergangenheit in zufälliger Abfolge an mir vorüberziehen. Ich saß am Laptop und sah mit halbem Auge zu, wie Molly die Nachtfalter beobachtete, die mit der warmen Sommerluft durch das offene Fenster hereintaumelten, und versenkte mich im Geiste in meine Vergangenheit.

In der heutigen Zeit geht die Vorstellung um, das Schreiben über etwas, unter dem man leide, heile die Wunde. Ich war weder damals, als ich meine Lebensgeschichte zu schreiben begann, noch bin ich jetzt von meiner Mutter geheilt. Ein Gewinn ist jedoch die Distanz, die man bekommt, indem man die Dinge von allen Seiten betrachtet, während man um die passenden Worte ringt. Der Prozess schreitet so unmerklich voran, dass man die Wirkung kaum merkt, aber er findet statt. Als ich ein kleines Mädchen war, entdeckte ich, dass ich, wenn ich nicht aufhören konnte zu weinen, aber gerne aufhören wollte, mit den Tränen nur etwas Nützliches anzufangen brauchte – eine Pflanze gießen etwa. Dann trockneten sie von selbst. Ähnlich geht es, wenn man versucht, leidvollen Stoff in Sätze zu fügen: Der Stoff wird leichter, wenn man mit ihm arbeitet.

In einigen Kulturen reicht diese Erleichterung für den Einzelnen als Rechtfertigung der Selbstenthüllung. Nicht in Irland. In Irland wird man für solche Äußerungen bestraft – auf der harmlosesten Ebene durch die giftige Unterstellung, man mache es um des Geldes willen, die meist nur hinter dem Rücken vorgebracht wird – und auf einer viel ernsteren Ebene durch den Vorwurf, man verstoße gegen den Konsens, an den sich die Generationen bisher gehalten haben. *Wie konntest du deiner armen Mutter das antun?*, sagen sie. *Hättest du der armen Frau nicht ihren guten Namen lassen können? Was geht es andere Leute an, was in eurer Familie hinter geschlossenen Türen vorging?* In Irland wurde um jeden Preis dichtgehalten. Alle Welt mochte wissen, dass er sie schlug oder sie eine

Ladendiebin war oder dass jemand zur Krebsuntersuchung nach Dublin fuhr, doch solange darüber nicht gesprochen wurde, konnten alle Beteiligten sonntags nach der Messe mit erhobenem Kopf beisammenstehen und mit den Nachbarn schwatzen. Schweigen war die defensive Strategie eines Volkes, in dem keiner an die Möglichkeit der Veränderung glaubte oder sich vorstellen konnte, dass man einander je entkam. Und das hat sogar etwas Einleuchtendes – wenigstens behielten alle Beteiligten ein Fünkchen Würde. Es war die Strategie, für die sich mein Vater in Bezug auf den Alkoholismus meiner Mutter entschied; es gab ihn nicht, wenn man nicht darüber sprach. Er eröffnete ihr damit die Möglichkeit, Haltung zu bewahren, und unternahm mit ihr in den letzten Jahren vor seinem Tod noch einige Reisen ins Ausland, kleine Fluchten, die sie – von ihrem Mutterdasein befreit, endlich der Langeweile entkommen und mit ihm allein – in vollen Zügen genoss.

Ich verstand mich nicht so gut auf Leugnung wie er. Und natürlich war mein Blick ein anderer. Ich besaß weder seine Erinnerungen an sie als junge Frau noch seine lebenslange intime Kenntnis ihrer Person. Ich wollte mich unumwunden über den Schaden äußern, den sie, von ihm und der Liebe betrogen, angerichtet hatte, und über ihn, der diesen Schaden nicht verhindert hatte. Eine Genehmigung der Familie brauchte ich dazu nicht. Wir bitten uns nie gegenseitig um Erlaubnis. Trotzdem ist auch eine offene Familie eine Familie, und es wäre nicht richtig gewesen, meine Geschwister erst mit dem fertigen Buch zu konfrontieren. Deshalb besuchte ich die drei älteren Schwestern – für mich und die anderen immer noch die Mädchen – mit meinem ersten Entwurf und begegnete jeder mit einem anderen Ton, genauso wie sie bei mir jeweils unterschiedliche Töne anschlagen. Durch ihre Stellung in der Großfamilie waren sie für mich gleichsam Vertreterinnen aller neun Geschwister, als ich in ihre Territorien aufbrach wie ein Ritter aus alter Zeit auf seinem treuen Ross.

Das Reich meiner Schwester Grainne ist eine Bungalowsiedlung mit Panoramafenstern, die auf gemeinschaftliche Vorderrasen und belaubte Straßen blicken. Die ganze Siedlung riecht nach Sicherheit, Alarmanlagen, Sauberkeit. Wir saßen bei geöffneter Terrassentür in der Küche, als Hodge, schwarz und glänzend durch die Rosen angeschlichen kam, um nach dem Rechten zu sehen. »Ihm gefällt das Vorortleben«, sagte Grainne. Ich war nie auf den Gedanken gekommen, dass ein Kater einen besonderen Lebensstil bevorzugen könnte, aber es mag durchaus sein, dass meiner ihm viel zu bohemehaft war. Jedenfalls verliebte er sich, als ich ihn für ein paar Tage in Grainnes Haus zurückließ, in ihren Lebensgefährten. Bei meiner Rückkehr hatte sich bereits eine Routine etabliert: Hodge saß beim Fernsehen friedlich auf Derrys Schoß, dann ging er mit ihm nach oben und schlief auf Derrys Brust, sodass nur die Nase unter dem Federbett vorlugte. Er wollte mich verlassen. Wir unterhielten uns im Grunde nur über den Kater, weil ich Grainne meinen Entwurf nicht zu lesen gab. Für mich war der Besuch bei ihr nichts wirklich Persönliches, sondern eher ein Anstandsbesuch beim Regierungsoberhaupt, wie es Grainnes Position als der Ältesten in der Familie entsprach. Sie empfing mich mit einer kleinen Mahlzeit, die sie mit wunderbar sparsamer Eleganz richtete. Niemand könnte sich in einem Raum sicherer bewegen als sie in ihrer Küche, während unsere Mutter in ihrer immer wie eine unbeholfene Fremde wirkte. Nicht so sein zu wollen wie die eigene Mutter muss ein sehr starker Antrieb sein.

Dann trabte ich weiter zu Deirdres Schloss, einem bescheidenen Reihenhaus, das gewöhnlich voller Menschen und Trubel ist. Deirdre ist die Nächstjüngere nach mir. Sie und ihr Mann sind ein treues Ehepaar alten Stils, durch und durch glückliche Katholiken, die sich, seit sie als Teenager zusammenfanden, mit Freude um ihre sieben Kinder kümmern und um sämtliche Freunde und Verwandte, nah wie fern, alle Enkelkinder und Nachbarn, die bei ihnen vorbeikommen. Ich stieg lange genug von meinem Ross, um mir einen Becher Tee und ein Rhabarbertörtchen zu genehmigen. Deirdre stopfte ihre kleine Pfeife mit Tabak, und setzte sich zu mir, um ein Gespräch über das Thema zu genießen, über das sie am liebsten spricht – die klassische englische Literatur. Sie hilft den Kindern aus der Nachbarschaft, die Romane und Gedichte zu studieren, über die sie in der Schule geprüft werden, und liebt die Texte, obwohl oder weil sie selbst mit sechzehn von der Schule abgegangen ist, über alles. Als sie mich ein paar Tage später anrief, um zu sagen, sie habe die Seiten aus *Nur nicht unsichtbar werden*, die ich ihr dagelassen hatte, gelesen und gebe mir trotz einiger persönlicher Vorbehalte ihren Segen – womit sie mir auf sanfte Art zu verstehen gab, dass sie meine Sicht der Dinge nicht im Geringsten teilt –, bedeutete mir das sehr viel. Ich hätte auch weitergemacht, wenn sie den Text abgelehnt hätte. Aber dass sie wie immer beschloss, das Beste von mir zu denken, und ihre Achtung für das Schreiben auf mich übertrug, war die erste Frucht des Unterfangens.

Meine nächste Mission trieb mich über das Meer – wenn man eine Fahrt nach London so bezeichnen kann – und ich besuchte Noreen, die wie in einem Schloss wohnt – einer Maisonettewohnung unterm Dach mit Türmchen und Balkon und jeder Menge schräger Zimmer inmitten dichter Baumkronen. Noreen ist die nächstjüngere Schwester nach Deirdre. Sie verzog sich mit dem Manuskript, das ich ihr mitgebracht hatte, in ihr Zimmer und ließ sich stundenlang nicht wieder blicken.

»Du hast nicht zufällig vor, das zu veröffentlichen, oder?«, fragte sie in eisigem, ungläubigem Ton, als sie mit der Lektüre fertig war. Ich erschrak so, dass mir die Tränen in die Augen schossen, und sie fuhr, als sie mein Gesicht sah, fort: »Merkst du nicht, was du hier getan hast? Merkst du nicht, dass du an sämtlichen Leuten Rache übst, die dich je in deinem Leben verletzt haben?«

»Tu ich das?«, fragte ich erstaunt. »Wo? Ich kann das nirgends entdecken!«

»Da! Und da! Und da!«

Noreen blieb hinter mir stehen, während ich den gesamten Text am Bildschirm durchging und hier und da kleine Stellen strich. An die Stellen selbst habe ich keine Erinnerungen mehr, aber es heißt ja auch, dass Mütter die Schmerzen bei der Geburt vergessen.

»Jetzt klingt es fast scheinheilig vor lauter Verständnis«, murrte ich, aber ich war sehr, sehr froh, dass sie mich auf etwas hingewiesen hatte, für das ich selbst blind gewesen war.

Ich blieb noch eine Woche bei ihr und ihrem Freund und arbeitete den Entwurf dort ein letztes Mal durch. Ich bat sie nicht, ihn noch einmal zu lesen – das eine Mal reichte als Geduldsprobe –, aber es tat mir gut, ihre Intelligenz und Gewogenheit in meiner Nähe zu wissen. Ich genoss die Tage sehr, an denen ich am großen Tisch vor einem der Erkerfenster arbeitete, bis sie und ihr Freund abends nach Hause kamen. Es war schön, beim Schreiben eine Zeit lang nicht einsam zu sein. Die Wohnung schwebt über Bäumen in alten Gärten. Vor meinem Fenster stand eine Pappel mit einer Taube auf einem Nest, und ich beobachtete, wie Vogel und Nest im gesprenkelten Grün der sonnenbeschienenen Zweige schaukelten. Als ich einige Jahre später an meinem Roman schrieb und einen Ort für eine glückliche Zeit suchte, wählte ich eine Dachwohnung in London und ein Nest wie das vor dem Fenster, und ich bin sicher, das lag an der unerwarteten Tröstlichkeit, die es hatte, in einer Wohnung an *Nur nicht unsichtbar werden* zu schreiben, in der man mir wohlgesonnen war.

Memoiren dürften eine ziemliche Blutspur hinter sich herziehen. Wollen sie nicht völlig solipsistisch sein, müssen sie von Leuten aus dem wirklichen Leben berichten. Und da die Verfasser von vornherein wissen, dass es ein Nachspiel geben wird, wenn diese Leute das Buch lesen, sind Memoiren bei aller vorgeblichen Offenheit mehr als andere Genres durch diplomatische Notwendigkeiten geprägt. Hätte ich mich mit anderen Autobiographen zu befassen, würde es mich sehr interessieren, was sie für ihr Gefühl aus dem Weg räumen mussten, bevor sie ihre Geschichte erzählen konnten.

Was mich betrifft, so konnte ich mein Buch nach der Rückkehr von der Rundreise zu meinen Schwestern vollenden. Eines Tages kam mir die Idee für den Titel. Ich hatte einige Jahre zuvor eine Büchersendung im Fernsehen moderiert und war eine Zeit lang ziemlich bekannt. Aber es war natürlich eine Sendung für eine Minderheit, und Tausende von Zuschauern hatten mein Gesicht vermutlich nur zwischendurch beim Umschalten von Sender zu Sender gesehen. Seitdem wurde ich gelegentlich in Supermärkten und Kneipen angesprochen, meist von irgendeiner Frau, die von ihren Freundinnen angestachelt worden war, herauszubekommen, ob sie mich nicht vom Bildschirm kannten. »*Are you somebody?*«, lautete ihre Frage dann. Dieser Satz kam mir eines Tages in den Sinn und gewann neue Konnotationen: Wann beschließen Leute für sich, dass sie »wer« sind? Kann aus einem Lebensrückblick das Gefühl erwachsen, dass man tatsächlich »wer« ist? So gesehen wurde die Frage zum sinnvollen Titel für mein Buch.

Als Letztes traf ich die Auswahl der Kolumnen, die von den Erinnerungen eingeleitet werden sollten, und entschied mich für Texte, die aktuell geblieben waren. Für den Umschlag schickte ich dem Hersteller ein Bild, das ich sehr liebte, eine Zeichnung der irischen Malerin Alice Maher von einem kleinen Mädchen. Sie hat fiedrige Engelsflügel, aber die kräftigen Beinchen enden in roten Gummistiefeln. Sie stemmt die Hände in die Hüften und sieht den Betrachter mit fordernder, undurchdringlicher Miene fragend an.

Wie konnte ich nur glauben, dass die Sache damit ausgestanden war?

Ein paar Jahre später lief ich an einem regnerischen Abend in Hollywood den Sunset Boulevard hinauf zum Chateau Marmont, um einen Mann zu treffen, den ich in den Memoiren erwähnt hatte. Ich hatte nicht mit Problemen außerhalb der Familie gerechnet, weil ich glaubte, dass sich bloß eine Hand voll Leute für das Buch interessieren würden. Trotzdem hätte ich mir klar machen müssen, dass man als Beteiligte an einem Erlebnis mit anderen nur eine Seite kennt. Jetzt lief ich beklommen durch Los Angeles, weil ich eine Begebenheit aus meiner Jungmädchenzeit in Dublin geschildert hatte: Ich schmuste mit einem amerikanischen Studenten in dessen Wohnung, als es klingelte. Er ging an die Tür, und als er zurückkam »... riss er mir die Kleider herunter und drang in mich ein. Nach ein paar schrecklichen Minuten kollabierte er mit fürchterlichem Schluchzen auf meinem starren Körper. Er setzte sich auf die Bettkante und hielt seinen Kopf in den Händen. ›Das war ein Telegramm‹, sagte er. ›Meine Mutter ist gestorben.‹« Ich beschrieb die Situation, wie ich sie im Gedächtnis hatte. Mir war fast entfallen, dass es diesen Mann – natürlich – wirklich gab. Ich hatte gut dreißig Jahre weder etwas von ihm noch über ihn gehört. Folglich war ich zutiefst entsetzt, als er mir eines Tages in einer E-Mail schrieb, ihm sei das Buch in Kalifornien in die Hände gefallen und er habe sich meine E-Mail-Anschrift besorgt, weil er mir etwas mitteilen wolle. Er schickte mir eine Passage aus einem unveröffentlichten Roman, den er vor längerer Zeit geschrieben hatte und der seine Schilderung derselben Begebenheit enthielt.

Irgendwie setzte sie sich in den Kopf, dass er unbedingt etwas brauchte, in dem er sich verlieren konnte, etwas, das ihn die »furchtbare Nachricht«, wie sie es nannte, vergessen ließ. Für sie war das Sex. Ihm war in dem Moment nicht danach, er wollte sich nur hinsetzen und nachdenken – den Tod spüren. Aber sie war entschlossen, ihn alles vergessen zu lassen, und er wusste nicht, wie er sie bremsen sollte. Sie waren in der Souterrainwohnung allein, sie gingen in sein kleines, unaufgeräumtes Schlafzimmer und sie liebten sich.

Und so weiter. Es ist doch interessant, dachte ich beim Lesen, dass weder er noch ich die Begebenheit vergessen haben.

Er stand im Foyer des Chateau Marmont am Fenster mit Blick auf den leeren Swimmingpool im strömenden Regen, als der Page mich zu ihm führte. Ich holte tief Luft und setzte eine kontrollierte Miene auf. Es erfordert schon ein wenig Mut, auf jemanden zuzugehen, der dich zuletzt als junges Mädchen gesehen hat, und der sich, sobald du seinen Namen aussprichst, umdrehen und einer fast Sechzigjährigen gegenüberstehen wird. Und zwischen uns stand auch noch die Sache mit der umstrittenen Beinahe-Vergewaltigung. »Wieso haben andere Schriftsteller nicht mit solchen Schwierigkeiten zu tun?«, fragte ich mich, doch dann erwiesen sich meine Befürchtungen als überflüssig. Wir tranken in rascher Folge zwei Drinks und machten munter Smalltalk. Über den Abend, an dem seine Mutter starb, verloren wir kein Wort. Vielmehr, ich senkte irgendwann den Blick und murmelte vage etwas davon, dass es doch erstaunlich sei, wie unterschiedlich sich etwas in der Erinnerung verschiedener Leute festsetzen könne, und wir gingen wieder zu einem anderen Thema über.

Dieser Mann und ich waren uns niemals wichtig gewesen. Das war bei dem langjährigen Lover, den ich in den Memoiren Rob nannte, anders. Auch ihm stieß die Version der Ereignisse auf, die ich als die Wirklichkeit ausgegeben hatte. Ich hatte Rob während meines Aufbaustudiums in Oxford kennen gelernt. In ihn verliebte ich mich mit all der Inbrunst und Hoffnung jener Lebensphase und erholte mich nie ganz von den stürmischen zehn Jahren, in denen er der Mittelpunkt meines Daseins war. Er besaß ungeheuren Einfluss auf mich, sowohl im

Guten, in der Weise, wie ich von seinem klugen Kopf profitierte, als auch im Schlechten, in der Art, wie wir einander enttäuschten. Als ich die Memoiren schrieb, war unser Umgang schon seit Jahrzehnten distanziert freundschaftlich, und ich hatte weder Ambitionen auf den mittlerweile glücklich verheirateten Rob noch Zweifel an meiner langen, fruchtbaren Beziehung mit Nell. Doch es gab Stadtteile von London, die so von der Intensität meiner damaligen Gefühle geprägt waren, dass ich dort unwillkürlich darauf wartete, dass er um die Ecke bog. Ich war den ganzen Tag voll Erwartung und am Ende enttäuscht, und zwar ohne jede Not – es gab nichts, was mich abgehalten hätte, ihn anzurufen, wenn ich ihn wirklich hätte sehen wollen. In Dublin gibt es einen Platz aus dem 18. Jahrhundert, an dem ich in der Zeit mit ihm eine Dachwohnung hatte. Ich machte jahrelang Umwege, um nicht an dem Haus vorbeizugehen, in dem er und ich so glücklich gewesen waren, wenn er frühmorgens mit der Fähre aus England ankam und klingelte und ich aufwachte und ihm die Schlüssel runterwarf und wieder unter die Decken schlüpfte, während er die Treppe heraufkam und mein Herz so laut bummerte wie seine Schritte. Das alles hing mir nach.

Jetzt im Nachhinein kann ich es kaum fassen, dass ich Rob einen frühen Entwurf der Memoiren, einschließlich sämtlicher Passagen, die von ihm handelten, schickte und ihn bat, mir bei der Überarbeitung zu helfen – er ist ein allseits gerühmter Lektor. Aber ich war um seine Reaktion wirklich nicht besorgt. Ich dachte, er würde am ehesten von allen erkennen, dass ich die positiven Dinge ausgewählt und alles Mögliche weggelassen hatte, was ein schlechtes Licht auf ihn oder mich geworfen hätte. Außerdem gefiel mir die Vorstellung, dass er endlich meine Seite zu hören bekam. Als er mich am Ende unserer zehnjährigen Beziehung verließ, legte er mir einen Zettel auf den Tisch: »Bin Donnerstag wieder da.« Aber er kam nicht und gab mir nie eine Erklärung dafür. Jetzt freute ich mich darauf, nicht nur von seinem professionellen Rat zu profitieren, sondern ihm darzulegen, wie sehr er mich verletzt hatte. Wie konnte ich nur meinen, dass er bei dieser Idee mitspielen würde? Aber so war es. Ich habe es wirklich geglaubt. Und als er mir darauf einen Brief schrieb, in dem er mir endgültig die Freundschaft aufkündigte, trafen mich seine Worte schwer. Ich stand mit dem Blatt in der Hand in Dublin im Flur, als hätte ich einen Schlag in den Magen bekommen.

Ich vermute, mein Unbewusstes – das ich als mutwillige Altra Ego in meinem Innern begreife, die mit ihren eigenen Vorhaben beschäftigt ist – wollte sich endlich der Last entledigen, die er mir war. Wer hätte gedacht, dass Memoiren einen solch nützlichen Dienst erweisen könnten? Doch Rob gehörte der Vergangenheit an. Wirklich wichtig war, wie *Nur nicht unsichtbar werden* bei der Frau ankam, mit der ich bis vor kurzem zusammengelebt hatte.

Nell und ich waren uns auch ein Jahr nach der Trennung noch sehr nahe. Und es dauerte viel, viel länger, bis alle Wärme aus dem wich, was zwischen uns gewesen war. Ich verspürte kein Verlangen danach, mich über unsere gemeinsamen Jahre auszulassen; der Verlust war zu groß, die Trennung zu frisch, und ich war noch zu sehr mit Schuldsuche beschäftigt. Deshalb beschloss ich, alles Schwere zu übergehen und nur ein paar unserer Reiseabenteuer hineinzunehmen, um anzudeuten, wie angenehm wir uns in den besten Jahren die Zeit vertrieben hatten und wie bereichernd unser Zusammensein gewesen war. Die Anekdoten sollten zeigen, wie gut wir uns verstanden hatten. Und ich war bestürzt, um nicht zu sagen gekränkt, als Nell mir später diese indirekte Herangehensweise zum Vorwurf machte. Es war das erste Mal, dass ich über Leute schrieb, die mir nahe standen, und mir war nicht klar, dass man fast nicht umhinkann, sie zu beleidigen. Selbst die schmeichelhafteste Beschreibung muss für das komplexe Selbstempfinden der Beschriebenen ein Schock sein. Die Verfasserin weiß, dass sie nur ein paar Einzelheiten aus dem lebendigen Ganzen einer Erinnerung herauspickt, während die Leserin nur das eingeschränkte Bild sieht, das auf der Seite versammelt ist.

Einmal vor längerer Zeit wurden Nell und ich auf der Straße von einem uns bekannten Lyriker angesprochen, der uns von einem Lyrikfestival an einem See an der makedonisch-albanischen Grenze erzählte, den er als zauberhaft tief beschrieb, und in dem eine seltene, wohlschmeckende Fischart lebte. Als ich die Memoiren abgeschlossen hatte, fragte ich Nell, ob sie mit mir an den See reisen wollte. Und wir fuhren tatsächlich hin. Von Thessaloniki brachte uns ein Arbeiterbus über die Berge nach Albanien, wo wir an einem traurigen Grenzposten mit ramponierten Pappwänden und einer funzeligen Glühbirne unsere Eintrittsvisa bekamen. In Albanien wirkten die Kinder verwahrlost und die Kirchen waren von Graffiti entstellt, aber die Leute luden uns in ihre Häuser ein, ein Mann kletterte auf einen Baum, um uns Nüsse herunterzuschütteln, und in einem halbverfallenen Hotel am Ohridsee, in dem aus allen Rohren Wasser leckte, klang Ballhausmusik aus dem schäbigen Salon, in dem die Einheimischen tanzten, zu uns herauf. In unseren glücklicheren Zeiten hätten wir uns dazugesellt. Eines sonnigen Morgens spazierten wir am See entlang aus dem Dorf und über eine moderne Grenzstelle in das Balkanland, das seit kurzem den Namen Makedonien trug. Im Ort aßen wir den vorzüglichen Fisch, von dem der Lyriker uns erzählt hatte, und kauften Postkarten. Dabei fiel mir auf, dass die Postkarten gleichsam eine Illustration des Schweigens waren, das sich zwischen Nell und mich gesenkt hatte. Weil Makedonien die Existenz Albaniens nicht anerkennt – oder zumindest nicht anerkennen wollte, als die Postkarten gedruckt wurden –, war Albanien wegretouchiert. Ich betrachtete den Blick über den See auf die albanischen Berge und hielt eine Postkarte daneben. Keine Berge, nur Luft. Nell sagte ich nichts davon. Die Memoiren zu schreiben, ohne unseren gemeinsamen Jahren eine größere Rolle zu geben, hatte etwas Ähnliches wie diese Auslassung. Doch ich hätte damals keine kohärente Sicht unserer Beziehung zustande gebracht. Und kann es bis heute nicht. Das mag zum Teil am Alter liegen. Mit zwanzig überwindet man eine zweijährige Beziehung in sagen wir einem halben Jahr. Mit dreißig braucht es länger – sagen wir zwei Jahre –, um über eine Beziehung von sechs bis sieben Jahren hinwegzukommen. Wie lange wird es dann dauern, den Verlust einer beinahe fünfzehnjährigen Beziehung zu verwinden, die endet, wenn beide Beteiligten über fünfzig sind? Die Antwort lautet: Sehr lange.

Die Hoffnung, dass es im Urlaub mit uns gut gehen könnte, obwohl uns kein gemeinsamer Alltag mehr verband, entpuppte sich als Wunschdenken. Wir trennten uns, diesmal endgültig, als wir aus Albanien und Makedonien nach Griechenland zurückkehrten. Wir waren an einem Bahnhof. Sie fuhr zurück nach Irland. Ich wollte mit dem Zug in eine kleine, unaufregende griechische Stadt fahren, die ich willkürlich auf der Karte herausgepickt hatte, einfach um eine Weile mit mir allein zu sein. Durch eine überraschende Wendung kochte ich vor Wut auf sie. Ich hatte ihr ein vollständiges Manuskript von *Nur nicht unsichtbar werden* zu lesen gegeben. Und sie gestand mir plötzlich, dass sie es einer Freundin gezeigt hatte, um deren Meinung einzuholen. Sie traue ihrem eigenen Urteil nicht, wenn es um Literatur gehe, meinte Nell. Sie habe gewollt, dass diese Frau ein Urteil darüber abgebe, ob die Memoiren gut oder schlecht seien und ob ich Nell darin fair behandelt hätte. Ich stand auf dem Bahnsteig und fauchte: »Wer hat gesagt, dass du es ihr zeigen darfst? Es ist mein Privateigentum! Wer hat dir die Erlaubnis gegeben, meine privaten Äußerungen einer Fremden zu zeigen? Wer hat dir das erlaubt? Wie konntest du! Es ist *mein* Eigentum.«

Hinterher, als ich in dem soliden griechischen Städtchen in einem Café voll alter Männer an einem Plastiktisch unter einem Decken-Fernseher saß, fragte ich mich, wie in aller Welt ich angesichts eines Textes, den ich zu veröffentlichen gedachte, zu dieser Reaktion kam. Bestimmt gab es für meinen Zorn auch verständliche Gründe. Aber warum konnte ich es nicht ertragen, dass mein prüfender Blick erwidert wurde? Mir selbst gestattete ich, über andere zu reden, aber sieh einer an, wie ich mich bei dem Gedanken wand, dass die zwei sich über *mich* ausließen! Ich wollte allein die Kontrolle über die Figuren meiner Handlung haben. Meine Leser sollten mir ergeben folgen, sonst nichts. Als wünschte ich sie mir vollkommen passiv, oder als wären Memoiren nicht das, wofür Autoren sie halten, sondern eine Verarbeitung von Stoffen, die, wenn man sie herumliegen ließ, explosive Gewalt entfalteten und allerorten Blutspuren hinterließen.

Romane sind nach ihrer Vollendung fertig, doch eine Lebensgeschichte geht weiter und verändert sich durch die Niederschrift. Die Worte, die man zur Beschreibung einer Beziehung wählt, sind mit dafür verantwortlich, wie sich die Beziehung weiterentwickelt. Die Feindseligkeit, die ich bei anderen und bei mir selber hervorrief, hat für mein Gefühl etwas damit zu tun, dass man an Mythen rührt, in denen wir gefangen sind – dem Mythos etwa, dass man jemanden weiterliebt, der diese Liebe nicht mehr annimmt. Mir ging beim Schreiben von *Nur nicht unsichtbar werden* zum ersten Mal auf, wie schwer es mir zu begreifen fällt, dass ich andere nicht so verstehe, wie sie sich selbst verstehen. Robs, und wichtiger noch, Nells Reaktion haben mir gezeigt, dass ich nur für mich sprechen kann und bei anderen die Grenze wahren muss, weil sie nicht so sind, wie ich sie zu sehen beschließe. Diese und andere Erkenntnisse, die ich anhand der Memoiren gewann, begreife ich mittlerweile als eine Form von Sozialisation. Jedes Zipfelchen Klarheit trug dazu bei, meine Verworrenheit im Ganzen zu klären.

Ich weiß nicht, ob es bei Älteren im Allgemeinen so ist oder nur bei jenen, die so viel trinken wie ich damals, aber bevor ich mich in jenem Sommer an den Schreibtisch setzte, waren meine Erinnerungen wirklich äußerst vage. Ohne die angeblichen therapeutischen Wirkungen autobiographischen Schreibens beurteilen zu wollen, kann ich eines bestätigen: Das Gedächtnis wird aufgeräumt wie ein Zimmer, in dem man Ordnung schafft. Ich war bei Abgabe des Manuskripts nicht mehr dieselbe wie zu Anfang des Projekts. Erinnerungen mögen retrospektiv sein, doch ihre Wirkung entfalten sie in der Zukunft.

Ich habe eine alte Freundin, die ich nicht sehr oft sehe, aber von Zeit zu Zeit gehen wir mittags zusammen essen und genehmigen uns dazu eine Flasche guten Wein.

Diesmal trafen wir uns im Restaurant des Clarence Hotel in Dublin, in das ich gerne gehe, weil es U2 gehört und sie die Preise eher bescheiden halten. Außerdem gibt es dort guten Sancerre.

Als wir alle wichtigen Neuigkeiten, sprich wie viel wir beide wieder nicht abgenommen hatten und wie es ihrem Sohn in der Schule erging, erörtert hatten, fragte meine Freundin: »Zu welchem Termin erscheint das Buch denn nun?«

Ich korrigierte sie eilends. »Erstens ist es kein Buch, sondern nur eine Einleitung. Und es wird auch keine Präsentation oder so geben. Das macht man nicht bei einem Band mit Kolumnen, die schon in der Zeitung gestanden haben. Es gibt also keinen großen Termin, sondern es liegt einfach irgendwann in den Läden. In ein paar Wochen, denke ich. Dann ist es da, während es im Augenblick noch …«

»Nuala«, unterbrach sie mich. Ich sehe es noch vor mir, wie sie den Kopf ein wenig beugte, weil sie größer ist als ich, und wie sie lächelte, als sie sanft, aber bestimmt sagte: »Nuala, es ist dein Werk. Jetzt steh dazu.«

Diesen Satz habe ich mittlerweile oft vor Publikum wiederholt. Manchmal erzähle ich erst, wie ich *Nur nicht unsichtbar werden* nach der Fertigstellung innerlich abhakte, weil ich wirklich dachte, dass kein Hahn danach krähen würde. Und dass die drei kleinen Wörtchen, die meine Freundin zu mir sagte, meine Einstellung zu dem, was ich vollbracht hatte, vollkommen änderten. Wie mich die Worte dazu bewegten, mein Werk fortan zu behüten wie einen Teil von mir, wie ein Kind. Wie ich aufhörte, mich für das, was ich geschrieben hatte, zu entschuldigen, und beschloss, alles zu tun, damit es gut lief. Jedes Mal, wenn ich die Worte ausspreche: »Jetzt steh dazu!«, geht ein verständnisvolles Raunen durch die Reihen. Von ihnen geht wirklich eine Macht aus.

Als ich mich erbot, am Tag der Veröffentlichung meines Buches in der *Late Late Show*, Irlands größter Fernseh-Talkshow, aufzutreten, handelte ich nach diesen Worten: Ich stand zu meinem Buch.

Jeder weiß, dass der strahlende Auftritt – der Fernsehmoderator mit weit ausgebreiteten Armen und enthusiastischem Lächeln, der Tusch des Orchesters, der wilde Applaus des Studiopublikums, während alles gespannt auf die glänzende Treppe blickt, auf deren oberster Stufe gleich der Überraschungsgast des Abends erscheinen soll –, dass dieser große Auftritt nicht für uns gewöhnliche Sterbliche bestimmt ist, sondern für Liza Minelli, Tony Bennett und Konsorten. Ich stand hinter den Kulissen im Dunkeln und zitterte am ganzen Körper, während der Moderator die Worte schmetterte:

»Und jetzt bitte einen großen Applaus für …«

Der Aufnahmeleiter schob mich zur Öffnung an der Treppe.

»… *Nuala! O! Faolain!*«

Der nächste Schubs beförderte mich ins Scheinwerferlicht.

Ich musste mit strahlendem Lächeln die glänzenden Stufen hinabschreiten, obwohl ich beinahe das enttäuschte Murmeln des Publikums zu hören meinte, als sich herausstellte, dass es an diesem Abend keinen Filmstar zu sehen bekommen würde.

Der Moderator umarmte mich und ich nahm ihm

gegenüber Platz. Die Kamera kroch heran, um eine Nahaufnahme von mir zu machen. Er beugte sich vor, um mit dem Gespräch zu beginnen.

»Nun denn«, lachte er stillvergnügt und nicht besonders freundlich, »Nuala, Sie haben mit einer erklecklichen Zahl von Männern geschlafen, nicht wahr?«

Während ich in der kleinen Garderobe auf meinen Auftritt wartete, war ich vor Angst förmlich gelähmt gewesen, weil ich wusste, dass das Interview immense Auswirkungen haben würde, auf meinen Ruf wie den meiner Familie und Nells und auf mein Ansehen bei Kollegen, Vorgesetzten, früheren Liebhabern, den Nonnen meiner alten Schule – allen, die mir einfielen. Doch es gibt wirklich so etwas wie Gnade. Das jedenfalls ist das Wort, das ich für die Eingebung verwenden möchte, die mir unversehens zu Hilfe kam.

»Lass mich ehrlich sein!«, flehte ich – vermutlich an meine eigene Adresse, obwohl ich die vage Vorstellung hatte, ich wendete mich an Gott. »Lass mich innehalten und nach einer ehrlichen Antwort suchen, ganz gleich, was ich gefragt werde.« Irgendwie war mir klar, dass fast nichts an der Situation in meiner Hand lag. Ich wusste weder, wie lang das Gespräch sein würde, noch, was der Moderator von dem Buch hielt. Das Einzige, was ich in der Hand hatte, war mich selbst und meinen Auftritt vor der Kamera. Dieser Aufschein von Klarheit inmitten meiner Panik half mir die Situation durchzustehen. Das Gespräch besserte sich nach der abfälligen Eröffnung, der geübte Moderator entnahm der Art, wie das Publikum atmete, dass es mich sympathisch fand. Er wechselte den Ton und wurde menschlich und ernst. Natürlich hatte er meinen Vater gekannt und auch meine Mutter gelegentlich gesehen, wenn sie geschminkt, mit zitternden Händen und einem gezwungenen Lächeln in seiner Begleitung erschienen war. Er verstand ihre Tragik als Paar, das mit so viel Charme und Intelligenz und gegenseitiger Liebe ins Leben aufgebrochen war. Und er befragte mich zu meinem Zusammenleben mit Nell, die als Unruhestifterin bekannt war. Der Einblick in ihre häusliche Seite war für alle etwas Neues. Ich ahmte ihre Verzweiflung beim Ausrollen von Pizzateig nach, der sich jedes Mal wieder aus der einen Ecke zurückzog, wenn sie ihn in die andere drückte. Das kam ganz spontan, wie ich auch im Übrigen keine Antworten auf seine Fragen vorbereitet hatte. Doch der Moderator spielte sich auf einen warmen, ruhigen Ton ein, und in diesem Ton war es natürlicher, über das häusliche Zusammenleben mit Nell zu reden als alles andere. Als er mich anschließend dazu befragte, wie es war, mit Ende fünfzig ohne Kinder und ohne Lebensgefährtin dazustehen, gab er sich überzeugend als feinfühliger, urteilsfreier Beichtvater.

Doch dass wir in der Öffentlichkeit, auf der Fernsehbühne, so offen miteinander reden konnten, lag auch an mir und meiner Erleuchtung vor der Sendung.

Das zwanzigminütige Gespräch zählt für mich zu den Höhepunkten meines Lebens, weil mir darin eine seltene Aufrichtigkeit gelang.

Wenn ich jemals heiraten sollte, hoffe ich, mich vor dem Jawort ähnlich zu besinnen. Ich möchte so nach innen horchen, dass ich die Stelle finde, wo aus mir wahrhaftig das spricht, was ich sagen will.

Am Tag nach der Sendung war ich mit Molly und zwei von den Männern, mit denen ich sonst samstags wandern ging, in den Hügeln über Dublin. Da mein Telefon zu

Hause defekt war, waren sie die ersten Zuschauer der Talkshow, mit denen ich redete.

»Das hast du prima gemacht gestern«, sagte der eine, während wir im Schutz einer Felsgruppe unsere Brote vertilgten.

»Ich würde es meinem schlimmsten Feind nicht wünschen«, entgegnete ich. »Ich wär fast gestorben vor Nervosität.«

»Er hat dich zuerst nicht richtig ernst genommen«, meinte der andere.

»Stimmt! Habt ihr die erste Frage gehört? Über die vielen Männer, mit denen ich angeblich geschlafen habe?«

»Er hat sich dann aber schnell seiner Manieren besonnen.«

»Das kam durch das Publikum. Ich konnte förmlich spüren, wie es sich wünschte, dass er sich richtig mit mir unterhält.«

»Am Ende hast du geweint, oder?«, fragte einer der Männer. »Waren das nicht Tränen in deinen Augen? Als die Anruferin erzählte, sie hätte das Buch bereits gekauft und fände es wunderbar?«

»Ach, ich weiß nicht«, entgegnete ich. »Richtig geweint habe ich, glaub ich, nicht ...«

Ich erzählte nicht, dass ich am Schluss, als der Moderator mich umarmte, vom Applaus schier überwältigt war, mich im Anschluss gleich davonschlich und nach Hause fuhr, um noch im Vollgefühl der Zuneigung des Studiopublikums ins Bett zu gehen.

An jenem Winternachmittag kehrten wir früher als sonst aus den Hügeln zurück, weil es eiskalt war und der verhangene Himmel nach Schnee aussah. Ich weiß noch, dass ich die Hände in den Hosenbund schob, um mir die Finger am Bauch zu wärmen. Während der Fahrt nach

Hause wurden sie wieder steif, sodass ich mir gleich ein Bad einließ und mich hineinlegte, bis ich krebsrot war. Dann aß ich, trank meinen Wein und ging angenehm erschöpft ins Bett. Mir war nicht bewusst, dass dies die letzten Stunden in meiner alten Welt waren. Ich hatte nie darüber nachgedacht, was es heißen konnte, Memoiren verfasst zu haben, die begierig gelesen wurden. Am nächsten Tag erfuhr ich, dass die Buchläden von Leuten überrannt wurden, die *Nur nicht unsichtbar werden* kaufen wollten. Meine Lebensgeschichte besaß plötzlich einen Wert. Selbst wenn den Leuten nicht gefiel, was sie lasen, wollten sie es lesen. Mein Dasein hatte eine Bedeutung gewonnen – und zwar im Ganzen, nicht nur in den öffentlichen Aspekten.

Und die Leser und Leserinnen schienen mich tatsächlich zu mögen. Durch die Vorstellung des Buches im Fernsehen hatte ich mein Publikum an Redakteuren und Rezensenten vorbei erreicht, hatte den so genannten kritischen Prozess unterlaufen. Und nebenbei war das Timing perfekt. Denn in den letzten Jahren des zwanzigsten Jahrhunderts begann sich Irland endlich der kritischen Selbstbetrachtung zu öffnen. Es hatte erste Berichte über die Brutalität des Lebens in irischen Heimen und Anstalten gegeben, und auch über die sakrosankte Familie drangen Enthüllungen an die Öffentlichkeit, denen nicht mehr nur durch Leugnung zu begegnen war. Was ich zu sagen hatte, war nicht besonders sensationell, aber ich hatte offener über mein persönliches Leben berichtet als je eine Irin zuvor, wenn man von den eher versteckten Aussagen in Romanen, Liedern und Gedichten absah. Der resignierte Ton am Schluss meiner Selbstbekenntnisse, die beim Schreiben ehrlich gemeinte Hinnahme meiner Enttäuschung, war vom Abend der Talkshow an überholt.

Eine Zeit lang konnte ich in Irland kaum über die Straße gehen, ohne von Leuten erkannt zu werden, von denen sich viele überschwänglich bedankten. Meine Einsamkeit veränderte sich. Einerseits zog sie sich tiefer in mein Inneres zurück, andererseits wurde sie, indem ich sie mit einer breiten Öffentlichkeit teilte, von ihrer Düsternis befreit.

Tony Glavin und ich waren vollkommen geplättet. Ein paar Wochen lang war das Buch in Irland eine solche Sensation, dass die Buchläden es direkt aus den Großhandelskisten verkauften – man hatte keine Zeit, die Bücher ins Regal zu stellen. In dem kleinen Verlag meisterte man die Situation ausgezeichnet. Der Verleger lieferte die Kisten mit den nachgedruckten Büchern persönlich mit dem Jeep aus. Es war für alle Beteiligten eine ausgesprochen glückliche Geschichte. Binnen sechs Monaten wurden die Rechte an der Einleitung nach England und Australien verkauft, die Kolumnen fielen weg, und von da an wurde das Buch nur noch als Lebensgeschichte verkauft. Als das entschieden wurde, fügte ich ein Nachwort an – es war nun, da mein Leben vor neuen Möglichkeiten strotzte, absurd geworden, mich als Frau mit einem enttäuschenden Leben zu präsentieren, von dem sie nichts mehr zu erwarten hatte. Außerdem wollte ich einen Geschmack von den Briefen geben, von denen ich überschwemmt wurde. Die begeisterten Reaktionen auf eine so wenig sensationelle Lebensgeschichte wie *Nur nicht unsichtbar werden* erschienen mir wichtig, obwohl sie mir gleichzeitig ein Rätsel waren.

Und noch etwas hatte sich für mich seit dem Schreiben von *Nur nicht unsichtbar werden* verändert. Einer meiner jüngeren Brüder hatte beschlossen, aus dem Leben zu scheiden. Er war Alkoholiker wie meine Mutter, hatte nach und nach alles verloren, an dem er hing, und war gesundheitlich am Ende. Zum Schluss versah er sich in seinem Zimmer in der Nähe des Londoner Flughafens mit einem Wodkavorrat, setzte sich auf einen Stuhl, verweigerte die Nahrung und jede ärztliche oder sonstige Hilfe von außen. Nach ein paar Monaten hatte er sein Ziel erreicht und verschied. Seine Tochter erzählte mir, zuletzt sei er fast grünlich gewesen. Es war ein furchtbarer Tod. Er war der Erste in der Familie aus meiner Generation, der starb, und ich konnte seinen Tod und die Art seines Sterbens für mich nur verarbeiten, indem ich darüber schrieb. Es überrascht mich, dass nicht mehr Autobiographen dazu übergehen, ihre Memoiren als Serie zu schreiben, denn es ist etwas sehr Kostbares, öffentlich über sich sprechen zu dürfen, nicht weil es exhibitionistische Impulse befriedigte, sondern weil der Versuch, die eigenen Erfahrungen einem Publikum zu vermitteln, zu ihrem besseren Verständnis führt.

Ein Jahr später kam es zu einer völlig unerwarteten Entwicklung. Amerika hatte bereits eine Schlüsselrolle in der Geschichte des Buches gespielt, weil ich Tony Glavin, der ja Amerikaner ist, in Amherst, Massachusetts, aufgefallen war. Nun geschah es eines Abends in Dublin, dass seine Frau und er mit ein paar Freunden ausgingen und eine entfernte Bekannte trafen, die bei Boston in einem Schulbuchverlag tätig war. Der stets alerte Tony überredete Pat, auf der Rückreise ein Exemplar von *Nur nicht unsichtbar werden* mit nach Amerika zu nehmen, weil ihr doch vielleicht jemand begegnen könne, der Lust hätte, das Buch dort auf den Markt zu bringen. Und genauso kam es. Ein Freund von ihr, Michael Jacobs, seines Zeichens leitender Angestellter in einem New Yorker Verlag, fand nicht bloß Zeit, das Buch zu lesen, sondern es auch hartnäckig allen infrage Kommenden anzutragen – und das, ohne mich oder die anderen Involvierten zu kennen, aus purem Enthusiasmus für das Buch. Am 17. März 1997, dem Tag des irischen Nationalheiligen Saint Patrick, klingelte in meinem Hotelzimmer in Berlin, wo ich gerade ein Wochenende verbrachte, das Telefon. Es war Nachmittag, und ich langte unter der Decke hervor nach dem Hörer – Sie können sich vorstellen, wie eisig es draußen gewesen sein muss, dass ich in einer für mich neuen Stadt am helllichten Tag im Bett lag. Tony war am Apparat: »Halt dich fest, Nuala. Ich habe eine Neuigkeit für dich. Michael hat's geschafft! *Nur nicht unsichtbar werden* kommt in den Staaten raus!«

Und deshalb saß ich auf den Tag ein Jahr später, am 17. März 1998, morgens um halb acht im Studio von *Good Morning America*, trank grüne Suppe und sang »When Irish Eyes Are Smiling«.

Ich war am Tag zuvor in New York angekommen und konnte vor Nervosität nicht schlafen, sodass ich wach war, als man mich in aller Herrgottsfrühe im Hotel anrief. Ich erhob mich von den Knien, auf denen ich gerade zu niemand Besonderem gebetet hatte, und ging duschen. Es war noch dunkel, eben vor einem kalten Morgengrauen, und weit unter mir fuhren nur so viele Autos durch die breiten Straßen, wie man es von sepiabraunen Fotos kennt. Mir graute vor dem Auftritt. Ich muss oft an meinen Vater denken, wenn ich mich einer Öffentlichkeit zu präsentieren habe. Er hat immer seine Fassade gewahrt. Das gehörte zu seinem Beruf. Wenn ich eines von ihm gelernt habe, dann, dass man, solange man im Dienst ist, auf keinen Fall jammern oder klagen darf. Dass man keinen Termin verpassen darf. Dass man nie einen Auftritt absagen darf, weil man keine Lust hat. Man muss tief Luft holen und mit einem Lächeln auf die Bühne treten und sich natürlich geben, bis man entspannt genug ist, wirklich natürlich zu sein.

Ich ließ mich zum Fernsehstudio um die Ecke chauffieren und in die Garberobe geleiten, wo sich der leutselige ältere Herr auf dem Stuhl neben mir – wie ich von einem Umhang verhüllt, sodass wir beide aussahen wie Babys beim Füttern – als Frank McCourt entpuppte. Ich hatte ein Vorabexemplar der *Asche meiner Mutter* gelesen, bevor sein Ruhm nach Irland drang, und gleich erkannt, dass es dazu bestimmt war, das berühmteste Buch von einem Iren seit *Ulysses* zu werden. Das hatte ich auch in der *Irish Times* geschrieben, allerdings ohne zu glauben, dass ich Frank je kennen lernen würde. Er war jedoch so gelassen, dass ich mich ebenfalls entspannte und wir ins Studio gingen, als wäre es das Normalste von der Welt. Dort setzte man uns auf ein Sofa zwischen Bildschirmen, auf denen die Vorbereitungen der Saint-Patrick's-Day-Paraden überall in den USA liefen: schwarze Polizisten mit grünen Perücken, verfrorene Tambourmajorinnen in kurzen grünen Röckchen mit wirbelnden Stäben, Folkbands, Fahnenschwenker, Dudelsack-Kapellen, Horden von Riverdance-Nachahmern, grünes Bier und Cheerleader mit grünen Pompons. Über *Nur nicht unsichtbar werden* wurde circa anderthalb Minuten gesprochen, wobei die geübten Unterhaltungsmoderatoren dafür sorgten, dass auch in so kurzer Zeit eine Menge gesagt wurde. Danach gab es, glaube ich, Musik. Dann einen abrupten, kleinen Ausflug in die Politik. Der Gesprächsleiter wandte sich an Frank und sagte ernst: »Können Sie mir eines über Nordirland erklären – können Sie mir erklären, wieso diese wunderschönen irischen Menschen sich gegenseitig bekämpfen?« Frank zog sich geschickt aus der Affäre, indem er die Frage auf mich abwälzte: »Fragen Sie Nuala. Sie lebt in Belfast.« Also hielt ich einen Mini-Vortrag darüber, dass verfeindete Bevölkerungsgruppen in Amerika in Frieden nebeneinanderher leben können, weil sie Arbeit und gleiche Rechte haben, während es in Nordirland grundlegender Reformen bedarf, ehe auch dort ähnliches Vertrauen wachsen kann. Denn es sei nicht nötig, dass die Menschen dort sich mögen, sie müssten nur zur Koexistenz bereit sein. Während ich diese Botschaft verkündete, kochte eine angesehene irische Köchin vor der Kamera grüne Suppe. Als die Kameras sich einen Augenblick von mir abwandten, fragte sie mich leise: »Wie geht's Luke?« Wir hatten einen gemeinsamen Bekannten! Bald sangen Frank und ich aus voller Kehle. Und soweit ich mich erinnere, stimmte auch sie mit ein. Wir hätten noch den ganzen Tag dagesessen und gesungen, wenn die Show nicht mit einem Durcheinander aus Shamrocks, Polizei, Fahnen, Suppe und Marschkapellen zu Ende gegangen wäre. Ich hatte vor Lachen weiche Knie, als ich zum Flughafen gefahren wurde, um zu einer Lesereise für das Buch aufzubrechen, das an meinem Küchentisch begonnen hatte.

Die Show war ein wunderbarer Auftakt zu meiner Reise durch Nordamerika. Der Kitsch war eine Befreiung: Mir war, als wäre alles Böse und Schwere von Irland genommen und ich wäre in ein buntes Land gekommen, in dem die Identität nicht Ursache bitterer Spaltung ist, sondern etwas, das man leichten Herzens feiert. Meine Memoiren hatten in einem Schreibkurs in einem georgianischen Salon begonnen. Dort, in einem Zimmer mit klassischen Maßen unter einer verschnörkelten Stuckdecke, die wie alles in den herrschaftlichen Häusern seinerzeit in Irland durch die Fron irischer Bauern auf weit entfernten Gütern bezahlt wurde – von Leuten wie meinen eigenen Vorfahren, die in ihrem ganzen Leben keinen eleganten Raum zu sehen bekamen –, kam mir die Idee zu den ersten Worten des Buches. Und jetzt brach ich in das Innere Amerikas auf, wo meine Geschichte nicht mehr und nicht weniger galt als alle anderen Geschichten. Und die gleichen Erfolgschancen hatte wie sie.

Die junge Frau aus der PR-Abteilung meines Verlags wartete draußen mit einer Limousine, die mich sehr beeindruckte – es war die erste Limousine meines Lebens. Der Fahrer hielt mir die Tür auf und ich setzte mich in den Fond. Bei dieser Bewegung sah ich meinen Vater plötzlich so deutlich vor mir, als stünde er auf dem Bürgersteig. Sein Fahrer hatte ihm früher jeden Nachmittag vor unserem Haus den Wagenschlag aufgehalten, bis er im Inneren verschwunden war. Ich entfloh also endlich auf die gleiche Weise wie er. Von einem Chauffeur gefahren wie er, wenn er dem Chaos und den Spannungen der Familie, den Ansprüchen seiner Kinder, dem Kummer und Unmut und Alkoholdunst seiner Frau, wenn er ihrer und unserer Kritik entfloh. Wie er setzte ich mein Gesicht für die Öffentlichkeit auf. Mein Fernseh-Make-up hatte tiefe Lachfalten, als ich mich nun auch zur Arbeit aufmachte.

3. Kapitel

Joseph

Am nordwestlichen Zipfel von Irland geht die Sonne im Sommer langsam und spät unter, und oft fegen gleichzeitig leichte Regenschauer vom Atlantik über die breite Dorfhauptstraße. Doch das Samstagabend-Vergnügen kann das Wetter nicht stören. Die Straße ist vielleicht 200 Meter lang und jedes dritte Haus ist eine Kneipe. Die Pubs leuchten in der Dämmerung, ständig strömen Leute aus Türen und springen auf dem Weg in die nächste Kneipe lachend und kreischend über die Pfützen. Auch die Kamine brennen, selbst im Juli. Es sind Familienkneipen, die Frau bringt den Kohleneimer, die Kinder sitzen an einem Tisch hinter dem Tresen und machen Schularbeiten, und der bestellte Kaffee wird von einem Teenager aus der Küche gebracht. Es ist nicht kalt. Der Wind, der den Regen heranträgt, ist warm. Die Feuer brennen mehr, weil es so Sitte ist, wie das Musizieren. Meist sind es Geiger, die am Wochenende aus kleinen Farmhäusern hinter wuchernden Hecken an grünen Feldwegen oder aus einsamen, von zwei, drei knorrigen Bäumen umgebenen Häuschen im Moor in die Kneipen kommen. Sie erledigen ihre Einkäufe in den Geschäften an der Straße, besuchen die

Messe und setzen sich dann mit ihrem Pint hinten in eine Kneipe zu den anderen Musikanten, und irgendwann holen alle wie auf Verabredung ihre Instrumente hervor und spielen. Den Abend über füllt sich der Pub. Um Mitternacht kann man das Fiedeln vor Stimmenlärm und laut gebrüllten Bestellungen kaum noch hören.

Joseph war einer von den Männern auf den Barhockern. Er sprach mit dem Akzent der Gegend, der, wie ich früher am Abend zu meiner Freundin bemerkt hatte, Ähnlichkeit mit dem Schottischen hatte, nur mit einem selbstmitleidigen Ton. Wir wohnten ein paar Nächte in der Nähe des Dorfes, weil wir es darauf anlegen wollten, ihren früheren Freund zu treffen, dem sie dann tatsächlich zufällig über den Weg lief. Jetzt steckten sie und dieser Freund am anderen Ende der Kneipe die Köpfe zusammen, und ich versuchte ein Glas Wein zu bestellen und sagte lachend ein paar Worte zu dem Mann, gegen dessen Brust ich gequetscht wurde, während Leute über unsere Köpfe hinweg Gläser und Geld hin und her reichten. Er war ein Mann von gewöhnlichem Aussehen, älter als ich, mit silbergrauem Haar, einem unbewegten Gesicht und einer tiefen, bedächtigen Stimme. Ein Mann wie mein Großvater, wie viele Großväter – ruhig und mit trockenem Humor. Er wirkte in diesem ländlichen Pub so heimisch, dass ich überrascht war, als er meinte, er sei auf der Durchreise und komme aus einer Stadt am anderen Ende des Bezirks. Er habe in der Gegend gerade eine Ladung Stacheldraht geliefert. Anscheinend ein Fahrer, der die Arbeiten annahm, wie sie sich boten.

»Wussten Sie, dass der Stacheldraht von einer Nonne erfunden wurde?«, fragte ich. Aber er war kein moderner Mann, der die Kunst des Smalltalks beherrschte.

»Ich hab Sie oft im Fernsehen gesehen«, sagte er. »Ich

hab immer gedacht: Das ist mal ein Mädchen, das ich gern mit nach Hause nehmen würde.«

»*Mädchen*«, wiederholte ich lächelnd.

Ich hatte mehr als genug getrunken, und so schwatzten wir eine Weile und dann winkte ich meiner Freundin zu und ging. Ich trug hohe Schuhe und ein dünnes Sommerkleid, und der Wind versuchte, mich die Straße zu meinem Auto hinunterzukullern, das ich an einer dunklen Feldeinfahrt abgestellt hatte.

In Amerika bringt man Gitter vor den Fenstern an, um Insekten draußen zu halten. Ich kann durch das Geflecht nicht vernünftig sehen, deshalb habe ich heute Morgen das Gitter vor dem großen Fenster entfernt und es mir in der heißen Sonne wieder im Bett gemütlich gemacht, der See ein kobaltblaues Leuchten hinter den Kiefern, zu meinen Füßen schlafend: Mimmo. Froh um den strahlenden Tag und den Hund schnürte ich das Bündel mit Josephs Briefen auf. Sich mit der Vergangenheit zu beschäftigen kann heikel sein. Wie habe ich nach diesen Briefen gelechzt, als mich die Geschichte noch ganz in Anspruch nahm, bevor das Nachdenken einsetzte und sie die Leichtigkeit verlor. Sie waren so rar, dass ich die Briefe oft mehrere Tage ungeöffnet aufbewahrte, wenn sie mich in Dublin oder Clare oder Manhattan erreichten. Ich zwang mich erst noch soundso viel zu erledigen – zwei Meinungskolumnen zu schreiben etwa oder eine Szene des Romans komplett durchzustrukturieren –, bevor ich mir gestattete, den Umschlag zu öffnen. Und warf oft selbst dann nur einen flüchtigen Blick hinein.

Doch an diesem Morgen konnte ich mich überhaupt nicht mehr an Einzelheiten aus seinen Briefen erinnern. Als ich die losen Blätter auf das Bett schüttete, zuckte ich angesichts der kurzen krummen Zeilen voller Streichungen und Fehler in der schnörkeligen Handschrift eines alt gewordenen Mannes, der mit elf Jahren von der Schule abgegangen ist und den Kugelschreiber viel zu fest aufdrückt, innerlich zusammen. Es war, als hätte ich sie nie wirklich bei Licht betrachtet. Nun fragte ich mich, ob wir all unserer leidenschaftlichen Bemühungen zum Trotz vielleicht nie wirklich miteinander kommuniziert hatten. Worte hatten für ihn so viel mehr Gewicht gehabt als für mich.

Meine Gedanken gehen immer zu dem Ersten Abend zurück wo ich Dich an der strasse neben Deinem Auto stehen sah. Und die Scheinwerfer vom Laster auf Deinem Köper tanzten und dein Kleid sich im Takt bewegte. Der Wind zerte an den Hecken und ich konnte nur daran denken dass mein Körper Dich auch so nimmt. Und entlich wurde klar dass unserer Körper für einander geschaffen sind zusammen fliegen sie zum Mond zum Mars oder sonstwie weit ins Weltall. Aber Du bist mein Ein und Alles, immer. Meine Hand brennt vor all dem, was mein Herz und mein Kopf Dir sagen will.

Das war natürlich Monate nach der ersten Begegnung.

Ich muss tief verborgen etwas geahnt haben, denn ich ging am nächsten Abend wieder in den Pub, und er war da, und ich trank viel zu viel mit ihm und er fuhr mich ins Hotel. Ich weiß noch, wie die Straße im Scheinwerferlicht plötzlich schwarz vor mir auftauchte, als ich in einer steilen Kurve aus dem Schlaf schreckte. Außerdem blitzt eine Szene vor mir auf, in der ich auf dem Bett liege und er auf mir liegt und vor sich hin flüstert: »Oh, bist du süß.« Als ich spät am nächsten Vormittag allein aufwachte, erregte es mich angenehm, dass er dieses lange nicht mehr gehörte Wort verwendet hatte – »süß« – und das nicht, um mich zu verführen, sondern als unwillkürlichen Ausdruck. Alle sonstigen Empfindungen wurden von meinem Kater verdrängt, und ich ging gleich unter die Dusche. In der aufblitzenden Erinnerung schien es, als hätte er mit mir geschlafen, aber meinem Körper war nichts anzumerken. Warum er mit mir ins Bett gegangen war, konnte ich verstehen; er hatte mehrmals erwähnt, dass er mich vom Fernsehen kannte, und mich mit leicht gerunzelter Stirn gemustert, als ob jemand, der im Fernsehen aufgetreten ist, genaue Prüfung verdient. Doch warum war ich mit ihm ins Bett gegangen? Nun ja, sagte ich. Für eine, die so viel rumgesumpft und getrunken hat wie du, ist es doch nichts Außergewöhnliches, einen Mann, den du irgendwo aufgegabelt hast, mit einem Achselzucken zu vergessen. Das einzig Außergewöhnliche in diesem Fall war, dass er nach langer, langer Zeit der Erste war.

Er hat in den ganzen vier Jahren, in denen ich ihm verfallen war, nicht gelernt, meinen Namen richtig zu schreiben. Nicht einmal »Nuala«. Aber er fand meine Adresse im Dubliner Telefonbuch und rief mich ein paar Wochen nach der ersten Nacht an. Wie sich herausstellte, war es typisch für ihn, so lange zu warten, ehe er etwas unternahm. Er wählte die umständlichsten Worte, um mit seiner rauen alten Stimme zu fragen, ob er mich besuchen dürfe, ohne darauf einzugehen, wann. Wochen später stand er vor meiner Tür. Wir saßen, jeder in einer anderen Ecke des Raumes, und wenn Molly, die zwischen uns auf dem Läufer vor dem Kamin schlief, ihn nicht dazu angeregt hätte, kurz von einem Hund zu erzählen, den er als Kind gehabt hatte, wären wir wohl ohne Gesprächsthema geblieben. Er konnte beeindruckend lange schweigen und strahlte außerdem eine ähnliche patriarchale Missbilligung aus wie mein Großvater. Ich fand keine Möglichkeit, mich ihm durch Fragen zu nähern. Dass er keinen Ehering trug, war mein einziger Hinweis auf sein Privatleben. Die Spannung im Raum wuchs und wuchs, bis ich es nicht mehr aushielt, und da unsere einzige Gemeinsamkeit bisher darin bestand, dass wir miteinander ins Bett gegangen waren, fragte ich ihn mit gesenktem Blick, ob er gekommen sei, um mit mir ins Bett zu gehen. Er sagte etwas, das nach einer Bejahung klang.

Wir gingen steif nach oben, ohne uns anzusehen. Und im Bett passierte nichts.

»Ich nehm zurzeit ein Herzmedikament«, murmelte er. »Das beeinträchtigt wohl leider meine …«

Wir lagen nackt nebeneinander, aber trotzdem wagten weder er noch ich zu benennen, was durch das Medikament beeinträchtigt war. Doch durch das Scheitern der körperlichen Liebe waren wir freundlich gestimmt und schliefen ein wie Kinder.

Und dann wachte ich irgendwann in der Nacht mit einem Gefühl von unbekanntem Luxus auf, und als mir einfiel, wo ich war und dass ich mit dem Rücken zu ihm lag, ging mir auf, dass er mich streichelte. Dass seine schwere Hand den Konturen meiner Seite folgte, langsam von der Schulter bis zur Wade, und sich dann hob, um oben an der Schulter wieder anzufangen. Immer wieder von vorne. Immer im gleichen Rhythmus. Offensichtlich hatte er mich schon eine ganze Weile im Schlaf gestreichelt. Dieser Gedanke löste eine Welle der Wärme aus: Er hatte es für sich getan, nicht um etwas von mir zu bekommen. Ich überließ mich vollkommen seinem Vergnügen an mir.

Diese letzte Zeile ruft, als ich sie schreibe, den Moment, in dem ich auf ihn anzusprechen begann, im Ganzen wach – das vor mir leicht zum Rand hin ansteigende Bett, die Nähe der Wand vor meinem Gesicht, seine Schwere im Rücken, die sinnliche Verzückung, die meine Gesichtsmuskeln lockerte, mein sich öffnender Mund. Für den Roman, den ich eine Weile darauf zu schreiben begann, borgte ich die Gefühle dieser Nacht. »Tief unten, hinter meinem Schambein«, sagt die Heldin über ihre erste Nacht mit der Figur, die ich Shay nannte, »war mir, als bräche eine Blase durch eine dicke schwarze Teerschicht.« Als der Roman zwei Jahre darauf herauskam, traf ich Nell in Dublin zufällig auf der Straße. Ich hatte ihr ein Vorabexemplar des Romans geschickt und nichts von ihr gehört. Jetzt fertigte sie mich mit der Bemerkung ab, sie habe nicht reagiert, weil das Buch geradezu peinlich schlecht sei. Aber, räumte sie ein, ein Satz sei wirklich gut gelungen.

»Welcher Satz?«

»Der mit der Blase in der dicken Teerschicht.«

Ich lernte Joseph kennen, als sich an meinem Leben als Journalistin in Irland durch das Erscheinen der Erinnerungen noch nichts geändert hatte. Im Gegenteil, ich arbeitete eher härter als vorher, weil ich für die *Irish Times* nach Belfast gegangen war. In Irland war das Aufsehen nach Erscheinen vorbei, aber in den USA verkaufte sich *Nur nicht unsichtbar werden* sehr, sehr gut. Zu meinem Erstaunen schaffte es sogar den Sprung in die Bestseller-Liste der *New York Times*. Weil es in Amerika üblich ist, auf einem solchen Erfolg aufzubauen, wurde mir von Verlagsleuten in Manhattan vorgeschlagen, doch einen Roman zu schreiben. Eine kleine Idee dazu hatte ich – sie war über meinen Freund Luke an mich gekommen: Ich besaß Unterlagen über einen viktorianischen Scheidungsfall, in dem Marianne Talbot, Landadlige und Ehefrau eines anglo-irischen Gutsbesitzers, für schuldig befunden wurde, in den letzten Jahren des Hungerjahrzehnts, den 1840ern, ihren Gatten im Haus und auf dem Anwesen mit einem gemeinen irischen Knecht betrogen zu haben. Aber ich traute mir nicht zu, einen Roman zu schreiben, und einen historischen Roman schon gar nicht. Ich war damals überzeugt, meine Kreativität erschöpfe sich im Lesen, wenn ich mir denn überhaupt Kreativität zugestand.

Während meiner Zeit mit Joseph war ich in erster Linie mit Schreibversuchen beschäftigt, und für ihn müssen seine Briefe eine ähnliche Herausforderung gewesen sein. Das Schreiben kostete ihn Mühe, aber er konnte es. Lesen konnte er dagegen gar nicht. Jedenfalls keine Bücher, weil er, wie er sagte, von der Anstrengung immer sofort einschlief. Einmal, vor langer Zeit als Nachtwächter, hatte er einen Roman gelesen, von dem ich annehme, dass es *Cannery Row* von John Steinbeck gewesen sein muss. Mittlerweile las er nur noch Zeitung, und buchstabierte sich dabei einigermaßen mühselig durch. Er hatte das Lesen und Schreiben nicht gebraucht, weil er, seitdem er als kleiner Junge dazuverdient hatte, was er konnte, bis heute, da er unter der Hand seine Rente aufbesserte, in erster Linie von Hilfsarbeiten gelebt hatte. Und weil ich wusste, dass er mein Buch niemals lesen würde, hatte ich die außergewöhnliche Möglichkeit, einzelne Züge seiner Person schlicht zu übernehmen.

Aber ich hatte keine Macht darüber, was er tat oder was es für mich bedeutete. Die erste Nacht zu Beginn unseres Verhältnisses zum Beispiel, in der wir einschliefen, ohne dass etwas passierte, und in der ich später davon aufwachte, dass er mich streichelte, hatte ganz entscheidende Folgen. Ihr gebe ich die Schuld, dass ich mich auf eine viereinhalb Jahre währende Tollheit einließ. Und natürlich habe ich auch sie für den Roman verwandt.

Am nächsten Morgen weckte mich Joseph, und wir ließen Herzmedikament Herzmedikament sein und liebten uns doch. Er besaß die Gabe, sich Zeit zu lassen. Und er beobachtete mich nicht, sondern ging völlig in der Sache auf, sodass ich die Freiheit hatte, ganz ich selbst zu sein. Ich war wunschlos glücklich, als er von mir ging und zärtlich sagte: Schlaf weiter, ich geh nach unten und koch dir eine Tasse Tee. Es war Jahre her, dass mir jemand eine Tasse Tee gebracht hatte. Ich schlief in dem Vertrauen wieder ein, dass ich in wenigen Minuten geweckt würde. Doch stattdessen wachte ich Stunden später verdutzt in einem kalten, leeren Haus auf. Er war verschwunden.

Immerhin rief er an, noch spät am selben Abend, und sagte: »Ich hatte Angst, wenn ich da nicht gegangen wäre, wäre ich nie wieder gegangen.«

Ich weinte bloß und schniefte in die Leitung zu der öffentlichen Telefonzelle, in der er irgendwo stand. Früher am Tage hatte ich ihn anschreien und über Gleichberechtigung aufklären und ihm klar machen wollen, dass er kein Recht hatte, einseitig über mich zu bestimmen, dass ich ein Mensch mit Gedanken und Gefühlen war und dass er mich hätte fragen oder mir wenigstens hätte mitteilen müssen, was er vorhatte. Doch später sah ich ein, dass gerade das – die Art, wie er mich entschieden und selbstsüchtig und nicht als Ebenbürtige behandelt hatte – für mich eine Attraktion besaß. Auch die implizite Leidenschaft, die in seinen Worten steckte, zog mich an, seinem schroffen Ton zum Trotz. Durch sein Alter wirkte er auf mich wie ein kluger Mann, der sparsam mit seinen Worten umging, deshalb besaß das Wenige, was er sagte, die ganze Zeit, in der wir uns kannten, große Macht über mich. Männer, die mir ähnlich sind, reden viel und wortreich, aber ich nehme sie nicht ganz ernst, so wie ich auch meiner Geschwätzigkeit nicht recht traue. Doch was er sagte, hatte Gewicht.

Hier in Amerika bin ich seit kurzem bei einem Psychoanalytiker in Behandlung. Weil die Therapie noch nicht lange läuft, halten wir, wenn ich in meinem Haus in der Sommerkolonie bin, ein Mal die Woche eine telefonische Sitzung ab. Ich lege mich aufs Bett, schaue auf die Kiefern hinaus und klammere mich fast abergläubisch an die Hoffnung, dass mich unser Gespräch über Einsicht zu mehr innerer Ruhe führen wird.

Ich erzählte ihm diese Episode mit Joseph.

»Und es war«, fragte der Analytiker, »die zärtliche Geste mit dem Tee, die Ihnen zu Herzen ging?«

»Nein«, sagte ich. »Die zärtliche Geste gefolgt von Verrat. Das war die Abfolge, der ich nicht widerstehen konnte.«

Als Joseph das nächste Mal anrief, war ich diejenige, die fragte, ob wir uns sehen könnten – ich hatte bereits Hotels in der Nähe der Stadt ausfindig gemacht, in der er zu wohnen behauptet hatte. Wir trafen uns und fielen übereinander her. Und so begann die Affäre. Ihn zu kennen war damals wie das Romanschreiben. Er erzählte mir absolut nichts von sich, außer dass er einen Laster fuhr, also musste ich ihn mir erfinden. Weil er mich einschüchterte, musste er für meinen Großvater und Vater stehen und alle Priester, Richter, Präsidenten und anderen alten Männer, die seit jeher Irland und die Welt regierten. Wie konnte er demnach nur ein Lastwagenfahrer sein? Das musste ein Lügenmärchen sein. Warum war er mutterseelenallein in der Welt? Denn das entnahm ich der Tatsache, dass er, obwohl ich ganz genau auf jedes Wort von ihm lauschte, nie das Wörtchen »wir« benutzte. Lastwagenfahrer sind nicht so allein. Warum kam und ging er ohne Ankündigung? Eines Tages schickte er mir eine Postkarte mit einer Eule, die in Schweden abgestempelt war. Was machte ein schweigsamer Ire aus der Nähe der nordirischen Grenze in Schweden, wenn er nicht beauftragt war, einen Waffenhandel zu vereiteln oder einen Friedensbotschafter zu treffen – jedenfalls etwas Geheimes und Bedeutendes, in meiner vagen Phantasie, und natürlich nichts Böses.

Und war es nicht aufregend, dass dieser schweigsame alte Mann mit seinem Leben, das so geheim war, dass er nie darüber sprach, verrückt nach mir war? Und wenn er zitterte, weil ich mit ihm im Zimmer war, hieß das nicht, dass ich die Machtstrukturen untergrub, die mich zeitlebens unterdrückt hatten? War es nicht, als ließe ich das Patriarchat erzittern?

Nach der einen Nacht, die er in meinem Haus verbrachte, war ich nie wieder mit ihm in einem Privatdomizil. Unsere Wohnstatt war ein Bett in einem Zimmer in einem nordirischen Motel an einem Kreisverkehr hinter einer viel beschäftigten Werkstatt. Ich glaube nicht einmal, dass wir dort je unter die Laken krochen. Wozu auch? Wir verbrachten nie eine Nacht zusammen. Er verließ mich stets abrupt, ohne jede Entschuldigung. Es ging alles nach seiner Pfeife. Er rief mich nie an, aber er schrieb, und die Briefe zeigten, dass er sich, genauso wie ich, in einer ganz und gar außergewöhnlichen Situation wähnte.

Ich glaube jetzt dass man neu geboren werden kann, wie die Christen sagen. Mein Gefühl für dich ist wie das Meer als Moses die Wasser teilte und das Volk hindurchschritt Meine Gedanken und Gefühle und Sehnsüchte sagen alle nur eins, dass ich dich immer in meinen Armen halten möchte. Dass der Nektar deines Körpers uns zusammenschmilzt. Ich hoffe über unserer Zeit zusammen geht die Sonne nie unter …

Im Roman konnte ich mit ihm machen, was ich im Leben nicht fertig brachte. Ich führte meine Heldin so weit, dass sie den Joseph-verwandten Mann, den ich erfand und den ich völlig anders ausgestaltete als den echten, schließlich verschmähte. Joseph war, wie sich in den gelegentlichen Sätzen, die wir über aktuelle Themen wechselten, herausstellte, ein verdrießlicher Rechter. Ich hörte aus seinen Bemerkungen über Schwule und Ausländer oder über Gefängnisse, die ausgestattet seien wie Hotels und viel zu gut für Autodiebe, sowohl heraus, dass er in seiner Welt so reden musste, als auch, dass er sie halb selbst glaubte. Undankbare Arbeit und die Missachtung der Welt hatten ihn zu dem gemacht, was er war, und dass er als intelligenter Mann in einem unintelligenten Leben gefangen war, machte ihn umso rigider. Er bezog seine Informationen von den Männern bei der Arbeit und aus den Boulevardmedien. Sein Bekanntenkreis war eingeschränkt. Er unternahm keine Urlaubsreisen. Er besaß weder die Gewohnheit Vergleiche anzustellen noch ein Urteil zurückzuhalten. Er hatte nicht die Gelegenheit gehabt, ein Liberaler zu werden.

Aber das alles war für unser Verhältnis ohne Bedeutung. Wenn er mich rief, stieg ich ins Auto und fuhr, ob das Auto über Straßen mit Glatteis rutschte oder der Regen gegen die Scheiben trommelte oder ich gegen die Sonne blinzeln musste, zum Motelzimmer mit dem großen Bett, dem kleineren Bett, den geblümten Polyesterdecken, dem Tablett mit Teebeuteln und Milchpulver und dem Bad mit den zu dünnen Wänden, die uns, glaube ich, beide zaghaft machten. Als ich nach New York zog, sehnte ich mich nach den seltenen Gelegenheiten, bei denen ich von ihm hörte. Ich zog wieder nach Irland und wartete abermals, und immer wenn seine Aufforderung kam, ließ ich den armen Hund mit Futter und Wasser und laufendem Radio zurück und fuhr über hundert Meilen durch dichten Verkehr über schlechte Straßen und bezahlte eine Nacht im Doppelzimmer und wartete auf ihn und war höchstens vier Stunden mit ihm zusammen, bis er mich wieder verließ und ich mitten in der Nacht zur Rückfahrt aufbrach. Jedes Mal, wenn ich nach einem Manhattan-Aufenthalt wieder in Irland war, nahm ich das Muster wieder auf. Immer wieder, mehr als vier Jahre lang.

Ich machte es für die Art, wie ich mich fühlte, wenn ich im warmen Auto durch das nächtliche Irland fuhr, die Scheinwerfer durch ausgestorbene Dörfer glitten, das Radio leise spielte. Trotz Dusche klebte ich zwischen den schmerzenden Beinen, meine Brustwarzen waren gereizt, Gesicht und Brüste von seinen Bartstoppeln wund. Ich machte es für den Moment, wenn er im Motelzimmer an die Tür klopfte und ich ihm atemlos öffnete, ohne ihn ansehen zu können. Ich machte es um seiner großen rauen Hände willen, die über meine Kleider und meine Haut strichen, und für den Wein, den er mir mitbrachte und in Plastik-Zahnbecher schenkte, obwohl er sonst nie Wein getrunken hatte. Ich machte es, weil er kaum jemals etwas Persönliches sagte, aber einmal, als ich ihn über seine Kindheit ausfragte, leise meinte, es sei lange her, dass sich jemand dafür interessiert habe, ihm zuzuhören. Ich machte es um seiner Geduld und seiner Versunkenheit willen. Ich machte es für die Schachtel Fruchtgummi, die er jedes Mal in seiner Reisetasche mitbrachte und aus der er mich fütterte, als wäre ich ein Vogeljunges und er der Vogelvater. Ich machte es, weil er mich vor und während unserer Begegnungen oft umschlang und fest an seine Brust zog und sagte: »Bist du mein kleines Mädchen? Bist du mein kleines Mädchen?« Ich war siebenundfünfzig, als ich ihn kennen lernte, mein Vater war fast zwanzig Jahre zuvor in der Haltung eines ängstlichen Kindes gestorben, und ich war der Väterlichkeit dieses Mannes hilflos ausgeliefert.

Doch damals suchte ich nicht nach Gründen. Ich war weit davon entfernt, die Affäre vor mir selbst rechtfertigen zu wollen und vollkommen von ihr eingenommen. Und ihm ging es genauso.

An manchen Tagen wache ich auf und frage ob alles ein Traum ist. jedes mal wenn wir uns sehen ist besser als das Mal davor. will dich immer Fester halten als das Mal davor. Und will dir gleichzeitig blos nicht wehtun. Du könntest Manchmal Stopp sagen oder Weiter. Oh, bitte, lass mich dich ganz haben. Mit uns ist es wie in der alten Geschichte von der Lampe die wenn man sie reibt einem Wünsche erfüllt. Wie viele Wünsche hast du noch frei. Kuschel dich einfach in meine Arme und kriech in den Mutterschoß zurück. Ich werde dich immer beschützen.

Ich ging für einen zweiten Winter nach New York. Ich hatte ihm Telefonkarten geschenkt, und er rief mich von Zeit zu Zeit an. Wie früher ließ er sich auf keine Verabredungen ein, sodass ich im Prinzip immer wartete; und der Klang seiner bedächtigen Stimme ging mir jedes Mal durch und durch. Am Telefon sprachen wir nie von unseren Begegnungen im Motel. Wir führten gestelzte Unterhaltungen darüber, wie viel er als Lastwagenfahrer zu tun hatte und wie kalt es in New York war. Wenn der Piepton anzeigte, dass die Telefonkarte leer war, sprach ich endlich aus, worauf ich die ganze Zeit gewartet hatte.

»Bin ich dein kleines Mädchen? Bin ich das? Ja?«

Und jedes Mal kam die Antwort im wohl überlegten Ton des weisen alten Mannes, der er, wie ich mittlerweile wusste, nicht war.

»Du bist mein kleines Mädchen.«

Dass man sich Dinge erklären kann, beraubt sie ihrer Macht nicht. Mir war natürlich bewusst, was da vor sich ging. Ich sah, dass die Obsession mich zugleich fesselte und mir Freiraum zum Schreiben ließ. Sie geleitete mich in die Welt des Romans. Über lange Zeiten in meinem Leben hätte ich kein Verständnis für eine Leidenschaft wie die Marianne Talbots für ihren Knecht aufbringen können, weil ich meinem Körper zu entfremdet war, doch jetzt spielte sich eine ganze Beziehung ausschließlich über meinen Körper ab. Und meine Wortseite suchte nach Ausdrucksmöglichkeiten. Was Joseph und ich miteinander trieben, wirkte fleischlich, aber es war alles Phantasie. Es gab ein solches Vakuum in unserem Umgang – wir konnten uns weder über Ideen austauschen noch über Klatsch und Tratsch oder unsere Arbeit, wir konnten keine Pläne schmieden, wir waren noch nie zusammen eine Straße entlangspaziert, hatten nie ein gemeinsames Mahl eingenommen –, dass alle möglichen Sehnsüchte wucherten. Ich wusste nie, wo er war und was er machte, und er hatte keine Vorstellung davon, wo ich war und was ich machte. Manchmal vergingen Monate, ohne dass er sich meldete. In der Weihnachtszeit verschwand er immer komplett. Drei Weihnachtsfeste hindurch wartete ich vergebens auf ein Wort von ihm. Er meldete sich erst wieder gegen Februar. Ich machte die lange Fahrt zum Motel. Er überschlug sich schier, um mich zu verwöhnen, brachte mir weiche Pralinees und steckte sie mir in den Mund. Er brachte mir Wein und hielt mir das Glas beim Trinken.

Einmal verging fast ein Jahr, ohne dass ich ihn sah. Ich war gesund und hätte mir finanziell alles Mögliche leisten können. Ich hätte nach Sankt Petersburg reisen können, um mir die blassen Schneenächte zu Gemüte zu führen und die Paläste, die Wronski und Anna Karenina gekannt hatten. Ich hätte in einen Badekurort fahren und im Wasser mit anderen Frauen schwatzen können. Ich hätte das Geld für das Motelzimmer an Kinder mit fliegenbesetzten Augen und aufgeblähten Bäuchen spenden können. Stattdessen verzehrte ich mich nach einem Mann, der fast aller Realität entbehrte. Meinen Emotionen und meiner Sexualität hilflos ausgeliefert wie ein Teenager, machte ich eine ganze Seite meines Lebens zu einer Wüste. Und mein einziger Versuch, die Situation zu analysieren, führte tatsächlich in die Zeit meiner Jugend zurück, als ich durch die Beobachtung meiner Mutter mehr über diese Seite des Lebens herauszufinden versucht hatte. Ich wüsste nicht, dass sie mich aufgeklärt hätte, bevor ich elf oder zwölf war, aber ich weiß, dass ich noch ziemlich klein war, als ich verstand, dass Leidenschaft für sie der

Prüfstein der Liebe war und weil ihr das Leben ohne Leidenschaft kaum lebenswert schien, ihr auch keine der gewöhnlichen Formen von Liebe gut genug waren – die Liebe ihrer Kinder zum Beispiel oder die meines Vaters –, weder im Geben noch im Nehmen. Doch ich verstand auch – lange bevor ich Worte dafür besaß –, dass sie in Wirklichkeit von Einsamkeit und Angst getrieben war, die nur durch Leidenschaft zu verdrängen waren. Sie muss an einer existenziellen Angst gelitten haben, entstanden aus der Erfahrung, von nichts und niemand auf der Welt geliebt zu sein. Und sie hatte keine andere Wahl, als diese Angst weiterzugeben.

Im Sommer nach der Vollendung des Romans flog ich nach Hause. Voll Sehnsucht nach der Wohltat, die mittlerweile so verlässlich war, riss ich im Flugzeug sein letztes Briefchen auf.

Mein liebes kleines Mädchen, ich strecke die arme über das Meer um Dich wenichstens einen Augenblick in die Arme zu schließen. Deine ganzen Reisen geben mir das Gefühl wo alle Leute Deine Zeit und Gesellschaft haben könntest Du mich vielleicht einfach vergessen und es Dir mit all denen die dich in feine Hotels bewirten leichtmachen. Gegen sie bin ich vielleicht ein alter Hut. Mögen unsre Küsse uns in eins verschmelzen. Komm schnell nach Hause …

Wir trafen gleichzeitig auf dem Parkplatz des Motels ein und gingen zusammen hinein. In einem Bus, der gerade abfuhr, saßen Frauen aus der Republik, die eine Einkaufstour zum nahen Supermarkt unternommen hatten, um die günstigeren Preise für Lebensmittel und Spirituosen in Nordirland auszunutzen. Eine von ihnen war –

wie er berichtete, als er mich endlich anrief – seine Schwiegertochter. Sie war unverzüglich zu seiner Frau gegangen.

Er war nicht nur kalt, sondern defensiv, als hätte ich allein seine Familie in Gefahr gebracht. Seiner Frau gehe es nicht gut. Sie sei bettlägerig. Die Schwiegertochter helfe ihm, sie zu pflegen, aber sie müssten trotzdem immer wieder den Arzt rufen. Seine Frau habe schon immer Probleme mit dem Essen gehabt und jetzt bekomme sie kaum noch einen Bissen herunter. Der Haussegen hänge schief. Er werde sich melden, falls es irgendwann wieder ginge …

»Aber …«

»Was aber?«

Ich meinte: Was ist mit all dem, was in den Briefen stand? Ich meinte: *Was ist mit mir?*

»Wir machen uns Sorgen um sie«, wiederholte er fromm.

»Ich hab nicht einmal gewusst«, sagte ich steif, »dass du verheiratet bist. Wie du so oft gesagt hast, bin ich eine emanzipierte Frau und ich würde nie …«

»Du hast es gewusst«, sagte er hart.

Und ich hatte es tatsächlich gewusst, auch wenn er es mir nie gesagt, nie auch nur einen Hinweis gegeben hatte. Ich war nicht durch etwas so Offensichtliches darauf gekommen wie die Heimlichkeit unseres Verhältnisses, sondern hatte von seiner sauberen abgetragenen Unterwäsche darauf geschlossen, dass er verheiratet war. Und aus der selbstgefälligen Art seiner Ratschläge – für mein Auto, über das Wetter – hatte ich geschlossen, dass er Kinder haben musste. Man spürte den Respekt, der ihm zu Hause entgegengebracht wurde und der ihn so gebieterisch gemacht hatte.

Nach ein paar Monaten rief er mich wieder an. Er könne nicht ohne mich leben. Das war der Augenblick, in dem ich die letzten Fitzel meiner Prinzipien hätte zusammenraffen sollen. Wenn ich davon ausging, dass er ein glücklich verheirateter Familienvater war, so war er der Erste, mit dem ich mich eingelassen hatte. Es geht gegen meine Überzeugung, dass eine Frau ihre Freiheit ausnutzt, um einer anderen Frau, die weniger frei ist, etwas wegzunehmen. Ich hatte zwar mit Familienleben nichts am Hut, aber immer Wert darauf gelegt, niemandem zu schaden und keine billige Abenteurerin zu sein. Außerdem empfand ich echte Solidarität mit seiner Frau, jetzt, da sich das Muster seines unerklärten Abtauchens und Wiederauftauchens als schlichter Betrug an uns beiden erwies, je nachdem, wie es ihm passte. Da hinterging ich die Frau eines Lastwagenfahrers, während ich bei Literaturfesten in Melbourne und Charlottesville und Göteborg als ehrenwerte Person behandelt und meine Reden in Miami und Providence und Treviso mit Applaus gefeiert wurden. Während ich mich in New York vollen Herzens an der Bekanntschaft mit Menschen erfreute, die so vielfältig begabt und intelligent waren, wie man es ihnen nachsagt. Während ich das echte Privileg eines Aufenthalts in Yaddo genoss, in Gesellschaft erstrangiger Künstler. Ich führte ein neues Leben, reich, bereichernd und von vielen bestärkt. Während sie vermutlich über keine solche Quellen der Bestätigung verfügte, sondern nur über diesen Mann, ihren Ehemann.

Trotzdem verhielt ich mich, als existierte sie nicht. Ich rief im besten Hotel der Hauptstadt seines Bezirks an. Dort war nur noch eine Suite frei, ich bezahlte die Suite. Wir nahmen unser Verhältnis wieder auf. Und jetzt, da er frei war zu reden, redete er immerfort von seiner Frau und Familie. Er prahlte gern mit ihr: Wie sein Chef ihre Kochkunst gelobt, wie die Lehrerin in der Schule sie einmal gelobt hatte, weil sie ihrem Sohn so schön bei den Hausarbeiten half, wie sie ihn bewundert hatte, als er den Geschäftsführer eines Cafés dazu bewegt hatte, die Sandwichs, die ihr nicht schmeckten, zurückzunehmen. Er liebte es, sie gleichsam in das Zimmer zu holen, in dem er mit mir war, weil ich schwierig, sie aber die Vertraute war, die ihm seit vierzig Jahren Sicherheit gab. Mir wurde klar, dass sie dem Frauentyp entsprach, den er mochte und bewunderte, während er meinen Typ eigentlich nicht mochte und ich ihm nicht mehr geheuer war. Ich brauchte ihn, aber er brauchte mich nicht – das las ich in den Blicken, mit denen er mich verstohlen betrachtete. Er fing an über Herzprobleme zu klagen – Atemlosigkeit, Schmerzen. Die Stunden auf dem Bett machten ihn unruhig, obwohl sie jetzt eher von einer trägen Behaglichkeit waren. Einmal machte ich auf sein Verlangen die lange Reise zum Motel, ohne dass er dann auftauchte oder anrief, und ich merkte, dass ich nicht ganz so gekränkt war, wie ich es gedacht hätte. Mein Ziel war immer gewesen, mit der Authentizität und Sorglosigkeit zu leben, die ich Colette zuschrieb. Und was war ich geworden? Eine gemeine Betrügerin, und nicht einmal sehr begehrt.

Du klingst nicht gesund, sagte ich zu ihm, als er sich nach einer Unterbrechung von sechs Monaten meldete. Und er sagte, doch, es gehe ihm gut, aber vielleicht sei die Leitung schlecht, er rufe aus Portugal an. Portugal! Ja. Seine Frau und er hätten ihren Bungalow verkauft und eine Wohnung in einer Apartmentanlage irgendwo zwischen dem Flughafen von Faro und der Küste gekauft. Er habe gehofft, unter der Hand als Fahrer arbeiten zu können, aber die portugiesische Polizei stecke mit den Lastwagenfahrern unter einer Decke. Das Klima sei phantastisch, es gehe ihm prima und sie hegten keinerlei Absicht, ins regnerische Irland zurückzukehren.

Mir war immer klar gewesen, dass die andere Frau nicht mehr zu erfahren bekommt, als sie unbedingt wissen muss, doch ich war trotzdem bass erstaunt. Was war mit den Enkelkindern, für die sie angeblich lebten? Hatte es nicht geheißen, sie seien einfache, anspruchslose Leute, die nicht im Traum darauf kämen, im Ausland zu leben? Was war mit *mir*?

Dann also tschüs, sagte er.

Doch er ließ nicht von mir ab. Er rief mich an meinem Geburtstag an, als ich einundsechzig wurde. Ich hatte bereits den Namen eines Hotels ausfindig gemacht, das in einem Dorf am Meer in der Nähe des Ortes sein musste, in dem ich seine Wohnung vermutete. Ich sagte ihm, dass ich am 1. Mai in dem Hotel sein würde.

»Melde dich bei mir im Hotel Sol«, sagte ich und ließ ihm keine Möglichkeit, etwas darauf zu antworten, weil ich wusste, dass er versuchen würde, mich von dem Vorhaben abzubringen.

Ich wünschte, ich wäre nicht gefahren. Ich wünschte, wir hätten die Sache beendet, als ich von seiner Frau erfuhr. Oder wäre wenigstens mit einer Umarmung im Motel zu Ende gegangen. Doch im wahren Leben ist der Abklatsch großer Gefühle weit üblicher als die großen Gefühle selbst. Und ich bekam nicht einmal den.

Ich buchte eine einwöchige Charterreise und nahm ein Taxi für die lange Fahrt zum Hotel Sol, das an einem abgelegenen, wenig entwickelten Küstenstück lag, obwohl Josephs Apartmentanlage nur etwa zwanzig Meilen entfernt war. Das Hotel war ein schlichter Betonriegel, dessen Zimmer unmittelbar auf den Sandstrand gingen, und von einem Mann geführt, der kein Englisch sprach. Ich nahm ein Zimmer für eine Woche, packte meine Bücher aus und genehmigte mir auf einer Terrasse über grünen Wellen einen Kaffee. Ich fing an, mich zu entspannen. Das Zimmer hatte nur ein schmales Eisenbett mit einer dünnen, plastikbezogenen Matratze, und die Wände waren mit toten Insekten befleckt, aber das war für Joseph und mich kein Problem. Ich spazierte, weil ich Trinkwasser und Sonnencreme brauchte, über die schmale Straße an raschelnden Palmen- und Eukalyptushainen vorbei zum Supermarkt an der Hauptstraße und blieb immer wieder stehen, um die weißen Vögel im Morast einer kleinen Lagune zu betrachten. Es würde wunderschön sein – eine ganze Woche, und er nur eine halbe Stunde weit entfernt!

Doch als ich im Supermarkt an die Kasse ging, entdeckte ich, dass jemand mir das Portemonnaie gestohlen hatte. Sämtliches Geld, das ich mithatte, war weg, es blieb nur zu hoffen, dass ich meine Kreditkarte in der Tasche meiner anderen Hose gelassen hatte. Ich betete auf dem ganzen Weg zurück ins Sol. Und Gott sei Dank, die Karte hatte ich noch. Wenn der Besitzer mir vertraute, konnte ich das Zimmer und die Mahlzeiten bezahlen. Aber ich hatte überhaupt kein Bargeld mehr und keine Möglichkeit, welches zu bekommen. Im Ort gab es keine Polizeiwache, und was konnte mir die Polizei schon nützen? In der einzigen Bank sprach niemand Englisch, man weigerte sich, mir auf die Kreditkarte Bargeld auszuzahlen, und ich kannte den PIN nicht, mit dem ich Geld aus dem Automaten hätte ziehen können. Für das Taxi zum Flughafen brauchte ich Bargeld. Ich saß regelrecht auf dem Trockenen, konnte weder mit dem Bus in die nächste Stadt fahren noch in der Zelle telefonieren – mein Zimmer war ohne Telefon –, noch Obst, Briefmarken oder eine englische Zeitung kaufen. Und ich bekam sowieso immer die Panik, wenn ich kein Geld in der Tasche hatte.

Er kam nach zwei endlosen Tagen und Nächten ins Hotel Sol, aber er hatte kein Geld dabei. Seinem verschlossenen Gesicht entnahm ich, dass seine Frau sogar das Kleingeld verwaltete. Aber er habe etwas versteckt, meinte er, das werde er mir so bald wie möglich bringen. Wir verzogen uns eine Weile in das Zimmer mit den verschmierten Mückenleichen an den Wänden und lauschten dem leisen Krachen der Wellen vor der Tür. Ich hörte, wenn er sprach, ein Pfeifen tief unten in seiner Brust. Alles Spielerische zwischen uns war verschwunden. Und das nicht einmal wegen der persönlichen Geschichten, sondern weil er müde war und furchtsam nach innen horchte, auf den eigenen Körper. Das Tier in ihm war zu einem kleinen ängstlichen Ding geschrumpft, das er beschützte, um sich die schwindende Lebenskraft zu erhalten. Von alledem sagten wir nichts. Er brachte einen Abklatsch seines einstigen Verhaltens zustande. Mir kam nicht einmal der Gedanke, ihn zu bekritteln. Gegen wen hätte sich meine Kritik richten sollen? Meinen Joseph gab es nicht mehr.

Zum letzten Mal sah ich ihn bei gleißender Hitze am folgenden Nachmittag an der alten Straße auf halbem Weg zur Hauptstraße, wo ich ziellos spazieren ging und die Vögel im Morast durch einen Gitterzaun betrachtete. Er hielt mit seinem kleinen Auto neben mir an. Er sah gut aus, braun gebrannt, eine Baseballmütze auf dem

Kopf, aber er stieg weder aus, noch stellte er den Motor ab. Er reichte mir das Geld einfach aus dem Fenster und sagte, er komme sobald er könne wieder. Umgerechnet etwa vierzig Dollar hatte er mir gebracht. Aber er kam nicht wieder. Ich hatte noch vier Tage, die ich größtenteils mit bitteren Grübeleien darüber verbrachte, ob es sein eigener Beschluss war nicht mehr wiederzukommen oder ob er daran gehindert worden war, bis ich endlich einsah, dass es egal war. Es war egal. Er war ein Mensch für sich mit einem Leben für sich, so für sich, dass ich ihm nicht einmal das Geld wiedergeben konnte. Ich wusste seine Adresse nicht, an die ich seiner Frau wegen ohnedies nicht schreiben konnte.

Ich weiß nicht, ob er mittlerweile gestorben ist oder noch lebt, und habe keine Möglichkeit es zu erfahren. Heute saß ich am sonnigen Fenster über dem See und überlegte, ob ich seine Briefe behalten oder wegwerfen sollte. Schließlich denke ich nicht gern an ihn. Es wäre sinnlos zu bereuen, dass ich ihn gekannt habe, obwohl ich wünschte, ich hätte mich nie mit ihm eingelassen. Aber um seine Briefe zu verbrennen, müsste ich ihn hassen. Sie waren für ihn eine große Leistung. Ich wünschte, ich könnte sie einem der Seinen schenken, so wie man die Orden eines Helden an dessen Familie zurückgibt, wäre ich versucht zu sagen, wenn die Analogie nicht schon wieder ins Unwirkliche abglitte. Was für ein Held? Er war kein Held, und ich schäme mich meines Handelns. Und trotzdem scheint mir das, was ich nie als unsere Beziehung bezeichne, auch einen heroischen Aspekt zu haben. Wir gierten beide nach Leben. Wir nahmen die gleichen Risiken auf uns wie die großen Liebespaare der Geschichte, um lebendig zu sein.

Wenn ich mir mein Verhältnis mit Joseph anschaue, die lange Dauer, die vielen dadurch ausgeschlossenen Optionen, das seiner Frau zugefügte Leid, so ist das Erste, was ich sehe, meine Gier. Und das Zweite wie üblich, auch wenn ich es zur Erklärung anfüge und nicht zu meiner Entschuldigung, der fatale Einfluss meiner Mutter. Aber auch mit dem Schreiben hatte es etwas zu tun.

Manchmal fragen mich Leute, wie man ein Buch schreibt, dann bemühe ich mich immer sehr um eine gute Antwort, denn es ist eine ernst gemeinte, ehrliche Frage. Viele Leute träumen mehr oder weniger sehnsüchtig von einem Ausdruck der eigenen Persönlichkeit, für den es in ihrem Leben bislang keine Möglichkeit gab. Aber man weiß im Grunde nicht, wie eine Erzählung entsteht. Wirken Geist und Körper dabei zusammen? Sind die Erinnerungen, die in sie eingehen, im Körperlichen wie im Geistigen verankert? Ich habe den Eindruck, dass mein Unbewusstes, bevor ich mit der Erfindung meiner Geschichte beginnen konnte, zwei Entscheidungen auslöste, die beide einen körperlichen Ausdruck fanden. Die eine war, dass ich Irland verließ und das Schreiben des Buches nach Manhattan verlegte. Und die andere fand ihren ersten Ausdruck in jener Kneipennacht mit Geigenmusik im regennassen Dorf, in der ich Joseph kennen lernte. Gewiss, ich habe ihn benutzt; aber ich habe dafür bezahlt, indem ich ihm letztlich fremd blieb. Da er keine Bücher las, hat er den von mir geschriebenen Roman natürlich nicht gelesen, und ich gehe davon aus, dass er nicht weiß, dass es darin eine Figur gibt, die ihr Gebiss herausnimmt, damit sie die Brüste der Heldin besser küssen kann. Joseph kennt die Frau, die auf diese Weise von ihm liebkost wurde, aber die Frau, die es niedergeschrieben hat, kennt er nicht.

Ich nannte den Roman *My Dream of You – Ein alter Traum von Liebe* – nach einer Zeile aus einem Gedicht von Montale, in der viele Bedeutungen mitschwingen. Doch was ich damit meinte, war eigentlich einfach. Es gibt Objekte der Liebe, die wir uns schlicht zusammenträumen. Sie sind für uns keine realen Menschen, sondern die Verkörperung eines Traums. Wir richten all unser Begehren und unsere Wünsche auf sie, und solange wir träumen, bilden wir uns ein, sie könnten das bodenlose Loch stopfen, in dem Not und Bedürftigkeit immer wieder nachwachsen.

4. Kapitel

Das Öffentliche und das Private

Es war eine höhlenartige katholische Kirche der altmodischen Art, wie ich sie als Kind gekannt hatte, mit Blattgold, Buntglasscheiben und prächtigen Fliesen zu einem hellen Raum gestaltet. Der Priester in seinem cremeweißgoldenen Talar trat an die Kanzel und beugte sich zum Mikrophon vor. Er warf einen strengen Blick auf die Gemeinde.

»Was sollen wir tun?«, sprach er mit leiser, dringlicher Stimme. »Was sollen wir tun?«

Ich war durch die winterlichen Straßen in diese Klosterkirche in einem republikanischen Viertel von Belfast geeilt und lehnte mich jetzt begierig vor, weil ich hoffte, dass die Vaterfigur am Altar mich ein wenig trösten konnte. Ich bin keine Gläubige im katholischen Sinn, und es war lange her, dass ich mich Verkündigungen von der Kanzel unterworfen hatte. Aber ich war nach ein paar Wochen in Belfast einsam und verzagt, und ich sehnte mich nach Sammlung durch den Priester. Es war Anfang 1998, als in wenigen Tagen mehrere Katholiken, einfache Menschen, ermordet wurden, vermutlich durch eine Bande von Loyalisten und aus keinem anderen Grund, als dass sie katholisch waren – ein Taxifahrer, ein Pizzalieferant und ein Automechaniker, der irgendwo in einer Nebenstraße in einer Werkstatt unter dem Auto gearbeitet hatte. In den Arbeitervierteln von Belfast hatte sich der Krieg zu schlichtem Nachbarhass ausgewachsen. Es war eine Erleichterung, als der Leichnam, den ich eines Abends hundert Meter von meiner Wohnung liegen sah, sich nicht als das jüngste Mordopfer des Bürgerkriegs entpuppte, sondern als Drogentoter.

Man beginnt rasch Schutz zu suchen, wenn die durch die Religion der eigenen Kindheit definierte Gemeinschaft zum Opfer des Terrors wird. Das Motto der Killer – ACAT, A Catholic Target – hieß: »Ein Katholik, ein Ziel«. Ich war eine Katholikin, wenn auch nur der Kultur nach, und ich war nach Belfast gekommen, um das Leben der Katholiken zu teilen. Kirchen wie diese hatte ich zeitlebens gekannt, Orte, an denen man zugleich ernst sein und sich so ungezwungen fühlen konnte, als schlenderte man über eine Piazza. Der irisch-katholische Ritus war mir so vertraut, dass ich ihn kaum noch wahrnahm. Es war eine Offenbarung zu merken, wie wohl mir die Vertrautheit jetzt tat, wie tröstlich das langsame Fortschreiten der Messe, das Confiteor, das Kyrie, die Lesung aus dem Evangelium sein konnten.

Der Priester hob zur Predigt an und fragte ein drittes Mal: »Was sollen wir tun?«

Wenigstens war ich in die Frage eingeschlossen, auch wenn die Antwort, zu der er gelangte – dass wir unser Vertrauen auf Gott setzen sollen –, mich wieder außen vor ließ.

Ich war unbeschwert nach Belfast aufgebrochen. Der irische Trubel um *Nur nicht unsichtbar werden* war längst vorbei, und in den USA war das Buch noch nicht erschienen. Ich hatte beruflich nichts Besonderes vor, als der Herausgeber der *Irish Times* meinte, nun, da der Krieg in Nordirland sich allmählich entspanne, könne ich doch vielleicht im Zuge der Bemühungen, Belfast als eine Stadt wie jede andere zu behandeln, dahin übersiedeln und meine Meinungskolumnen von dort schreiben. Der Norden war mir immer spannend erschienen, wenn ich für ein paar Tage dort gewesen war, um schnell eine Fernsehsendung zu drehen oder einen kleinen Artikel zu schreiben, doch im Alltag galt Belfast als eine der reizlosesten Städte der westlichen Welt. Ein Bekannter, der dort Pfarrer war, hatte mir mal erzählt, dass er von einem besorgten Gemeindemitglied gefragt worden war, ob Gott nichts dagegen hätte, dass der Kanarienvogel sonntags eine Schaukel in seinem Käfig hatte – so viel zum Horizont der Leute. Doch da ich keine persönlichen Bindungen in Dublin besaß und nur Hund und Katze ins Auto laden musste, konnte ich von einem Tag auf den anderen umziehen. Außerdem war die Fahrt zum Motel, in dem ich mich mit Joseph traf, von dort viel kürzer. Und es war überhaupt eine gute Idee. Alle Journalisten, die nach Nordirland gingen, schrieben über die Unruhen oder die dahinter stehenden politischen und wirtschaftlichen Probleme. Es war einigermaßen originell, dort mit der Annahme anzureisen, dass es in der Stadt auch über Themen zu berichten gab, die von alltäglichem Interesse waren. Und ich hatte das Gefühl, einer gesunden – weiblichen – Betrachtungsweise Nordirlands den Weg bereiten zu können, indem ich davon berichtete, wie behaglich die meisten Bürger der Provinz größtenteils vor sich hin lebten. Auch freute ich mich darauf, wie sich die Lokalmatadoren der dortigen Medien ärgern würden, wenn ich die nordirische Berichterstattung domestizierte, denn sie würden gar nicht gern darauf gestoßen werden, dass ihre Situation nicht in jeder Hinsicht exzeptionell war.

Es war etwas so Ungewöhnliches, dass eine Dubliner Journalistin freiwillig nach Belfast ging, dass man mich in eine populäre nordirische Fernsehsendung holte. Nach der Sendung bekam ich mehr als fünfzig Briefe von Zuschauern, die mich zu sich einluden, damit ich sah, wie angenehm ihr Leben war. Ich nahm die Einladungen an. Eine Journalistin, die nicht die Möglichkeit hat, Leute in der Kneipe oder über andere Eltern aus der Schule ihres Kindes oder durch Kollegen am Arbeitsplatz kennen zu lernen, muss jede Gelegenheit, Neues zu erfahren, beim Schopf packen. Ich kam in ein blitzblankes nordirisches Haus nach dem anderen, wo man mir freundlich Tee einschenkte und mich aufforderte, mich von Teewagen voll köstlich zubereiteter Häppchen und Scones und Küchlein zu bedienen. Überall erklärten mir die Leute, sie seien nicht bigott und in ihrer Gegend seien immer alle bestens miteinander ausgekommen, bis sie von den Unruhen überrascht wurden. Nun könnte man natürlich Menschen verachten, die vollkommen ohne Gefühl für die Machtstrukturen sind, in denen sie ihre Sicherheit genießen. Aber was wissen Leute denn gemeinhin über den Zusammenhang zwischen ihren Privilegien und den fehlenden Privilegien ihrer Mitbürger? Ja, wer von uns hat überhaupt ein genaues Bewusstsein dafür, welchen Platz wir selber im Gefüge der menschlichen Ausbeutung einnehmen? Oft, wenn ich rückwärts aus einer Auffahrt dieser makellosen Bungalows fuhr, verspürte ich echtes Mitgefühl für das Ehepaar, das mir von dem gepflegten Hauseingang nachwinkte. Man stelle sich vor, wie diese Leute unter der Berichterstattung über ihre Heimat leiden müssen, wenn sie sich bemüßigt fühlen, eine wildfremde Journalistin zum Tee einzuladen und mit besorgter Propaganda zu bombardieren! Es gehört zu den Kollateralschäden in Konflikten wie dem nordirischen, dass Ortsnamen zu Synonymen für schlechte Nachrichten werden. Der Krieg hatte diesen Menschen den Stolz auf die Orte ihrer Herkunft genommen, und es war zu spüren, dass ihnen damit ein Baustein aus dem Fundament ihres Lebens fehlte.

Wenn man mich so mit Teetasse auf Sofas sitzen sieht, könnte man vielleicht meinen, meine Wahrnehmung des Lebens in Nordirland sei allzu harmlos gewesen. Doch entgegen den Behauptungen meines Chefs wurde mir in kürzester Zeit klar, dass in Belfast selbst niemand glaubte, man nähere sich der Normalität. An meinem ersten Tag dort, einem trüben Wintertag, sah ich mir ein Pförtnerhaus an, das zu vermieten war. Es stand hinter protzigen Granitsäulen versteckt am Ende eines Dorfes an einer einsamen Straße über dem Kiesufer eines grauen Meeresarms. Die kahlen Buchen um das Haus waren von östlichen Winden verformt. »An Ihrer Stelle würde ich es nicht nehmen«, murmelte der Makler. »Nicht wenn Sie manchmal abends spät allein nach Hause kommen …« Er hatte Recht, die Säulen waren mit antikatholischen Graffiti voll geschmiert und die Bordsteine waren rot-weiß-blau übermalt. Also entschied ich mich für ein Reihenhaus im Pseudo-Tudorstil in einem »gemischten« Teil von Belfast, das vom wuchernden Löwenzahn im Vorgarten bis zum Beton im Hintergarten auf Bewohner zugeschnitten war, die nicht lange zu bleiben gedachten. Besonders zu schaffen machte mir die Tatsache, dass sich links und rechts des winzigen Hinterzimmers, in dem ich schlief, je ein Schlafzimmer mit einer unbezogenen Matratze befand. Die leeren Zimmer stießen mich drauf, dass ich trotz meiner ständigen Phantasien davon, wie ich Joseph zu mir holen und mit ihm Häuslichkeit inszenieren wollte, dort nicht im Geringsten zu Hause war. Mich besuchte niemand, und die Stille war umso deutlicher, als die Eisenbahn hinter dem Haus und Busse vor dem Haus vorbeifuhren. Molly nahm das Haus nie an. Sobald wir eintraten, lief sie die Treppe hoch und verkroch sich unterm Bett. Doch auch wenn sie mir Leid tat, behielt ich sie bei mir, denn sie war meine einzige Gesellschaft. Ich staunte immer wieder darüber, wie eine kontaktfreudige, weltgewandte Frau wie ich an einem Ort, in dem man ihre Heimatsprache sprach, keine hundert Meilen von ihrem Geburtsort, eine so vollkommene Außenseiterin sein konnte.

Ich besaß nicht genug Einblick in die lokale Kultur, um meiner Spezialität, der kleinen Skizze, zu frönen. In der Republik fiel es mir nie schwer Themen zu finden, über die ich schreiben konnte. Alles konnte Wasser auf meine Mühle sein (so konnte ich ohne weiteres tausend Worte darauf verwenden, öffentlich über ein solches Sprachbild nachzudenken). Politik, Aktuelles, Filme, Mundarten, Skandale, die Kleidersitten bei der Oscar-Verleihung, die positiven Seiten des Iran, ein Manager, der eine junge Frau auf einem Betriebsausflug belästigt und sie anschließend entlässt, Fachärzte, die Geschenke von Patienten annehmen, die auf diese Weise versuchen, bessere Plätze auf Wartelisten zu ergattern, rassistische Einstellungen in Reportagen über Länder wie sagen wir Kroatien, warum die Katholiken in Irland sich im Gegensatz zu den irischen Katholiken in Amerika nicht über Scorseses *Versuchung Christi* entsetzten, ob es die geringste Hoffnung gibt, dass die europäischen Bauern Rücksicht auf die Verbraucher nehmen, inwiefern der Internationalismus der neuen Jugend mehr Schein als Sein ist. Ich schwamm in meiner Heimatkultur wie ein Fisch im Wasser, und die Arbeit machte mir Spaß. Doch in Belfast entgingen mir die einfachsten Dinge. Die leutselige Frau im Zeitungsladen zum Beispiel erwiderte jedes »Guten Morgen!« außer meinem. »Ist doch klar«, erklärte mir Monate später ein Einheimischer. »Du kaufst die *Irish Times*.«

Ich erlebte wunderbare Momente, doch die Stadt war von langen Jahren des Argwohns so angeschlagen, dass keiner länger andauerte. Die reichen Protestantinnen kauften Yves Saint Laurent und Escada in einem halb verfallenen Slum, in dem Boutiquen nur deshalb aus dem Boden schossen, weil die Damen sich hier sicher fühlten. Ich stöberte dort durch die Sachen an einem Kleiderständer und lauschte vergnüglich der fast unbeschreiblichen Selbstgefälligkeit ihrer Äußerungen untereinander, als die Verkäuferin mich fragte, ob sie mir helfen könne. »Ich schau nur, danke«, sagte ich. Sie hörten meinen südlichen Akzent. Die Frauen verstummten wie auf Befehl und der Laden leerte sich, so rasch es ging. Der Grund war nicht, dass sie mich für eine Terroristin hielten; sondern dass sie mich als Fremde erkannten.

Einen Tag später führte mich ein Zufall in den äußersten Nordostzipfel der Insel, dessen natürliche Schönheit weitgehend unverdorben ist, weil der Krieg dort jede Entwicklung erstickt hat. Es war ein Kleinkrieg, der nicht auf Schlachtfeldern geführt wird, sondern mit einer Bombe auf einer Hochzeit, einem tödlichen Stolperdraht über eine Landstraße oder dem Mord an einem Straßenfeger, der hinten in seinem Wagen saß und einen Apfel aß. Ich traf mich mit einer Familie, die an einem smaragdgrünen

Hang über einem Küstenstück mit Klippen und Höhlen und Felsinselchen einen Campingplatz besaß. Es war ein strahlender Wintertag, ich ging durch die kleinen Wege auf ihren Platz, und unter mir kabbelten die schaumgesäumten Wellen in der Brise. Blaue, mit weißen Schafen gesprenkelte Hügel verloren sich auf einer Landzunge, und die Luft hätte frischer und leichter nicht sein können. Doch der Trost der Natur hatte Grenzen. Die Gegend, durch die ich lief, wurde in Westminster von einem gefährlichen, stets mit großer Mehrheit wiedergewählten Anti-Katholiken vertreten, der der Gemeinschaft in seinem Leben so viel Schaden zugefügt hatte, wie dies nur ein Politiker vermag. Wenige Meilen entfernt lag eines der Dörfer, in denen sich mit schöner Regelmäßigkeit an dem Tag, an dem die Protestanten mit einer alljährlichen Prozession des Tages im Jahre 1690 gedachten, als sie die Herren der Insel wurden, nackter, animalischer Hass austobte. Eine Frau von dort hatte mir gerade erzählt, dass die Kinder zwar morgens gemeinsam an der Haltestelle vor der Schafweide auf den Bus warteten, der sie in die Schulen der Nachbarstadt brachte, aber dass sie nicht miteinander sprachen. Katholische und protestantische Kinder, nette, adrette, intelligente Kinder redeten kein Wort miteinander. Und protestantische Teenager konnten nicht in die wirklich coole Disko gehen, weil die IRA dort das Sagen hatte. Ich blieb stehen, um wohlgenährten Amseln zuzusehen, die hinter den grasenden Schafen her pickten, und als ich umkehrte, hatte sich die Straße lautlos mit einer Rotte britischer Soldaten in Tarnuniformen gefüllt, die mit angelegten Gewehren unter den Hecken entlangkrochen.

Am Ende eines solchen Tages lag ich oft auf dem blauen Synthetiksamt-Sofa in Belfast und sah zu, wie der Himmel über der Halbgardine dunkel wurde, während die Dächer von Bussen, Lastern und Army-Transportern vorbeifuhren. Ich verstehe dieses Land nicht, dachte ich dann. Und ich glaube auch keinem, der es mir erklären will. Mein durch den Erfolg von *Nur nicht unsichtbar werden* gewonnenes Selbstvertrauen schwand zusehends. Um mich zu trösten, ging ich mit Molly in einen der Parks in der Stadt, wo die Musikpavillons und die sauberen Reihen der Astern und Studentenblumen an die Tage erinnerten, als Belfast ein ansehnlicher Industrieort war, und ließ sie Stöcke apportieren. Oder ich ging mit ihr zum riesigen künstlichen Freizeitzentrum, wo sie glücklich im Müll umherschnupperte, den die Jugendlichen hinterließen, wenn sie im Gebüsch tranken und rauchten. Oder wir gingen die triste Straße hinunter zum Supermarkt und kauften etwas zu essen. Hinterher schob ich dann den Teller auf dem Tisch beiseite und versuchte den Anfang für eine Kolumne zu finden.

Ich habe eine Mappe mit den Kolumnen aus Belfast hierher mitgebracht, in dieses Zimmer in der Sommerkolonie in der Nähe des Delaware River. Ich dachte, sie könnten mir helfen über das Dreivierteljahr dort zu schreiben. Doch es stellt sich heraus, dass sie nichts von der Verwirrung und den Selbstzweifeln wiedergeben, die mich quälten, als ich sie schrieb. Sie sind gut: voll von Informationen, verstiegenen Gedanken und Gefühlen. Und sie ergänzen sich zu einem Bild eines sonderbaren, aber interessanten Landes, dessen Zustand durch die wechselnden Blickwinkel der Kolumnistin gut eingefangen ist. Es war mir – der Privatperson – schon immer ein Rätsel, wie ich zu der Reportage kam, die ich schrieb. Ich verarbeitete meine Erlebnisse in Afrika, den Philippinen, Israel, Polen,

Iran und etlichen anderen Ländern zu Interviews, Analysen und aktuellen Textbeiträgen, aber sie haben mit den Erinnerungen, die sich mir persönlich eingeprägt haben, wenig zu tun. In mir steckt eher noch das Panikgefühl, weil kein Taxi zu kriegen war und der Flughafen zumachte oder weil die Jungs an der Passkontrolle offenbar geschmiert werden wollten und ich die ortsüblichen Gepflogenheiten nicht kannte, oder weil ich, während ich mir den Anschein gab, einem Regierungssprecher zu lauschen, gerade gemerkt hatte, dass mein Pass aus der Hosentasche verschwunden war, oder weil sich jemand in den Büschen vor dem Schlafzimmerfenster bewegte …

Ich schien für die Gelegenheiten, die das Leben mir bot, stets tüchtig zahlen zu müssen. Ich besaß genug Selbstvertrauen, um auf jedes Seil hinauszutreten, aber der Mut verließ mich regelmäßig, bevor ich ans andere Ende gelangte. Als ich mit vierundzwanzig in Oxford studierte, war die University Dramatic Society eine wichtige Institution, weil die Inszenierung, die einmal im Jahr auf die Bühne kam, in der Londoner Presse rezensiert wurde. Es stand jedem offen, sich als Regisseur eines Stückes seiner Wahl zu bewerben, doch um zum Regisseur des Jahres gekürt zu werden, musste man ein schwieriges Bewerbungsgespräch bestehen. Ich bestand es, weil ich mündlich sehr überzeugend zu wirken verstand. Aber wie konnte ich so vermessen sein, eine Theaterinszenierung auf halbprofessionellem Niveau zu wagen? Wie sich herausstellte, besaß ich die Voraussetzungen nicht. Die Sache ist mir bis heute peinlich. Zehn Jahre später hatte ich mich kaum gebessert. Die Beispiele von exotischen Schauplätzen, an denen mir die Arbeit durch Panik verleidet wurde, sind zahllos. In Florenz, wo ich zum ersten Mal mitten im Winter war, sammelte ich für einen Dokumentarfilm der BBC über ein Renaissance-Festival Fotos von Dokumenten und Kunstwerken. Ich konnte weder eine öffentliche Telefonzelle benutzen noch auch nur ein paar Brocken Italienisch sprechen und hatte keine Ahnung, wie man Genehmigungen einholte. Nicht einmal Auto fahren konnte ich. Ich hatte ein Zimmer in einer alten *pensione* mit einer so trüben Glühbirne im Deckenlicht, dass ich mich aufs Bett stellen musste, um zu lesen. Darüber musste ich lachen, aber wenn ich meine Arbeit machen wollte, konnte ich vor Nervosität kaum schlucken. Damals wurde ich von einer wunderbaren Amerikanerin gerettet, die sich bestens in der florentinischen Bürokratie auskannte. An sie erinnere ich mich deutlich – ihre hohe selbstbewusste Gestalt im fließenden Pelzmantel. Ihr Sohn hatte eine eigene Sprache erfunden, die er »Truesh« nannte, vermutlich eine Ableitung von »Truth« – Wahrheit –, und W. H. Auden, der mit der Familie befreundet war, arbeitete mit ihm an einem Lexikon für Truesh. Als junge Frau war sie mit Shelley Winters zusammen gewesen, und ich weiß noch genau, wie sie an einer Bar stand, wo wir einen Kaffee tranken, und mich ungläubig fragte: »Sie waren noch *nie* verheiratet?«

Dass ich mit dem verlangten Material aus Italien zurückkehrte, verdankte ich ihr. Doch was mir als die wichtigste Erfahrung dieser Reise in Erinnerung bleibt, ist das Gefühl ihrer süßsauren Persönlichkeit, ihrer halb gütigen, halb ungeduldigen Art mich zu behandeln. Florenz selbst war nur die fast irrelevante Kulisse für meine Ängste. Ich nahm kaum Notiz von der einstigen Macht und Schönheit der Stadt. Ich war nur eine von vielen, die gegen eisige Winde an verschneiten Skulpturen und Kuppeln und Dächern vorbei über steinerne Plätze huschten. Wenn es dunkel wurde, wusste ich nicht, was ich tun sollte, aß jeden Abend beim selben Chinesen und las in der trüben Beleuchtung zum Essen eine englische Zeitung. Ich besaß nicht genug Selbstvertrauen, um für mich allein Abenteuerlust zu entwickeln. Kühne Entdecker stammen häufig aus einer privilegierten Schicht, der Rest von uns muss mit kleinen ängstlichen Schritten lernen, sich in fremden Ländern zurechtzufinden.

Ich gab mir schlicht selbst keine Chance. Ich erinnere mich, um nur eine von den vielen Reisen zu erwähnen, bei denen ich es – durch einen Auftrag, nicht als Touristin – schaffte, an den Ort und in das Hotel meiner Wünsche zu gelangen – das American Colony Hotel in Jerusalem –, und dann doch keinen Spaß daran hatte. Ich drehte eine Sendung über die monotheistischen Religionen, die in der Stadt koexistieren, einen bescheidenen Beitrag zum Schulfernsehen, aber in der Produktion nicht weniger anspruchsvoll als jede andere Fernsehsendung, und mit dem Spezialproblem belastet, dass ich mit einem Team junger israelischer Rowdys arbeitete, die unsere muslimischen Interviewpartner mit beiläufiger Aggression behandelten. Den Mittelpunkt des alten Hotels bildeten kleine Innenhöfe, und dort in der warmen sternenklaren, von Lampen erhellten Nacht, umgeben von dem Duft exotischer Blumen, hielt Abend für Abend ein britischer Auslandskorrespondent Hof. Ich saß wie eine Maus in der Ecke und trank meinen Wein, während er, ein großer, gut aussehender, selbstzufriedener Mann in einer frisch gebügelten Designer-Dschellaba aus feinstem Batist mit einem Händeklatschen Pfefferminztee bestellte und einer bewundernden Koterie ohne Punkt und Komma aus seinem aufregenden Leben erzählte. Ich beobachtete ihn mit einer Mischung aus Verachtung und Neid und dachte: »Bei so viel Eitelkeit und Unmäßigkeit kann es unmöglich sein, dass er ein wahres Bild der Situationen, über die er berichtet, vermittelt.«

Am nächsten Abend war er wieder da, und ich saß wieder in meiner Ecke und trank ein bisschen zu viel Wein. Am Abend darauf wiederholte sich die Szene. Ich saß da, trank vor mich hin und bildete mir wer weiß was darauf ein, wie fein und unkolonialistisch meine Empfindungen im Vergleich zu seinen waren, und war dabei gleichzeitig diejenige, die mit ihrem Projekt kaum fertig wurde. Derselbe Hang zur Arroganz, der mich verführte, schwierige Aufgaben zu übernehmen, machte mich blind für einfache Wahrheiten über meine eigene Person. Dabei sollte man doch annehmen, dass mich meine zitternden Hände an meine Mutter hätten erinnern müssen. In meinen mittleren Jahren schlief ich nie ohne Tabletten, trank zu viel und zog mich entweder ganz von Männern zurück oder warf mich ihnen an den Hals. Ich bediente mich der gleichen Krücken wie sie, obwohl sie neun Kinder hatte und einen Mann, der sich ihr entzog, während ich einen beneidenswerten Beruf hatte und eigentlich vollkommen sorglos hätte leben können.

Es dauerte Jahrzehnte, bis ich lernte, mich bei der Übernahme einer neuen Aufgabe selbst davon zu überzeugen, dass ich nicht scheitern würde. Als Fernsehproduzentin litt ich im Regieraum unter unerträglicher Panik, bewältigte alles andere aber sehr gut. Ich konnte schwierige Jobs weder hinwerfen noch damit glücklich werden. Erst durch den Erfolg von *Nur nicht unsichtbar werden* ist die Seite von mir, die mich selbstbewusst in die Zukunft schauen lässt, ein wenig stärker als die Seite, die mein Selbstbewusstsein untergräbt und mich zauderlich macht. Der Kampf zwischen diesen beiden Seiten ist für mich die zentrale Erfahrung meines Berufslebens, und trotzdem ist in meinem Journalismus von ihm nichts zu spüren.

Das journalistische Schreiben fiel mir schwer, ich fühlte mich oft wie in einer Beziehung, die ständig unter Missverständnissen leidet. Meine Kolumnen aus Nordirland können sich durchaus sehen lassen, aber sie sind genauso durch meine Beschränkungen gezeichnet wie die Reportagen des Auslandskorrespondenten durch seine. Das ist mir klar, aber die Leserschaft sieht es nicht. Mich hat das Dreieck zwischen dem Journalisten, der beschriebenen Situation und dem Leser, der das, was er liest, irgendwie für einen objektiven Bericht hält, immer beunruhigt. Mag sein, dass in mir dadurch ein Bedürfnis nach größerer Ehrlichkeit gewachsen ist. So war es eine Befreiung, mich zunächst der relativen Ehrlichkeit der Erinnerungen zuzuwenden und dann den Roman zu schreiben. Ich kenne eine ganze Reihe Journalisten, die sich auch in anderen Genres tummeln, und auch wenn viele glauben, das rühre daher, dass sie nun einmal mit dem Wort arbeiten, denke ich, dass sie es tun, weil auch der beste Journalismus emotional unbefriedigend bleibt. Die Konventionen des Journalismus unterdrücken die persönliche Ehrlichkeit.

»Wo waren Sie, als …?« Manche öffentlichen Ereignisse sind so bedeutend, dass wir uns merken, wo wir waren, als sie in unseren Alltag einbrachen. Wo waren Sie, als Kennedy ermordet wurde, hieß es früher; jetzt fragt man: Wo waren Sie, als die Flugzeuge in das World Trade Center geflogen sind? Doch auch bei weit kleineren Ereignissen erinnern sich die Beteiligten an den Schnittpunkt mit dem eigenen Leben. Für Journalisten, die mit Nordirland befasst sind – für alle, denen Nordirland am Herzen liegt –, waren die letzten dramatischen Stunden der Verhandlungen vor dem Karfreitagsabkommen ein solches Ereignis. Das Abkommen, der erste umfassende Friedensplan für die Provinz Nordirland, ist ein brillantes, von Diplomaten, Beamten und Politikern in vielen Jahren ausgetüfteltes und von der Clinton-Administration energisch vorangetriebenes institutionelles Fadenspiel, dessen Sinn es ist, in den katholischen wie protestantischen Bevölkerungsgruppen Bedingungen gegenseitiger paritätischer Wertschätzung zu schaffen. Doch böse Geister vor Ort hätten das Zustandekommen nur zu gern verhindert.

An dem fraglichen Nachmittag vertrieb ich mir mit Joseph die Zeit auf dem Bett in dem Motel, in dem wir uns immer trafen, und führte meinen privaten Trott auf die gleiche Weise fort, wie der Bauer auf dem Gemälde von Bruegel, der weiterpflügt, und das Pferd, das weitertrottet, als Ikarus vom Himmel fällt. Alle Zimmer in dem Motel waren gleich. Zwei Betten mit einem schmalen Platz dazwischen, ein Stuhl, ein riesiger Fernseher und ein kleines Plastikbad keine drei Schritte vom Bett. Ich hatte während der Woche in der vagen Erwartung ekstatischer Freuden, zu denen ich statt nackt halb angezogen sein musste, neue Unterwäsche erstanden. Jetzt ermunterte uns die Lautstärke des Fernsehkommentars zu mehr Hemmungslosigkeit denn je, und auf einer Ebene bescherte uns der Nachmittag immer neue Höhenflüge der Sinnlichkeit. Trotzdem hörte ich jedes Wort im Fernsehen. Während mein Körper weich und geschmeidig wurde, wuchs die Spannung in meinem Kopf, denn das Treffen in Belfast dauerte und dauerte und die Befürchtung, dass die Verhandlungen scheitern würden, stieg. Ich wusste, dass es an ein Wunder grenzte, dass alle Konfliktparteien endlich an einem Tisch saßen, und ich wusste, dass ein

Misserfolg nach all den Anstrengungen einen herben Rückschlag für alle Seiten bedeutete, mit weniger Hoffnung denn je auf ein Ende des fruchtlosen und unwürdigen, ewigen anglo-irischen Hickhacks. In Gedanken schrieb ich bereits an meinem Kommentar, immer begleitet vom Stöhnen und Murmeln, zu dem Joseph und ich uns erregten.

Auch ihm war der Ausgang der Verhandlungen wichtig. Er wusste, warum ich in Tränen ausbrach, als ein Moderator förmlich vor die Kamera gerannt kam, um zu melden, dass alles gut sei, man sei im Konferenzraum soeben zu einer Einigung gelangt. Aber mein Eindruck war, dass er als der Patriarch, der er war, seine Ansichten zur Politik für seine Kumpane im Pub aufsparte, oder vielleicht für seine aufmerksame Familie beim Abendessen. Er hatte keine Freude am Diskutieren. Und ich interessierte mich nicht für seine Meinung, weil ich längst gemerkt hatte, dass er stets nur pessimistisch eingestellt war. Ich wollte nur hören, was andere Journalisten sagten. Ich brannte auf Detailinformationen. Ich konnte kaum die morgigen Zeitungen abwarten. Doch im Augenblick hatten wir noch Gipfel und Täler der Lust zu durchschreiten, bis er sich mit dem üblichen »Muss gehen« vom Bett hievte. Es war ein Nachmittag, an dem ich mit allen Sinnen lebendig war, obschon ich nicht weiß, ob ich auch so gern daran zurückdächte, wenn das Abkommen nicht einigermaßen gehalten hätte.

Ich hatte mehr Hoffnung als Glauben. Das Abkommen verändert die Gegebenheiten der Situation, dachte ich, nicht die Situation an sich. Es schafft die Differenzen nicht aus der Welt, sondern eine Struktur, die vielleicht einen Umgang mit den Differenzen ermöglicht. Republikanern mit einer gewachsenen Überzeugung von der Richtigkeit,

England aus Nordirland zu vertreiben, und Loyalisten mit ähnlichen Argumenten für die Präsenz Englands, musste das Abkommen zuwider sein, das war mir klar. Aber Journalisten haben häufig einen gemäßigten Standpunkt, weil sie berufsbedingt mit Leuten auf allen Seiten zu tun haben. Die eigentlichen Kombattanten draußen in den verwahrlosten Wohnsiedlungen und hinter Hecken an abgelegenen Feldern, die mit Waffen hantierten, Zündschnüre auslegten, Feinden auflauerten, seien sie Republikaner oder Loyalisten, scherten sich nicht drum, was jemand wie ich dachte. Aber andererseits scherte sich auch niemand recht um sie. Sie waren durch den Zufall ihrer Geburt in Lebensformen gefangen, die zugleich kaputt und zerstörerisch waren, und wurden abgeschrieben, wenn die Drahtzieher der Macht sich an den Konferenztisch setzten.

Ich verbarg meine Zweifel an einer Lösung von oben. Ich weiß noch, wie ein CNN-Team mich vor eine Wand stellte und die Chefkorrespondentin Christiane Amanpour mich fragte, ob ich glaubte, das Abkommen werde den ersehnten Frieden bringen.

»Die Medien werden aus Nordirland verschwinden«, verkündete ich sinngemäß munter. »Bis jetzt war es ein Konflikt, der nie darunter zu leiden hatte, dass niemand hinsah: als letzter der Kriege, in dem beide Parteien Englisch sprechen, und einer der wenigen, der günstig zu Flughäfen und Hotels platziert ist. Nun sind Irlands Ausnahmezeiten vorbei, und die Insel wird vermutlich so langweilig werden wie, sagen wir, die Niederlande. Es wird eine Weile dauern, bis sich das Abkommen durchsetzt, aber es wird sich durchsetzen. Es ist alles unter Dach und Fach. In Washington und Dublin und London und Brüssel hat man an alles gedacht.«

Ich wählte den schnodderigen Ton, um mich überzeugt

zu geben, weil ich so gern überzeugt sein wollte. Ich schrieb lobende Kolumnen für Zeitungen in aller Welt, und meine eigene Kolumne in der *Irish Times* befürwortete das Abkommen sehr. Ich dachte oft daran zurück, mit welcher Sehnsucht ich zu Beginn des Jahres zu dem Priester aufgeblickt hatte, was für Angst ich gehabt hatte und wie sehr die Bereitschaft, für immer in Finsternis zu versinken, zum winterlichen Belfast zu passen schien. Deshalb pries ich das Abkommen, wann und wo immer es ging. Doch ich weiß nicht, wie Medienleute jemals sicher sein können, dass sie Ereignisse richtig einschätzen: Woher hätte ich zum Beispiel wissen sollen, ob ich nicht schlicht mehr für den sofortigen Frieden übrig hatte als für eine fernere und schwierigere Lösung? Ich war vor dem Karfreitag, an dem das Abkommen ausgehandelt wurde, gerade von meiner ersten Lesereise aus Amerika zurückgekehrt – der Reise, die mit der ausgelassenen Saint- Patrick's-Day-Party bei *Good Morning America* begann – und hatte einen ersten Einblick in die Neue Welt gewonnen. Diese Erfahrung erfüllte mich mehr denn je mit dem Wunsch, die alten Ketten zu sprengen, in denen Irland und ich gefangen waren. In meinen Augen bot das Abkommen eine Aussicht auf Befreiung für Menschen, die so viel Leid ertragen hatten, dass sie aufgehört hatten sich zu fragen, wofür sie litten.

Ein Vierteljahr später stand ich auf einer zertrampelten, schlammigen Wiese in einer Schlackensteinsiedlung am Rand einer nordirischen Kleinstadt, in der Nase den stechenden Geruch eines noch brennenden Hauses. Verkohltes, wassergetränktes Holz. Geschmolzene Farbe und geschmolzener Kunststoff. Versengte Kleidung. Vielleicht – der ganze Körper wehrt sich – verbranntes Fleisch. Es war eine gemischte Siedlung von sozial benachteiligten Menschen gewesen. In letzter Zeit hatten ansässige protestantische Schlägerbanden die wenigen verbleibenden katholischen Familien terrorisiert, um sie zum Ausziehen zu bewegen. In der Nacht zuvor hatten sie dieses Haus angezündet, in dem drei kleine Jungen schliefen.

Mein Artikel begann:

Ein Gutes hat es, wenn man drei kleine süße Jungs in einem Feuer verliert. Wenigstens sind auch ihre Sachen weg. Wenigstens gibt es kein Haus mehr, in dem die Spuren ihrer kleinen Leben zu finden sind. Es gibt nur die verbrannten Wände und die gähnenden Fensteröffnungen. Die Menschen, die Richard und Mark und Jason liebten – was für sorgsam konfessionsübergreifende Namen! –, werden weder die Schuhe der Jungen noch ihr Spielzeug oder sonst irgendwelche Dinge sehen müssen, die an ihr Leben erinnern. Es ist nichts mehr da. Es ist besser, nicht daran zu denken, dass sie tatsächlich existierende, warme, quicklebendige Jungen waren. Denn die Nachbarn hörten sie schreien, als sie – man bringt es kaum über die Lippen – bei lebendigem Leib verbrannten.

Und weiter schrieb ich: *So man sie als Nachbarn bezeichnen kann …*

Denn die Nachbarn hatten das Feuer natürlich entweder selbst gelegt oder kannten die Brandstifter. Ich stand da und sah mir diese Nachbarn an, wie sie vor ihren Eingängen standen und ihrerseits die Fremden wie mich begafften, die sich nutzlos auf dem von Löschwasser verschlammten Gras vor dem ausgebrannten Haus versammelten. Ich war vollkommen übermannt von der Trostlosigkeit und Traurigkeit des Ortes und der Provinz ringsum. Dass diese Leute tatenlos zuhörten, wie die kleinen Jungen schrien, als die Flammen sie verschlangen, war bei weitem nicht das Schlimmste, was im Nordirland-Konflikt geschah. Aber es ging mir zu Herzen.

Gegen Ende des Jahres 1998 bat ich den Herausgeber der *Irish Times* um unbezahlten Urlaub auf unbestimmte Zeit. Meine geliebte Hündin Molly brachte ich bei Freunden auf einer Farm unter. Von dem Geld, das ich mit *Nur nicht unsichtbar werden* verdient hatte, mietete ich mich für drei Monate in Manhattan ein, um mich an dem Roman zu versuchen, den zu schreiben mir verschiedene Verlagsleute nahe gelegt hatten, als wäre es für eine Achtundfünfzigjährige, die noch nie auch nur eine Kurzgeschichte geschrieben hatte, das Natürlichste der Welt. Ich machte mich auf die Reise von Ost nach West wie Millionen Iren zuvor, die nach dem immer gleichen Wunder strebten. Und ich stellte in Manhattan wieder einmal fest, dass der Seiltanz über dem Abgrund des Scheiterns mich wenigstens flexibel machte. Ich war fünf- oder sechsmal in New York gewesen, um Sendungen für die BBC oder das irische Fernsehen zu drehen, und hatte einmal, in dem Jahr, als Bush und Dukakis um die Präsidentschaft kandidierten, als Gast an einer vom Außenministerium organisierten Reise für ausländische Journalisten teilgenommen. Aber ich hatte immer in Hotels gewohnt und mich per Taxi fortbewegt. Ich wusste nicht, wie man U-Bahn fährt, in einem Pizzalokal das Gewünschte bestellt oder die Auskunft anwählt. Ich wusste nicht, dass man in New York sonntags keine Flasche Wein kaufen kann. Ich verzichtete darauf, die *New York Times* zu lesen, weil ich ihr Layout nicht mochte und den Inhalt übertrieben brav fand. Jedenfalls fühlte ich mich diesmal so einsam, dass ich an den Ständen die irischen Zeitungen suchte und beim Lesen die Seiten befingerte. Mir war klar, dass ich bei weitem nicht so arm dran war wie die Immigranten – ich hatte Bekannte und Geld und reichlich Reiseerfahrung. Aber mein Gefühl sagte etwas anderes: Ich fühlte mich vollkommen ausgesetzt. Ich fühlte mich genauso unsicher wie an den vielen anderen Orten im Ausland, zu denen ich so schwer Zugang gefunden hatte.

Zu Beginn, während ich um den Anfang zu meinem Roman rang, wohnte ich in einem Souterrainzimmer hinter der Küche eines mexikanischen Restaurants. Über mir hustete ein Mann sich zu Tode, meine Matratze lag auf den Bodendielen, durch die vergitterten Fenster drang nur indirektes, trübes Licht. Paradoxerweise vermittelten mir das Zimmer und meine Einsamkeit darin ein Gefühl der Zugehörigkeit. Ich fühlte mich eins mit allen Entwurzelten, die an einem neuen Ort eintreffen. Mit den Juden aus Zentraleuropa, die den Beamten auf Ellis Island ihre Namen verständlich zu machen suchten; den Kurden, die ich in Griechenland für ein paar Cents die Stunde als Abwäscher und Toilettenaufsicht arbeiten sah; der alten russischen Prostituierten in Toronto im Bus, die nicht genug Englisch sprach, um zu beurteilen, ob die Männer, mit denen sie mitging, ihr nicht gefährlich wurden. Den Iren, die nur Irisch sprachen, als sie in die englisch sprechende Welt kamen, um Kanäle und Eisenbahnen zu bauen, und die Verbindung zu ihren Landsleuten verloren, als sie sich die Sprache ihrer Vorarbeiter aneigneten; den Afghanen, die in der Hoffnung, sich in eine Kultur einzufinden, in der ihnen selbst das Alphabet fremd war, auf verlassenen Inseln vor Australien saßen. Überall auf der Welt finden sich Spuren des Heldentums von Menschen, die neu anfangen müssen, und Manhattan ist die großartigste aller von ihnen erbauten Städte.

In dem Zimmer erlebte ich den überraschendsten Effekt des Schreibens überhaupt. An dem Tag, als ich die Arbeit an dem Roman aufnahm, schlief ich, ohne Tabletten, die ganze Nacht durch. Die Nacht darauf wieder. Und so weiter ... Ich konnte das Wunder nicht fassen, das fortdauert und nicht aufhört mich zu erstaunen, weil ich bis dahin seit meiner Jugend unter Schlaflosigkeit gelitten hatte. Möglicherweise war es Zufall. Vielleicht hat sich gerade an dem Tag ein Hormonpegel in meinem alternden Körper neu reguliert und mir den Schlaf beschert. Aber mir gefällt die Vorstellung besser, dass es damit zusammenhing, dass ich, endlich von Fakten erlöst, die Möglichkeit hatte, ehrlich zu sein. Oder so ähnlich. Wie es wirklich war, entzieht sich mir wie ein Traum, über den man nachdenkt, ohne ihn entschlüsseln zu können.

Der Schlaf schenkte mir neue Energie, wie auch die Eindrücke von der Straße. Ein Teil des Charmes dieser Stadt besteht darin, dass man sich von der Minute, in der man nach New York zieht, als New Yorker empfindet, während man in den alten Städten Europas noch so lange wohnen kann, ohne je dazuzugehören. Ein weiterer hängt mit der Vielfalt der Hautfarben und Sprachen zusammen. Ich erlebte täglich, beispielsweise in der U-Bahn, die Illustration des Begriffs »Melting Pot« – die platten Gesichtszüge eines Anden-Indianers neben einem perlenbesetzten Käppchen aus Belutschistan neben Menschen chinesischen, spanischen und afrikanisch-amerikanischen Ursprungs. Russen, Fidschi-Insulaner, Haitianer, Nepalesen, chassidische Juden, und die Kinder auf den Schößen alle in kleinen blauen Jeans und Turnschuhen. Ein eigener

Reiz entsteht durch das Gefühl, die Stadt begreifen zu können. Manhattan verbirgt nichts, die gesamte Stadtgeschichte liegt offen da, von dem schief und krumm gezahnten Friedhof am unteren Ende des Broadway und den Backsteinen des Ear Inn nur wenige Meter von den alten Kaianlagen unter dem West Side Highway, zu den glatten Fassaden der Häuser, die schon am Washington Square standen, als Henry James den gleichnamigen Roman verfasste. Man kann die Geschichte von dem Zeitpunkt an verfolgen, als das erste Schiff aus Europa landete und die Einheimischen sich durch das Unterholz zurückzogen. Die alten Synagogen, Kirchen, Lagerhäuser und Fabriken, die ausgeblichenen Reklametafeln hoch an den Seitenwänden der Gebäude, die eingemeißelten Namen längst vergessener Unterstützungsvereine, das immer wieder neu beschriebene Pergament der Stadtgeschichte, in deren Verlauf eine Bankhalle zu einem Lampengeschäft und dann zu einem buddhistischen Tempel, ein Varieté-Theater zu einem Kino und dann zu einem Fitness-Center oder die Läden im jüdischen Viertel zu Höhlen wurden, in denen nachgemachte Designer-Handtaschen ausliegen – alles ist vor den Augen ausgebreitet. Sie erzählen die Geschichten, die sich in der Stadt abspielten, und ich las aus ihnen eine Verheißung auf Hoffnung und harte Arbeit, die sich wohltuend vom irischen Fatalismus unterschied. Manhattan ist voller Gebäude, die wunderbar bizarr wirken, aber absolut solide sind. Und auf ähnliche Weise wirkt die Stadt mit ihren Menschen, die mühelos aufsteigen oder unversehens abstürzen, dynamisch, aber nicht instabil.

Ich schrieb den Anfang des Romans und fuhr eine Zeit lang nach Irland zurück. Als ich im Winter darauf wiederkam, nahm ich mir ein besseres Zimmer – ein Studio im

Parterre mit Blick auf Bäume. Unter meinem Fußboden lag der Heizwasserspeicher, sodass ich den ganzen Tag im baumwollenen Nachthemd herumlief. Ich holte mir eine kleine schwarze Katze aus dem Furry-Frendz-Tierheim. Der Roman kam langsam voran. Ich saß in dem überheizten Zimmer und versuchte, den Verkehrslärm aus der an sich entfernten Houston Street mit Musik des Klassiksenders im Radio zu übertönen. Ich wartete auf einen Anruf von Joseph. Ich meldete mich in einem Fitness-Center an, um schwimmen zu lernen. Wäre ich nicht so einsam gewesen, wäre ich sehr, sehr glücklich gewesen. So war ich eben nur glücklich.

In einem alten Bürohaus in meiner Nähe gab es eine lange, niedrige, Tag und Nacht geöffnete Dachetage. Dieser so genannte Writers Room ist in kleine Zellen aufgeteilt, die mit Schreibtisch, Stuhl und Lampe ausgestattet sind, sowie mit einer Matte, auf die man sich legen kann. Weil meine Wohnung oft ungemütlich war, erstand ich eine Mitgliedskarte für die Nachtstunden. Daher machte ich mich mehrmals in frostigen Winternächten in den Room auf. Unterwegs kam ich an den Hinterseiten der Gebäude der New York University vorbei, wo sich die Obdachlosen auf den warmen Lüftungsgittern im Boden behelfsmäßige Schlafstätten eingerichtet hatten. In den Eingängen am Broadway schliefen Leute unter verschneiter Pappe und Plastikplanen. Es war eine entsetzlich kalte Zeit, und die meisten Obdachlosen hätten es bestimmt vorgezogen, in Heimen unterzuschlüpfen, wenn Bürgermeister Giuliani sich nicht hätte einfallen lassen, das Wetter zu nutzen, um die Heime zu säubern, indem er dort die Straffälligen, die ihm bisher entgangen waren, verhaften ließ. Wenn ich morgens um fünf über den Broadway zurückging, waren die Straßen von allen verlassen außer den Schneebedeckten und mir. Ich konnte nicht anders, als Vergleiche über unsere Leben anzustellen, und mir ging die Grausamkeit des Schicksals, das die Verlierer in dieser Stadt zu leiden hatten, bis in den Writers Room nach. Ich wurde nicht damit fertig, dass ich es mir in der Dachetage mit ihrer Küche und ihrer Bibliothek und den Schließfächern für meine Sachen gut gehen ließ und die Privilegien nur genoss, weil ich mich als Schriftstellerin bezeichnen durfte. Deshalb nutzte ich den Writers Room vielleicht im Ganzen viermal, und fand es mit jedem Mal schwerer, mich als Schriftstellerin zu fühlen.

Das mag auch eine Reaktion auf den Wechsel vom Journalismus gewesen sein. Journalisten erwarten keine besondere Behandlung. Noch weit schwieriger aber war es, eine erfundene Geschichte zu schreiben, die von meinen eigenen emotionalen und sexuellen Empfindungen – meinen privaten Erfahrungen – ausging, nachdem ich in meinen Kommentaren viele Jahre lang mit öffentlichen Fakten gearbeitet hatte. Ich musste gegen das Gefühl ankämpfen, dass mein Geschreibsel völlig bedeutungslos war, während ein Artikel über ein Thema wie die Obdachlosen wenigstens eine Funktion gehabt hätte. Ohne den Zugang zu einem Zeitungspublikum fühlte ich mich nicht nützlich.

Ich identifizierte mich mit denjenigen, denen die Stadt hart und gleichgültig gegenübertrat, obwohl ich selbst jetzt im Warmen und Sicheren saß. Ich konnte mich nicht dazu bringen, meine immensen Privilegien zu akzeptieren. Zwar hätte *Nur nicht unsichtbar werden* in den USA nicht besser aufgenommen werden können, aber ich war lebensgeschichtlich nur damit vertraut, nirgendwo dazuzugehören.

Bei meinem letzten Winteraufenthalt im Jahr 2000 wohnte ich wieder anders, zur Untermiete in einem hohen Stockwerk an der südwestlichen Ecke des Washington Square. Dort vollendete ich den Roman. Oft saß ich am Fenster und beobachtete das phantastische Spiel des Wetters über den niedrigen Dächern von SoHo und TriBeCa, die sich bis an den südlichen Bogen der Insel erstrecken, wo die Hochhäuser von der Wall Street bis zu den beiden gebieterischen Türmen des World Trade Center eine halbkreisförmige Palisade bildeten. Unter dem Fenster tanzten Schneeflocken. Gewaltige Regenschleier schoben sich vorüber. Und manchmal fand mein innerer Sonnenschein sein Pendant in der äußeren Realität, und es gab einen jener strahlend kalten Tage, an denen überall im Stadtbild Fenster und Spiegel aufblitzten und blinkten wie Glühwürmchen.

»In den Gärten des Westens werden bald die Tore schließen ...« Es heißt, in Europa seien die Sommer vor dem Ersten Weltkrieg besonders schön gewesen, und so wird man es rückblickend nach den Katastrophen des Krieges auch empfunden haben. Ich weiß, dass mein Manhattan, bevor ihm die Unschuld entrissen wurde, wunderbar bereichernd war. In meinen Tagebucheinträgen von den drei Aufenthalten steht zwar oft »einsam« oder »sehr einsam«, aber rückblickend tritt die Einsamkeit zurück und ich habe das Gefühl, dass ich von einer Stadt willkommen geheißen wurde, die nie mit ihren Gaben geizte. Ich hätte mir nie träumen lassen, dass es mir um mein mitgenommenes altes Herz so leicht werden könnte. Ich erinnere mich an einen Vormittag, einen von vielen schönen Vormittagen, an dem ich auf dem Rückweg vom Schwimmbad durch die Mercer Street eilte. Ich ging schnell, weil die Luft kalt war, auch wenn die

Kälte für jemanden, der die feuchte Luft des Atlantiks gewohnt war, angenehm trocken und belebend war. An dem Morgen hatte ich die ersten richtigen Züge geschwommen, den Kopf mit der Schwimmbrille im Wasser, den schwankenden Körper ausgestreckt, hatte ich mit kräftigen oder versuchsweise kräftigen Schlägen das Wasser geteilt. Und mein Körper fühlte sich nach der Bewegung wohl. Unter dem Arm trug ich ein frisches, knuspriges Brot aus der Bruno Bakery. In zehn Minuten stand mir das nächste Vergnügen bevor, meine *New York Times* vor der Nase, WQXR im Radio, eine Kanne Tee, Brot, Butter und Marmelade auf dem Tisch, und zu Füßen mein kleiner Kater Cobweb, der aus seiner Schüssel frühstückte, während ich oben mein Frühstück vertilgte. Den ganzen Tag nichts zu tun, als meine Sätze hin und her zu wenden. Das Leben einer Königin. Und nichts davon hätte ich mir vorstellen können, als ich mich damals in Belfast von der dunklen Straße in die Kirche flüchtete.

Die Türme des World Trade Center waren, als ich im siebzehnten Stock am Washington Square wohnte, meine Vertrauten. Sie mögen manchen, die sie nur flüchtig betrachteten oder von unten emporsahen, langweilig erschienen sein, aber ich kannte sie als Nachbarn. Ich kannte sie inmitten von Wolken, ich kannte sie mit ihrer leuchtenden Stadt aus Fenstern im Abendregen, und ich kannte sie in dem bleiernen Grau, kurz bevor es schneit, stumpf vor Kälte. Ich hatte sogar ihre gesamte Fläche am Boden abgelaufen, ein Erlebnis, das ich eine Woche nach dem elften September zu einem Gedenkartikel verarbeitete.

Im Buchladen am Fuß des World Trade Center hing eines Tages eine Ankündigung: Der Autor eines Buches über die Vogelwelt Manhattans bot vor Ort eine vogelkundliche Exkursion an. Teilnahme für alle Interessierten offen. Die gut zehn Leute, die zum Termin auftauchten, bildeten eine typische Gruppe von New Yorkern, bunt gemischt, exzentrisch und sozial undefinierbar. Ein alter Mann trug einen Tropenhelm, einige waren mit festem Schuhwerk und Feldstechern ausgerüstet, obwohl wir den Wegen und Plätzen direkt unter den Türmen folgten und unsere Vögel in den bepflanzten Waschbetonkübeln und feuchten Beeten suchten, mit denen die gepflasterten Flächen unterteilt waren. Einige der Vogelbeobachter hatten Wasserflaschen am Gürtel, obwohl wir uns vermutlich nie weiter als hundert Meter von Getränkekiosken entfernten. Doch ein Wort gab das andere, und wir sahen, während wir gemächlich in Richtung Battery Park schlenderten, mehr als ein Dutzend unterschiedlicher Vogelarten, die im dürren Gras pickten oder unter städtischen Lorbeerbüschen ihrem Vogelleben nachgingen, während Inline-Skater und Radfahrer und Kinderwagen vorbeifuhren und auf graffitibeschmierten Bänken verschlungene Liebespaare knutschten.

»Welcher Vogel ist eigentlich«, fragte jemand, »der offizielle Vogel von New York?«

Keiner wusste es genau.

»Es müsste der Rotkehlhüttensänger sein«, sagte eine Frau verträumt, »weil der Rotkehlhüttensänger der Vogel des Glücks ist.«

»Glauben Sie das bloß nicht, Honey«, entgegnete eine auffallend geschminkte Frau mit langem spitzenbesetzten Kleid und einem überdimensionalen Rucksack. »In diese Stadt ist noch keiner gekommen, um glücklich zu werden.«

Im September 2001 war ich mit ein paar meiner Schwestern und ihren Lebensgefährten in Italien auf Urlaub, es war der zweite Italienurlaub unseres Lebens. Wir wohnten in verschiedenen Domizilen an der Lagune südlich von Venedig, als die Türme gerammt wurden. Ich saß von lärmenden Jugendlichen umgeben, die in Videospiele vertieft waren, in einem heißen Internetcafé in Chioggia, als ich beim Aufrufen des Internets das Bild des Flugzeugs bekam, das in den ersten Turm flog. Ich hielt es für ein Bild aus einem Videospiel. Ich begriff nicht, was los war.

Einige meiner Geschwister wohnten auf einer der vorgelagerten platten Inseln in einem Dorfhaus, einem grässlichen Kasten mit knallenden Fensterläden, Linoleum auf der Treppe und hohen muffigen Betten. Dort setzten wir uns im dunklen Wohnzimmer vor den alten Fernseher und bemühten uns gemeinsam, etwas zu verstehen. Als das Gerät warm wurde, hatten wir zunächst Bild und Ton, doch nach etwa fünf Minuten ging das Bild weg, und wir konnten dem aufgeregten italienischen Kommentar nicht folgen. Wir stellten den Fernseher immer wieder aus, ließen ihn abkühlen und stellten ihn wieder an. Auf der ganzen Insel gab es nur eine einzige Telefonzelle, und ich hatte auf meiner Karte nur noch wenige Einheiten übrig. Ich rief in Dublin bei der Zeitung an. Eine überarbeitete Nachrichtenredaktion reagierte sehr kurz angebunden.

Auf der ebenen Insel blies immerfort ein Wind, der an den Läden klapperte und grauen Sand über die Straßen wehte. Wir kehrten vor den Fernseher zurück. Die alten Frauen, die auf der Insel lebten, schüttelten den Kopf, wenn wir versuchten, unser Entsetzen zu vermitteln, und sagten: »*Male, male.*« Schlimm, schlimm. Wir kannten niemanden, der vermisst wurde, aber wir kannten Leute, die welche kannten; unsere Nichte, Deirdres Tochter, hatte im Sommer im Haus eines sehr netten reichen Mannes in den Hamptons gearbeitet. Deirdre rief mit den letzten Einheiten zu Hause an. Der Mann wurde vermisst, man nahm an, dass er tot war. Sein Bruder ebenfalls – vermisst und vermutlich tot. Die Anschläge wurden am Dienstag verübt, wir setzten unsere Wache vor dem Fernseher mit kleinen Unterbrechungen Mittwoch und Donnerstag fort. Der Freitag wurde zum Trauertag ernannt. Mittags gingen wir in die Dorfkirche, um mit der Gemeinde zu beten. Aber wir waren dort allein.

Offiziell verließ ich die *Irish Times* erst gut ein halbes Jahr später, doch meine praktische Tätigkeit dort beendete ich mit dem elften September – 9/11. Auf meiner Rückreise nach Dublin erlebte ich Flughäfen voller Amerikaner, die nicht nach Hause kamen und durch die Ereignisse auf den gleichen Stand reduziert waren wie alle machtlosen Heimatvertriebenen der Erde. Eine vor dem Urlaub verfasste Kolumne, ein scherzhafter Artikel über ein lokales Phänomen, war am Samstag nach der Gräueltat in meiner Rubrik erschienen, weil keiner der Redakteure daran gedacht hatte, sie zu streichen, und weil ich mir nicht die Mühe gemacht hatte, rechtzeitig darauf zu bestehen, dass sie gestrichen wurde. Es lässt sich nur schwer vermitteln, wie sehr es einen mitnimmt, zu einem solchen Zeitpunkt einen vollkommen unangemessenen Artikel mit der eigenen Unterschrift zu sehen. Wobei ich gleichzeitig mehr als deutlich erkannte, dass es überhaupt nicht wichtig war. Kommentare waren nach dem elften September unzulänglicher denn je. Meine öffentliche Rolle hatte sich in nichts aufgelöst.

In meinem Kopf lebt ein Bild, das ich mit allen Einzelheiten vor mir sehe. Es ist ein Hügel in Simbabwe am Morgen eines Wahltags. Es war neblig und sehr kalt, und die Wahlen gingen erst in gut einer Stunde los, trotzdem schlängelte sich durch die Hütten und dann schräg den Hügel hinauf und den Kamm entlang eine geordnete Schlange von Bürgern in Autoreifen-Sandalen, geflickten lumpigen Pullovern, alten Wollmützen und abgetragenen Mänteln, mit Kindern an der Hand und Säuglingen auf dem Rücken. Sie alle warteten darauf, in der relativen Ungestörtheit der Kabine ihr Wahlrecht auszuüben. Es waren Menschen, die von Kolonialisten als Untermenschen behandelt worden waren, deren Unabhängigkeitskrieg oft in Barbarei ausgeartet war und deren Regierungsform immer fragwürdiger wurde. Trotzdem lebten sie mit der elementaren demokratischen Idee der geheimen Wahl und der Vorstellung, dass jeder Mensch eine politische Bedeutung und einen Wert als Staatsbürger besitzt. Mir strahlt von diesem Hügel die Würde entgegen, die wir in unseren öffentlichen Rollen haben können.

Und dann gibt es das andere Ende des Spektrums. Für mich ist der Anschlag vom elften September eine halbprivate Angelegenheit in dem Sinn, dass es mit übergroßem, persönlichem Neid auf Amerika zu tun hat. Einem Neid, der sich aus Hass und Begierde zusammensetzt; nicht Hass allein. Für mein Gefühl hatte der Anführer der Terroristen, Mohammed Atta, in Amerika das Gleiche gesehen wie ich – die Offenheit, die Fähigkeit zur Erneuerung, den freundlichen, naiven Optimismus, die Leugnung der Vergangenheit zugunsten einer möglichst uneingeschränkten Zukunft. Irgendetwas in der Seele des Mannes, der noch mit achtzehn auf dem Schoß seiner Mutter gesessen hatte, konnte es nicht ertragen, dass es ein Land gab, in dem so viel Freiheit herrschte. Als ich schließlich über den elften September schrieb, unterschied sich der Traum, um den ich trauerte, nur minimal von seinem: der Traum eines Außenseiters, eines Immigranten.

Wie alle brachte ich meine individuelle Erfahrung von Leid in das Leid der USA mit ein. Als ich wieder in Manhattan war und vor den Trümmern der Türme stand, ging mir auf, dass uns Hass und Neid auf die gleiche Weise vereinen wie Verlust und Trauer. Sie sind überall auf der Erde gleich. Während ich dort am Gelände des World Trade Center stand, stand ich auch im Geruch des ausgebrannten Hauses in Nordirland, in dem die drei kleinen Jungen umgekommen waren – tausendfach vergrößert, aber nicht sehr anders.

5. Kapitel

Reaktionen

In dem Haus, in dem ich in Dublin wohne, stehen Regale in der Diele, und auf den Regalen in der Nähe der Tür, wo ich, wenn es brennt, sobald ich den Hund gerettet habe, schnell hingreifen kann – steht ein großer Pappkarton. Er enthält ungefähr fünftausend Briefe von Leserinnen und Lesern. Ungefähr die Hälfte dürfte von großherzigen Leuten sein, die mir schlicht Grüße senden und alles Gute wünschen. Doch bei der anderen Hälfte geht es immer in irgendeiner Form um Kummer und Leid. Wenn es einen Gott gibt, muss ihm der Eifer, mit dem seine Geschöpfe danach streben, ihr Schicksal zu begreifen – zur Not sogar, indem sie sich einer wildfremden Frau anvertrauen –, an die Substanz gehen. Die Briefe kamen von überall.

Aus Australien:

Nuala, meine älteste Schwester hasst meinen Vater und hatte die Stirn, ihm das am Totenbett auch zu sagen, weil er mit meiner Mutter verheiratet geblieben ist und uns das Leben zur Hölle gemacht hat. Glücklicherweise habe ich das in meinem Leben früh erkannt und die Entscheidung getroffen, kinderlos zu bleiben. Ich habe mir die Augen ausgeweint, als mein Vater gestorben ist und jubiliert, als meine Mutter gestorben ist. Sie litt an postnatalen Depressionen, die mit jeder Geburt schlimmer wurden.

Von einer Irin in Kanada:

Ich bin 30 und geh anschaffen (besser gesagt, ich gehe auf den Strich), und meine Mutter, die keine Ahnung hat, was ich arbeite, hat mir Ihr Buch geschenkt. Mit diesem Brief will ich mich bedanken. Ich kann keinen Absender angeben. In meinem Beruf lebt man verborgen. Ich kann in einer Nacht zehn Kunden haben, aber ansonsten bin ich meistens allein. Die andern Mädchen sind so von Sorgen erdrückt, dass mir nach zwölf Stunden in einer Schicht das Elend bis hier steht.

Von einem Mann aus Kalifornien:

Ich lebe hier mit meiner Frau, mit der ich seit 58 Jahren verheiratet bin. Sie ist 85 und versinkt immer tiefer in ihrer Demenz, und auch sonst geht es gesundheitlich bergab. Mein 53-jähriger Sohn wohnt ebenfalls mit im Haus. Er hatte vor zehn Jahren einen Schlaganfall. Weil er die Sprache verloren hat, kann er keine Arbeit finden.

Von einer Irin:

Ich habe meine Jungfräulichkeit in einem grauen Hotelkasten an einen verheirateten Mann verloren. Danach wachte ich auf. Ich war achtundzwanzig. Als ich von

Ihren Affären und Abenteuern gelesen habe, hat mich die Wut gepackt, dass ich mein Leben gelebt habe, als hätte ich keinen Körper.

Von einer Frau, an die ich mich noch aus der Zeit erinnere, als sie das schönste Mädchen der Schule war, auf die ich auch ging:

Meine beiden wunderbaren Kinder tragen noch die Narben vom Leben mit ihrem Vater. Ich auch. Ich war damals dem Wahnsinn nahe und hatte weder Freund noch Freundin auf der Welt. Ich weiß noch, wie ich dich eines Tages mit einem Kerl sah und du ungeheuer souverän wirktest.

Aus Chicago:

Mein Vater kam 1920 nach Amerika. Er war ein schwer gemütskranker, tobsüchtiger Alkoholiker, der meine Brüder und mich schlug und missbrauchte. Meine Mutter, die ebenfalls irischer Abstammung ist, war so depressiv, dass sie untätig dabei zusah. Seit 62 Jahren fühle ich mich vollkommen ungeliebt und habe mein ganzes Leben damit zugebracht, Liebe und Anerkennung zu suchen, besonders von Männern.

Aus Texas:

Ich bin zur Beichte zu einem Priester gegangen, von dem ich die Sterbesakramente empfangen hatte, als ich krebskrank war. Ich zählte ihm rückhaltlos eine ehrliche Liste aller schrecklichen Dinge auf, die ich mir hatte zuschulden kommen lassen – die Liebschaften, Sex, etc. Lauter Sachen, die niemand über mich wissen sollte. Er war sehr verständnisvoll und nett. Ein paar Wochen darauf gingen wir zusammen in der Betriebskantine essen, und ein paar Monate später bat er mich, seine Freundin zu werden. Er hat mich geheiratet. Es ist gut zwischen uns. Wenn man sein Leben ernst nimmt und für sich sorgt und mit sich selbst in Kontakt bleibt, weiß man wirklich nie, was als Nächstes passiert.

Aus Harvard:

Nuala – eine Freundin von mir rief mich am ersten Weihnachtstag an. Sie hatte gerade eine langjährige Beziehung beendet, wie Sie auch. Jetzt bin ich beim zweiten Lesen gerade zu der Stelle gekommen, wo Sie das erste Weihnachtsfest ganz alleine verbringen. Ich sehe, dass ich oben auf die Seite 25. 12. 1966 (M) geschrieben habe. Denn wissen Sie, Mary hat sich das Leben genommen.

Aus dem Mittleren Westen:

Meine betagten Eltern gehen immer noch täglich zur Messe und haben die Kirche, die sie mehr lieben als ihre Kinder. Meine Mutter ist bis heute eine aktive Alkoholikerin. Mein Vater gab das Trinken vor 45 Jahren auf und wurde zu einem Schweinekerl, der alles und jeden hasst außer der Kirche. Ich würde gern eine Spur auf dieser Erde hinterlassen, bevor ich von ihr gehen muss, aber ich kann nur eine Spur machen, die schnell vergeht.

Aus Boston:

Der glücklichste Tag meines Lebens war die Hochzeit meiner Tochter. Aber die Nacht, nachdem das Fest vor-

bei war, war die schmerzlichste, einsamste Nacht in meinem ganzen Leben – noch weit schlimmer als die ersten Nächte allein in meiner neuen Wohnung, nachdem ich meinen Mann verließ. Wenn mein Exmann nicht wieder verheiratet wäre, hätte ich ihn, glaube ich, verführt, mit mir nach Hause zu kommen – nur für die eine Nacht.

Eine Mutter von fünf Söhnen:

Bei einem kurzen Besuch sagte mein Mann beim Abschied, er gehe jetzt los, um Liebe und Leidenschaft zu finden. Das waren genau seine Worte. Ich habe sie nicht verstanden. Er hat bei mir Liebe gehabt, und hat sie noch, und seine Kinder. Er ist ein phantastischer Musiker und Maler. Vielleicht wünschte er sich Leidenschaft von mir. Er hat das weggeworfen, wofür die meisten Leute sterben würden – eine liebende Familie.

Aus New York:

Mir als verlassenem und ungewolltem Kind hat Ihr Buch endlich mit 76 Jahren erklärt, warum ich mich als junge Frau nicht aus den Betten anderer Männer fern halten konnte. Vielleicht hat die Gewalt in Ihrer Familie Ihnen einiges an Einsicht vermittelt, aber da ich als Säugling zu lieben Quäkern in Pflege gegeben wurde, traf mich das, was danach kam, völlig unvorbereitet. Zum Beispiel, dass meine Ehe durch Alkohol und Gewalt getrübt war. Ich konnte es überhaupt nicht verstehen. Zum Glück bin ich trotzdem mit Kindern gesegnet, auch wenn mein Jüngstes, das an Epilepsie litt, seiner Krankheit unerklärlicherweise erlag.

Aus Neuseeland:

Wie gern hätte ich jemand geheiratet, den ich liebte und dem ich auch sonst zugetan war. Komischerweise wurde ich durch die Pflege meiner Mutter und die damit zusammenhängende Umkehrung der Rollen mit über fünfzig dann gewissermaßen gegen meinen Willen doch noch zur Mutter. Es ist schon ironisch, oder? Sie haben Hund und Katze, ich habe meinen Wellensittich, kein schlechtes Haustier für eine allein stehende Frau, denn er hat sprechen gelernt, sodass ich eine Entschuldigung dafür habe, wenn ich im leeren Haus laute Selbstgespräche führe.

Aus Nordirland:

Meine Großeltern (Hausfrau und Arbeiter) kauften ihrem ältesten Sohn, der weder Interesse noch Begabung zeigte, ein Klavier, aber meine Mutter war musikalisch und konnte sofort nach Gehör spielen. Ihre Eltern verkauften das Klavier trotzdem wieder.

Aus einer ländlichen Gegend der Republik Irland:

Warum schreibe ich Ihnen? Aus Scham. Meine Mutter ist eine völlig verwahrloste, schmutzige Person. Sie hängt rosa Rüschengardinen auf und streicht die gegipste Wand lindgrün, befestigt Tapeten mit Klebeband und pinkelt in einen Eimer, obwohl wir zwei Toiletten haben. Früher sagte meine Mutter dauernd Gedichte auf, und mein Vater machte sich über sie lustig. Es gibt Geschichten darüber, wie er meinen großen Bruder zu einem Bullen in den Anhänger gesteckt hat, den er gerade auf dem Markt gekauft hatte, und wie er meine Schwester mit elf einen langen Feldweg entlang immer wieder getreten und für ihren dicken Arsch beschimpft hat.

Eine Zeit lang bekam ich täglich zwei bis drei solcher Briefe und konnte die Menge des menschlichen Leids, das man mir zu Füßen legte, kaum fassen. Leid war das, was die Verfasser dieser und zahlreicher anderer Briefe untereinander und mit der Frau, die sie in *Nur nicht unsichtbar werden* kennen lernten, verband, ansonsten waren die Briefe von ganz unterschiedlichen Menschen in ganz unterschiedlichen Lebensumständen. Umschläge, Papier, Schrift – alles verschieden. Ich sah mir immer die Namen der Postämter an, von denen sie abgeschickt waren – lauter fremd klingende Namen –, und versuchte, eine Verknüpfung zwischen den Unbekannten im jeweiligen Postamt und mir herzustellen, die ich in meinem Zimmer in Dublin saß und die Briefe las, die dort aufgegeben worden waren. Ich war sozusagen zu immer neuen Übungen darin gezwungen, mir andere Leute vorzustellen. Und so wurden die menschlichen Reaktionen auf meine Memoiren zur Brücke zu dem Roman, den ich als Nächstes schrieb. Denn Erinnerungen sind monolithisch. Es gibt nur eine beherrschende Stimme, und die anderen Figuren spielen ihre Rollen in dieser, nicht in ihrer eigenen Stimme. Ein Roman jedoch ist ein Dorf voll unverwechselbarer Figuren und Ereignisse, wie ich sie in den Briefen fand.

Um Identifikation geht es in ihnen nicht – ich bin weder ein alter Mann mit einer senilen Frau noch eine kanadische Prostituierte, und das wissen die Verfasser. Man erwartet auch keine Hilfe von mir – die beschriebenen Situationen scheinen den Verfassern häufig ohne Ausweg. Ich beantwortete sämtliche Briefe ausnahmslos, und ich weiß, wie oft meine Ratschläge geradezu lächerlich klangen. Die Briefe machten den Eindruck, als schwebten die Verfasser gleichsam poetisch über den erzählten Fakten. Was sie erlitten hatten, bestimmte ihr Leben so, dass es geradezu zur zweiten Natur geworden war. Die Briefeschreiber waren nicht auf praktische Verbesserungen aus. Wäre dies das Ziel, hätte man es wohl kaum unpraktischer anfangen können, als einer fremden Frau zu schreiben.

Aber das ist es nicht. Entscheidend ist, dass die Fremde eine Schriftstellerin ist, denn Schriftsteller sind, sofern es denn so etwas gibt, die Fürsprecher der menschlichen Gemeinschaft. Briefe von sorgengedrückten Menschen sind nicht vorwärts gerichtet, sondern rückwärts gewandt, auf die Zeit vor den Schicksalsschlägen. Sie sind Ausdruck einer diffusen Sehnsucht – und Sehnsucht haben sie auch im Ton der Schriftstellerin gehört, und in ihr begegnen sie der Schriftstellerin als Ebenbürtige. Da man das alles nicht ausdrücken kann, wirken die Briefe unsinnig. Sie bekommen erst einen Sinn, wenn wir begreifen, dass sie Mangel und Leere thematisieren, Dinge, die fehlen, und dass sie entstanden sind, wo nichts war und Schweigen herrschte. Ihre Rechtfertigung liegt in ihrer emotionalen Integrität. Der Ton, in dem sie geschrieben sind, zeichnet die Verfasser als Mitglieder einer geheimen Gesellschaft aus, der Gesellschaft jener, die wirklich gelitten haben.

In der Innenstadt von San Francisco gibt es ein stimmungsvolles altes Hotel, dessen einst prächtiges Foyer schon alles gesehen hat. Hinter dem Foyer liegt ein großer Raum mit Varieté-Bühne, fensterlos, aber mit einer Tiffany-Glasdecke. Das Halbdunkel ist überraschend, wenn man aus dem Samstagvormittagslicht der Straße durch den Vorhang tritt, und noch überraschender wirkt es, dass in dem schummrigen Raum eine Live-Show für das Radio läuft, in der Sedge, ein langer Kerl mit roten Schuhen, und sein Assistent am Klavier ein Publikum unterhalten, mit Interviews und Musikeinlagen und allem, was ihnen sonst noch in den Sinn kommt. Es ist eine superlässige kalifornische Sendung, und als ich dort auftrat, um für meinen Roman zu werben, wurde ein kleiner Traum wahr. Ich sang, und das Publikum sang mit.

Als ich mit dem Interview an der Reihe war, erklärte ich Sedge, dass mein Buch nicht von Anfang an *My Dream of You* geheißen hatte, sondern dass ich eine Zeile aus einer alten Ballade hatte nehmen wollen, die von jemandem handelt, der in Amerika ist und Heimweh nach Irland hat.

»Das Lied heißt: ›I'll Take You Home Again, Kathleen‹«, sagte ich, »und ich nannte die Heldin meines Buches danach ebenfalls Kathleen. In Irland kennt das Lied jeder – wobei ich mittlerweile weiß, dass es von jemandem aus Illinois geschrieben wurde, der nie in Irland gewesen ist, aber es ist trotzdem eine der beliebtesten Schnulzen.«

»Singen Sie es vor!«, sagte er.

Ich kann nicht singen, aber ich versuchte es. Ich fing zögernd an. »*I'll take you home again, Kathleen, across the ocean wild and wide …*«

Bald fiel das Klavier ein und übernahm die Melodie. »*To where your heart has ever been, since first you were my bonny bride.*«

Im Publikum begannen nach und nach einige Leute mitzusingen.

The roses all have left your cheek,
I've watched them fade and die,
Your voice is soft whene'er you speak,
And tears bedim your loving eye.

Und dann holte ich tief Luft und hob voll Inbrust an, den Liebesschwur zu singen: »*Oh! I will take you back, Kathleen, to where your heart will feel no pain …*«

Am Ende der Strophe sang der ganze Saal mit, der Pianist verzierte die Melodie mit kitschigen Trillern, und meine brüchige Stimme gab alles, was sie hatte:

And when the fields are fresh and green,
I will take you to your home, Kathleen.

Wir waren alle vor Lachen und Rührung erschöpft, als man mich mit riesigem Applaus verabschiedete. Es kommt nicht oft vor, dass man eine schreckliche Sängerin so voll Überzeugung ein Lied vortragen hört. Aber ich habe das Lied immer geliebt, zweifellos wegen der darin ausgedrückten väterlichen Liebe, die sich dafür verantwortlich fühlt, Kathleen dahin zurückzubringen, wo unser aller Herz ist, in die Heimat. Dieses Lied mit der Hilfe begeisterungsfähiger Fremder zu singen, es in San Francisco zu singen, die Welle der Zuneigung und des Vergnügens zu spüren, die auf mich zuwogte, als ich mit dem Mikrophon auf der Bühne stand – dass mir all das mit Anfang sechzig geschah …

Worauf reagieren die Leute? Wieso lassen sie sich so gern auf die Stimmung in der traurigen Melodie ein? Kathleen verzehrt sich buchstäblich vor Sehnsucht nach der Heimat und dem Mythos, den Irland für viele Amerikaner irischer Abstammung verkörpert. Und ich vermute, dass viele Leute im Publikum irischer Abstammung waren, weil sie den Text kannten. Aber sie wollten nirgendwo anders hin, und die Heimat, nach der sie sich sehnten, war nicht Irland. Sie wollten auf mich zugehen; sie spürten trotz der Clownerie in der Art, wie ich sang, mein ehrliches Gefühl und sie wollten mir wohl tun, indem sie mitsangen. Große sentimentale Lieder wie dieses nähren sich aus tiefen Quellen des Schmerzes. Mir ging es prima: Ich hatte die erste Hälfte einer erfolgreichen Lesereise hinter mir und fühlte mich fähig und von Sympathie getragen. Das Interview in der Radiosendung hatte mir Spaß gemacht. Aber ich wusste auch um die andere Seite. Ich wusste, dass ich nicht mehr jung war und dass ich niemanden hatte, der mir versprach, mich dahin zu bringen, wo mein Herz keinen Schmerz mehr litt.

In dem Hotel in San Francisco wartete nach dem Interview eine kleine Schlange, um mir die Hand zu schütteln. Sobald eine gewisse Sehnsucht ins Spiel gekommen ist, scheinen Menschen aufeinander zugehen zu müssen. Auch wenn sich wohl unmöglich bestimmen lässt, welche Richtung diese Sehnsucht nahm, als wir sangen.

Ich glaube nicht, dass die Reaktionen durch die spezifischen Themen meiner Memoiren ausgelöst wurden, auch wenn Leid in der Familie, Enttäuschungen zur Lebensmitte, drohende Hoffnungslosigkeit und vergeblich gesuchte Liebe für Menschen aller Kulturen, Altersgruppen und beider Geschlechter von Bedeutung sind. Das eigentlich Verbindende scheint mir jedoch zu sein, dass es meine Mutter war, durch die ich in meinem Leben am meisten gelitten habe, und dass sie die einzige mir bekannte Person ist, die nie ganz stirbt. Mir fällt an den zuvor zitierten Briefausschnitten – ich habe sie willkürlich aus den

Tausenden von Briefen ausgewählt – auf, wie häufig Mütter und Mutterschaft als Ursache von Leid erwähnt werden. Dass ich eine Mutter hatte, die es nicht gestattete, dass wir ihr etwas bedeuteten, die ständig eine Schicksalsverdrossenheit an den Tag legte, als wäre sie eine Königin, die man in die Sklaverei verschleppt hatte, war das Moment, über das sich die Leserinnen und Leser für meine Gefühle öffneten. Hätte ich das Gleiche über meinen Vater zu sagen gehabt, wären die Reaktionen viel sparsamer ausgefallen. Was über Väter zu sagen ist, ist spezifisch, der Hader mit den Müttern dagegen leicht zu übertragen.

Ein genauso wichtiger Auslöser dürfte freilich sein, dass ich so wenig vorgebe, mein Leben zu verstehen. Ich habe nur allerzaghafteste Erklärungen für die Dinge, die ich getan oder nicht getan habe. Und die Unfertigkeit der Erkenntnisse lässt dem Leser Raum, mitzuempfinden und Anteile von sich hineinzuprojizieren. Mein Buch scheint mir, wie andere derzeitige Bekenntnisbücher im Übrigen auch, einen Subtext zu enthalten, der sich nicht verbal, sondern rhythmisch vermittelt, und viele Leser scheinen ihre eigenen Erfahrungen und Gefühle auf diesen Rhythmus zu übertragen, statt auf den Text selbst. Das habe ich ein Mal, ein einziges Mal, selbst gespürt, als ich mich im Radio zufällig aus *Nur nicht unsichtbar werden* lesen hörte und in dem kurzen Augenblick, bevor mir aufging, wer da las, auf die Töne in meiner eigenen Stimme reagierte.

Was Leserinnen und Schriftstellerin verbindet, ist nicht das, was wir haben, sondern das, was wir verloren haben. Die Sehnsucht, das Verlorene wiederzufinden, liegt im Rhythmus und Ton des Geschriebenen, nicht in den Worten. Im Rhythmus spüren Leser die Ehrlichkeit eines

Schriftstellers genauso unfehlbar, meine ich, wie ein Säugling spürt, ob der- oder diejenige, die ihn auf dem Arm hat, ihn liebt. Schriftsteller und Leser singen immer zusammen, der Melodie sind sich beide sicher, doch der Schriftsteller kennt den Text besser. Ich verstehe, was Leute mir in ihren Briefen mitteilen, nicht besser oder schlechter, als sie mich verstehen. Ich könnte fragen: Was soll ich mit dem ganzen Kummer, den mir die Leute anvertrauen? Aber wollen sie nicht das Gleiche wie ich von ihnen, wenn ich mein Leid öffentlich vortrage? Nicht, dass sie etwas tun, um mein Leid zu lindern, sondern dass sie von mir wissen und Anteil nehmen. Du kennst das Lied doch auch, oder? Willst du mir nicht helfen, es zu singen?

Manche der Briefeschreiber äußerten dies emphatisch:

»Mittlerweile haben Sie bestimmt erkannt, dass ich mich nicht nur in das Buch, sondern auch in seine Verfasserin verliebt habe. Es gibt so viel, was ich gern über Sie wüsste. Nur Sie. Mehr würde ich nie verlangen.« »Wäre ich einer der Glücklichen gewesen, die Sie begehrt haben, hätte ich Sie nie wieder losgelassen. Ich hätte binnen einer New Yorker Minute um Ihre Hand angehalten.« »Ich möchte Sie kennen lernen. Vor Jahren war ich mal in Dublin. Vielleicht bin ich auf der Straße an Ihnen vorbeigegangen.« »Ich bin bereit, nach Irland zu Besuch zu kommen, aber nicht ohne eine feste Einladung zu einer Verabredung mit Ihnen. Ich schlage vor, dass wir uns zum Abendessen treffen und dann, sollten wir uns wie durch ein Wunder gut verstehen, die halbe Nacht plaudern und hinterher jeder für sich entscheiden, ob wir Lust haben uns wiederzusehen.« »Ich freue mich, Sie kennen gelernt zu haben, und dieser Brief erschöpft wahrscheinlich das Maß der Bekanntschaft, das wir benötigen. Ich könnte mir auch gar keine plötzlichen Flüge über den Atlantik oder Auslandsgespräche leisten.« »Sie könnten wirklich gern bei mir absteigen. Ich habe ein stilles, behagliches Heim, in dem die geliebte Gegenwart meiner Kinder noch zu spüren ist.« »Ich könnte nach Dublin kommen, um Sie für einen Tag zu treffen – ich habe einen Hund und könnte ihn nicht länger allein lassen.« »Eine Stunde mit Ihnen zu verbringen, vielleicht bei einer Ihrer Wanderungen, würde mir sehr viel bedeuten. Ich könnte Sie irgendwo in den USA treffen oder nach Irland fliegen. Wenn ich Ihnen nicht sympathisch wäre, hätten Sie eine Stunde Ihres Lebens verschwendet, aber wenn doch, könnte das der Anfang einer Freundschaft sein oder vielleicht mehr.«

Mein Roman, *Ein alter Traum von Liebe*, siedelt sich schon mit dem Titel in der gleichen Sphäre an. Mittlerweile sehe ich, dass er von der Phantasie handelt und der Erfindung eines Liebesobjekts auf die gleiche Weise, wie die Verfasser der Briefe mich erfanden, nur in weit größerem Maßstab. Er hat viel mit Sprachlosigkeit zu tun, wie die Beziehung zwischen mir und den Briefeschreibern. Und er handelt von einer Frau, Kathleen, die sich selbst nicht liebt und Tochter einer Frau ist, die sich ebenfalls nicht liebte. Das war mein Ausgangspunkt, als ich Kathleens Geschichte zu schreiben begann – auf den Tag zwei Jahre, nachdem ich mein Leben veränderte, indem ich in der irischen Talkshow auftrat, um über die Memoiren zu reden, zog ich meinen Stuhl an den Tisch in dem düsteren Souterrainzimmer in Manhattan, wo der Mann irgendwo über mir hustete und hustete. Als ich die ersten Worte geschrieben hatte, ging ich wieder an den Anfang der Seite und tippte *Ad Majorem Dei Gloria* über den Text – nicht um mein Werk einem bestimmten Gott zu widmen, sondern weil ich vermerken wollte, dass es für mich etwas Ernstes war, einen Roman zu schreiben. Damals kannte ich in New York kaum eine Menschenseele, und wenn ich aus dem Haus ging, um eine Pizza zu holen oder chinesisch essen zu gehen, fühlte ich mich in den Straßen genauso beklommen und einsam wie eine arme Einwanderin. Irland fehlte mir schrecklich. Ich vermisste meinen kleinen Hund. Doch vermutlich machte es mir die Distanz, die ich zwischen mich und mein gewohntes Leben legte, leichter, mich in Kathleen hineinzuversetzen – Kathleen, eine Frau, deren Leben zumindest am Anfang des Romans so von Kummer und Sehnsucht erfüllt ist, dass sie gut eine von denen hätte sein können, die mir Briefe schrieben.

Einen Plan hatte ich nicht, sondern dachte mir die Handlung mühselig Schritt für Schritt aus. Ich wollte zwischen Kathleens moderner Geschichte, der Geschichte einer fünfzigjährigen Reisejournalistin, die nicht mehr mit ihrem Leben zufrieden ist, und der *wahren* Geschichte der anglo-irischen Gutsfrau aus viktorianischer Zeit, die erst eingesperrt und später geschieden wurde, weil sie ein Verhältnis mit einem Knecht hatte, einen Bezug herstellen, so viel war klar. Das historische Material über die Affäre reizte mich schon allein wegen der Fülle gesellschaftlicher Details, denn ich war mit einer einseitig männlichen Version der irischen Geschichte aufgewachsen, in der verletzter Stolz und Rebellion eine Hauptrolle spielten. Schwer fiel mir die Entscheidung, was für eine Sprache ich für die historischen Abschnitte wählen sollte. Es liegt auf der Hand, dass die Menschen damals nicht so gesprochen haben wie heute, aber ich wollte sie nicht klischeehaft historisierend sprechen lassen. Dazu kam das Problem, dass die Ehebrecherin als Mitglied der herrschenden

Klasse wohl nur Englisch sprechen konnte, der Knecht jedoch nur Irisch. Wie sollten sie also kommunizieren? Eines Tages kam mir der Gedanke, dass es Millionen Paare gibt, die nicht miteinander kommunizieren, selbst wenn sie dieselbe Sprache sprechen. Und damit ging mir auf, was die Heldinnen verbinden konnte: Sie konnten beide Frauen sein, die sich leichtfertig verheißener Leidenschaft verschreiben, ohne der Sprache oder Kommunikation mit ihren Liebhabern einen Wert beizumessen – ohne etwas anderes als den gelegentlichen ekstatischen Höhenflug wertzuschätzen, sodass sie das lange, öde Tief dieser extremsten aller Beziehungsformen einfach in Kauf nahmen.

Es dauerte eine Weile, bis mir klar wurde, warum sich mir ausgerechnet dieses Motiv zusprach. Es gibt solche Leute, mir sind Frauen wie Männer begegnet, deren Leben die Intensität eines Racineschen Dramas besitzt. Zum Beispiel eine Frau, die ich in Belfast kennen lernte, eine ausgesprochen korrekte Schuldirektorin: Sie zog vor dreißig Jahren nach Belfast und blieb, obwohl sie die Stadt nicht leiden kann, aus Liebe zu einer noch korrekteren öffentlichen Persönlichkeit dort wohnen, einem hohen Tier in der protestantischen Kirche, dessen heimliche Geliebte sie ist. Doch der eigentliche Ursprung des Motivs war – Vorhang auf: meine Mutter! Sie sah sich als Opfer der Leidenschaft. Meine Mutter glaubte und erzählte mir hundertmal, dass die zehn Jahre romantischer Wonne, die sie mit meinem Vater erlebte, bevor die Dinge aus dem Ruder liefen, mehr waren, als dem Gros der Frauen beschert war, und mehr oder weniger ihr Dasein rechtfertigten. Was sie in ihrem Leben sonst war, in den vielen Jahren davor und danach, galt nichts. Sie musste sich stoisch damit abfinden und ihm so schnell wie möglich mit Hilfe eines Buches oder Alkohol entfliehen. Vermutlich kamen die ego- und zeitlosen Zustände der Versunkenheit und Betrunkenheit dem Nirwana, das sie gekannt hatte, am nächsten. Meine echte Mutter war mir nicht gewärtig, als ich den Roman zu entwerfen suchte, jedenfalls nicht gewärtiger als üblich. Doch die Struktur der Sache – die leidenschaftliche Liebe und das fast ebenso leidenschaftliche Bezahlen für die Leidenschaft, durch jahrelangen Kummer und Ziellosigkeit – kannte ich von ihr.

Seltsam nur, dass es mit Kathleen nicht so endete. Die Tatsache, dass ich nicht wusste, wohin die Erzählung ging und mich ständig für neue Phantasien offen halten musste, führte dazu, dass ich am Ende ein ganz anderes Buch schrieb, als ich anfangs im Kopf hatte. Das ist der Vorzug des erfundenen Stoffs gegenüber dem biographischen, und der Grund, denke ich, warum man sich vorstellen kann, nichts als Romane zu lesen, nicht aber ausschließlich Biographisches. Erinnerungen handeln nur von dem, was bereits bekannt ist. Trotz allen Spiels, das man bei den Inhalten hat, ist die Handlung im Voraus festgelegt. Aus Kathleen konnte alles Mögliche werden.

Und als es sich tatsächlich so entwickelte, entdeckte ich etwas in mir, von dem ich nichts gewusst hatte. Die Geschichte von Kathleen ist eine Dramatisierung des Wendepunkts in meinem eigenen Leben. Die tragische, unglückliche Frau, an die sich die Leser mit ihren Briefen wandten, verschwand. Was entstand, war eine Person von ganz gewöhnlicher Mischung, die nichts Tragisches mehr hatte und die Briefe, so gut sie konnte, beantwortete.

Das geschah folgendermaßen: Ich konstruierte die Geschichte. Ich führte die Handlung auf den Punkt zu, wo Kathleen auf das Angebot einging, das sie an Irland und das Warten auf Shay, ihren perfekten Geliebten, binden würde. Nach dem Tristan-und-Isolde-Prinzip. Dem Prinzip verbrannter Erde. Wenn sie seine geheime Geliebte wird und in steter Bereitschaft für seine Besuche lebt – die er niemals weit im Voraus wird ankündigen können –, bekommt sie zur Belohnung eine Liebesaffäre von ungeahnter Intensität. Ich konnte es vor mir sehen: ein Haus irgendwo im Wald, ein Zimmer golden vor Licht und Wärme, ein Geliebter, der über dunkle Straßen rast, bis in die letzte Faser gespannt auf die Frau, die in dem sonnigen Zimmer wartet. Ich glaube, ich wäre über die längste Zeit meines Lebens nicht fähig gewesen, ein solches Angebot abzuschlagen. Ich hätte nicht abgewägt, was der Verlust der Familie, Freunde, Umgebung und Kollegen mir bedeutete. Ich hätte zu Recht oder Unrecht geglaubt, dass mir Bücher und die Natur und die Gesellschaft von Tieren zum glücklichen Leben reichen würden, solange sich jemand so freudig zu mir aufmachte, wie Kathleens Geliebter es ihr geschworen hatte.

Kathleen sollte das Angebot eigentlich annehmen. Darauf lief das Ganze hinaus. Sie und die Gutsfrau sollten am Ende beide um der Liebe willen irgendwo vergraben sein. Doch während ich die Szenen der Handlung verfasste, erlebte ich, dass Kathleen sich unter meinen Händen veränderte. Zuerst machte ich praktische Gründe dafür verantwortlich. Romanfiguren sind ständig aktiv. Bis zum Ende muss auf jeder Seite etwas passieren. Fiktionale Figuren müssen so viel mehr erleben als Menschen im realen Leben, dass ihre Entwicklung immens beschleunigt wird. Kathleen war unablässig beschäftigt, während ich im realen Leben herumtrödelte oder früh ins Bett ging oder bei Macy's Kleider anprobierte. So etwas hat im Roman keinen Platz. »Heute den ganzen Tag nichts gemacht. Eine alte Ausgabe von *People* gelesen, die jemand in der U-Bahn liegen gelassen hat.« Kathleens Geschäftigkeit war das Erste, was mit der Passivität der Rolle, die ich ihr zugedacht hatte, nicht zusammenpasste. Außerdem versah ich sie ständig mit sinnlichen Tätigkeiten und das erwies sich als unvereinbar mit der Abstraktheit einer solchen Leidenschaft. Sie lässt sich die Haare machen, sie spielt mit Spot, dem Hund, sie trägt ein kleines Kind durch den Garten zum Teich, um mit ihm die Enten zu beobachten, sie isst gut, sie sieht den wilden Katzen zu, die in den Feldern spielen, und sie sammelt trockene Ginsterreiser als Anmachholz für das Torffeuer in der Hütte. All diese Handlungen sind kleine Quellen der Vitalität. Außerdem ließ ich sie an ihrer Vergangenheit anknüpfen. Sie fährt nach dreißig Jahren zum ersten Mal wieder in ihre Heimatstadt und verbringt eine Nacht im Haus ihres Bruders und ihrer Schwägerin. Sie schläft bei ihrer Nichte im Bett und hört beim Einschlafen, wie ihr Bruder unten die Katze hereinruft. Die Gefühle für das Kind kamen von früher, als meine kleine blonde Nichte mich manchmal aus London in meinem schäbigen Haus in Dublin besuchte und abends, wenn das Licht vom Himmel wich, neben mir im Bett lag. Den Namen der Katze übernahm ich von dem Kater eines Mannes, den ich als problembeladene junge Frau geliebt hatte, ohne dass es uns gelungen war, eine Beziehung aufzubauen – Furriskey hieß der Kater. Rückblickend sehe ich, dass ich Verbindungen zu meiner eigenen Vergangenheit knüpfte, wie um mich in winzigen Schritten zu erlösen. Ich hätte Details wie diese auch anders verwenden können, zum Beispiel als Sinnbilder verlorenen Glücks. Doch ich verwendete sie als Zeichen von Versöhnung und Behaglichkeit.

Was mit Kathleen geschah, erklärte sich mithin nicht allein aus dem Gang der Erzählung. Ich veränderte mich in Symbiose mit meiner Heldin. In mein Leben hatte sich Glück – oder wenn schon nicht Glück, dann eine gesunde Sicht davon, wie sich ohne Glück zurechtkommen und durchaus gut leben ließ – geschlichen. Das schwächte meine fatalistische Tendenz zur Selbstopferung. Und Kathleens Charakter entwickelte sich so, dass sie es nicht mehr mit sich vereinbaren konnte, nur für die Liebe zu leben. Sie wurde zu lebensbejahend, um ihr Leben für eine Leidenschaft zu opfern, und sei sie noch so perfekt und rein bekundet. Ich führte sie langsamer und langsamer auf die Szene zu, in der ihr Geliebter ihr seinen Vorschlag unterbreitet. Und als ich dort ankam, ergab sich eine komplette Umkehrung meines ursprünglichen Plans: Anstatt Ja zu sagen, hinterlässt sie ihm eine elegante Nachricht – nicht mit Worten, sondern mit einem Lied, das ihr Nein übermittelt. Sie wollte nicht wie meine Mutter werden.

Während ich im Roman dabei war, Kathleen zu retten, war ich in der Realität noch in der Beziehung mit Joseph gefangen.

Alle paar Wochen rief er mich aus Irland an.

»Ist das mein kleines Mädchen?«, sagte die tiefe, bedächtige Altmännerstimme, und ich wurde innen weich und schwer wie Wachs.

»Wie geht es mit dem Buch voran?«

Meine Antwort lautete gewöhnlich, dass ich mich damit quälte, dass ich nichts als Unsinn verzapfte und nicht sehen konnte, wie ich je fertig werden sollte.

»Tja«, sagte er darauf, »wenn wir keine schlechten Tage hätten, könnten wir auch keine guten haben.«

»Und wie geht es dir, Joseph?«

»Danke, gut, gut. Und dir sonst?«

»Auch gut.«

»Schön. Na ja, ich muss jetzt Schluss machen. Ich glaub, jemand will in die Zelle.«

»Joseph …«

»Was?«

»Nichts.«

»Na, dann tschüs.«

»Tschüs.«

Danach platzte ich oft noch heraus: »Ruf bald wieder an! Lass nicht wieder so viel Zeit vergehen! Joseph, du hast drei Wochen nicht angerufen …«

»Ich muss jetzt Schluss machen. Sei ein gutes Kind und mach deine Arbeit!«

Joseph war nichts als eine Stimme, die Worte sagte, und sie in großen Abständen zu Briefen fügte, deren ungelenke, ungeübte Handschrift die Kraft seines Traums von mir zum Ausdruck brachte. Mich erreichten noch immer Briefe und andere Botschaften von Männern und Frauen, die *Nur nicht unsichtbar werden* gelesen hatten. Manchmal erzählten sie Geschichten wie aus Romanen, manchmal wie aus der Zeitung, und manchmal enthielten sie eine Sicht meiner Person, die sich die Verfasser ausgedacht hatten, so wie man sich eine Geschichte ausdenkt. Ich ging den lieben langen Tag mit den Worten unter meinen tippenden Fingern um, und die gewählten wirkten sich auf mein Leben aus und umgekehrt. Wenn ich also sage, ich lebte mit nichts als Worten, dann meine ich nicht, dass mein Leben leer war. Ganz im Gegenteil – mein stilles Zimmer war ein Zentrum lebendiger Kommunikation.

Ich war zehn Jahre älter als die Kathleen im Roman. Zehn Jahre machen viel aus, wenn der vorausliegende Zeittunnel kürzer wird. Als *Ein alter Traum von Liebe* sich der Vollendung näherte, wohnte ich zur Untermiete am Washington Square. Draußen war es sehr, sehr kalt, und ich verließ meinen Horst nur einmal am Tag, um die Zeitung zu holen, bei Balducci für eine Mahlzeit einzukaufen und dem armen frierenden Jungen im koreanischen Markt zu bedeuten, dass er mir mit Brennholz ins Apartment folgen sollte – den künstlichen Scheiten, die man in der Stadt benutzt und deren Asche unangenehm nach Kerosin stinkt. Ein Sozialleben hatte ich nicht. Ein bisschen Telefonieren, viel Musik aus dem CD-Player und sonntags ins Lincoln Center – allein –, um Live-Konzerte zu hören. Das Buch, an dem ich schrieb, war voll von Grün und weichem Regen und von Kindern und Küssen, aber ich kannte niemanden, der sich auch nur die Vertraulichkeit gestattet hätte, den Arm auszustrecken und meine Hand zu berühren. Ich ging allein in die Oper, fuhr allein zu The Cloisters und zur Freiheitsstatue, ich reiste allein nach Key West zu Hemingways Haus und wohnte dort in einem »adult resort«, wo die Frauen faltige Hälse, aber jugendlich pralle Brüste hatten, die straff emporragten, wenn die Frauen sich auf dem Rücken sonnten. Ich besuchte einen Mangrovensumpf und schwamm und ging kubanisch essen, immer allein. Und wenn ich in Irland war, wohnte ich allein in dem Häuschen in Clare, und die einsamen Weihnachts- und Neujahrsfeste stapelten sich; drei, vier, fünf ... Es fiel mir nicht annähernd so leicht wie Kathleen, aus dem Schatten des Fatalismus hervorzukriechen.

Doch instinktiv tat ich etwas Ähnliches für mich wie für Kathleen. Ich begann die kleinen Quellen des Wohlbefindens in meinem Alltag zu vermehren, ohne darauf zu warten, dass sich mir die großen Quellen des Wohlbefindens auftaten. Und wenn ich hier die Dinge schildere, die mich glücklicher machten als in den langen Jahren zuvor und die ich, wenn möglich, kummervollen Briefeschreibern anriet, so weiß ich wohl, wie banal sie sind. Ich glaube nicht, dass das Leben für uns ebenso viele gute Momente wie leidvolle bereithält. Aber es bietet uns Trost durch kleine Dinge. Jedenfalls kommt es mir so vor. Ich glaube an all die Patentrezepte, die uns in Illustrierten verkauft werden: Freundschaft, Reisen, Kunst, die Welt der Tiere und der Natur. Mehr haben wir nicht. Diese Dinge können die Liebe nicht ersetzen, aber sie können uns aufbauen wie die Liebe. Gramgebeugten Menschen mag es schwer fallen, diese Dinge in ihr Leben zu holen und den ersten Schritt aus der Not zu tun, aber wirklich hindern kann uns nur Krankheit an Körper oder Seele.

Oder hoffnungslose Armut. Ganz ohne Geld ein heilsames Leben zu führen verlangt besondere Anstrengung, und das scheint mir so offensichtlich, dass ich nicht verstehen konnte, warum die Briefeschreiber nie von Geld sprachen. Lag es daran, dass sie alle genug hatten? Oder meinten sie, Geld sei irrelevant, wenn es um Leiden geht? Wenn das der Fall sein sollte, dann sind sie im Irrtum. Meiner Mutter, meinem Vater, fast allen meinen Geschwistern und ganzen Generationen irischer Männer und Frauen hat Geldmangel das Leben schwer gemacht. Mein eigenes Geschick als junges Mädchen war von Geldmangel bestimmt. Ich fasste den Entschluss, Kathleen mit genug Geld auszustatten, dass sie sich im ganzen Buch keine Sorgen darum zu machen brauchte, weil auch ich in ihrem Alter genug gehabt hatte. In den mittleren Jahren sind etliche Leute mit dem Geld ausgestattet, das sie brauchen. Ich hatte einen Plan für das Altwerden ausgearbeitet, bevor ich mit den Memoiren gut verdiente. Ich wollte mein Dubliner Haus verkaufen und von dem Ertrag und meiner Rente jahrelang bequem in meinem Häuschen in Clare leben. Ich wollte so viele Hunde und Katzen haben, wie es sich ergab, und ich wollte lesen und Musik hören und Wein trinken. Ich hatte bereits eine Reihe von Dingen für die stillen Jahre besorgt. Wagners *Ring* auf CD, William Faulkners Werke und *Don Quixote* besaß ich schon, um sie eines Tages in Ruhe zu studieren. Ich wollte noch einmal versuchen, Bridge zu lernen. Das alles würde nicht viel Geld kosten, nicht einmal der Wein. Meine Eltern waren zwischen sechzig und siebzig gestorben, deshalb ging ich wie selbstverständlich davon aus, dass auch ich kein hohes Alter erreichen würde. Aber falls ich doch zum Pflegefall wurde – nun, unsere Tante Ann bekommt das Altersheim vom Staat bezahlt, weil sie völlig mittellos ist. Ich konnte mein Häuschen in Clare verkaufen, und wenn das Geld verbraucht war, war auch ich mittellos, und man würde für mich sorgen. Natürlich würde ich dann vermutlich in einem schrecklichen Altersheim enden, aber darüber dachte ich nicht nach. Ich war wie ein junges Mädchen, das glaubt, sie würde nicht schwanger, weil es zu belastend ist, sich die Alternative auszumalen.

Gib Geld aus, gönn dir etwas Schönes, pflegte ich zu sagen, wobei manche traurigen Leute nur trauriger werden, wenn ihnen nicht einfällt, was sie wollen könnten. Aber ich vergreife mich in Gelddingen ohnehin leicht im Ton. Ich lüge nicht, aber es fällt mir schwer, wirklich wahrhaftig zu sein. Geld ist etwas so Intimes. Die Beziehung zum eigenen Geld ist voll verborgener Tiefen und

Untiefen. Ich verschenkte einiges, und ich gab einiges aus – Geld ausgeben ist auch eine Form der Verteilung. Meine Luxusdinge wie meine Himalaya-Katze oder Frette-Laken oder die Zahnbehandlungen beim teuersten Zahnarzt, der zugleich der sanfteste ist, rechtfertige ich vor mir damit, dass sie der Wirtschaft nützen, in Form von Löhnen in Katzenfutter-Fabriken und Baumwollballen, die in Ägypten auf Auktionen gekauft werden, und des Gehalts der Sprechstundenhilfe, die mich anruft, um mich an meinen Termin zu erinnern. Es sollte ein Buch für Leute wie mich geben, die nie mehr als etwa tausend Dollar locker gehabt haben, mit dem Titel *Der Umgang mit Geld für Ängstliche, die glauben, sie haben es nicht verdient.* Ich habe versucht Geld anzulegen. Eine Frau, die ich beim Bridge-Kurs kennen lernte, empfahl mir den Kauf von Aktien und ich folgte ihrem Rat, aber im Sommer 2002, als ich das Bedürfnis hatte zu wissen, wie meine Aktien standen, sagte der Vermögensberater: »Fragen Sie bloß nicht, Nuala. Sie wollen es wirklich nicht wissen.« Natürlich können die Kurse wieder steigen.

Mittlerweile bin ich außerdem die Besitzerin eines Hauses in Dublin, das ich meinem alkoholkranken Bruder kaufte, der schon ergraut ist, obwohl er der zweitjüngste von uns neun Geschwistern ist. Er lebte in einer Stadt in England, nur weil man ihm dort nach einer Entziehungskur eine Wohnung vermittelt hatte. Als kleiner Junge hatte er gern in der Dublin Bay geangelt, und ich dachte, wenn er zurückkäme, würde er vielleicht wieder angeln gehen. Und außerdem gibt es vermutlich keinen Ort der Welt, in dem Männer, die so mühsam ihr Dasein fristen wie er, so fraglos angenommen werden wie in Dublin. Doch was wusste ich tatsächlich über sein Leben? Ich dachte, es müsse trostlos und einsam sein, aber war es auch trostlos und einsam? Wenn Zartgefühl für die Autonomie anderer nicht ohnehin zu den eigenen Stärken gehört, dann wird plötzlicher Geldsegen es nicht gerade befördern.

Mein großes Abenteuer war der Kauf einer Vierteletage in einem Lagerhaus in Lower Manhattan, die ich im Voraus voll bezahlte. Wenn nichts Größeres schief ging, sollte mir eines Tages dort eine voll ausgebaute Wohnung gehören. Es war ein offenes Risiko, wie bei einer Pferdewette. Der Ausgang ist jetzt, zwei Jahre später, beim Verfassen dieses Textes, noch offen. Die Wohnung ist weder bewohnbar noch gehört sie mir, aber die Sache ist in Bewegung. Bald nach dem 11. September 2001 beschrieb ich mein Verhältnis dazu so:

Für den Preis eines Hauses in sagen wir Crumlin hinterlegte ich einen Betrag für eine Vierteletage in einem Lagerhaus unweit des Holland Tunnel. Angeblich sollten dort im nächsten Jahr Wohnungen entstehen. Immer wenn ich an die Wintermonate dachte, die ich vielleicht bald dort verbringen würde, stellte ich mir vor, wie ich durch die lebendigen Straßen lief und eilig aus der scharfen, klaren Kälte zu geselligen Mahlzeiten in Restaurants trat – und der Clou der Sache war, dass mir die Arbeit vor lauter Sorglosigkeit unglaublich glatt von der Hand ging. Jetzt kann ich mir gar nichts mehr vorstellen. Dabei tut mein Plan an sich natürlich nichts zur Sache. Ich erwähne ihn nur, um bildhaft zu machen, dass dem Ort die Gabe der Hoffnung und damit etwas, das Manhattan im Laufe seiner Geschichte Millionen Menschen geschenkt hat, auch mir, entrissen worden ist. Es war das Spektrum der immateriellen Dinge, das ich an der Stadt so schätzte, und genau darin ist Manhattan getroffen. Der eigene Mythos von Manhattan, Manhattans Lebensquell, ist zerstört worden. Seine harmlosen Obsessionen mit Mode und Prominenz und Avantgarde sind massakriert worden wie die Opfer des Attentats. Eine Gesellschaft, die sich nie etwas anderes vorstellen konnte, als beneidet zu werden – und sich nicht vorstellen konnte, gehasst zu werden –, muss sich jetzt mit dunklen, unsicheren Formen des Daseins vertraut machen. Ich vermute, dass das Gebäude, in das ich ziehen wollte, in Staub gehüllt ist. Ganz Lower Manhattan muss von Staub bedeckt sein. Was muss der Staub enthalten, da man kaum ganze Leichname gefunden hat? Wenn ich dort eines Tages Schmutz an der Hand habe, weiß ich, was ich sehe …

Aber das Leben ist weitergegangen und Manhattan ist nicht gebrochen. Wenn die Wohnung tatsächlich je fertig werden sollte, weiß ich nicht, welches Dankgebet, welches Privatritual, welches feierliche Schlüsselumdrehen auch nur annähernd auszudrücken vermöchte, was es mir bedeutet, eine eigene Wohnung in Manhattan zu besitzen. In der Familie meiner Mutter emigrierten alle außer einem Mädchen, das an Tuberkulose starb. Mein Großvater war eines von vierzehn Kindern in einem Zweizimmer-Cottage in North Kerry. Sein Vater unterhielt die Familie, indem er mit einem Kübel Butter auf dem Rücken achtzig Meilen nach Cork lief, sie verkaufte, zurückwanderte und wieder von vorne anfing. Ein menschliches Lasttier. Was gab es für die Kinder, so sehr man sie liebte, außer der Emigration? Niemand kann sagen, wie viele irischen Jungen und Mädchen im Hafen von New York an der Schiffsreling standen und auf das Land ihrer Rettung blickten. Und ich stelle mir vor, dass ich, nur einen Steinwurf von der Stelle entfernt, wo ihre Füße amerikanischen Boden berührten, und nur ein Stück in der Zeit verschoben, auf sie warte. Die Geschichte beschriebe eine Parabel – vom Verlassen des heimischen Herdes zur Ankunft am heimischen Herd.

»Ohne Liebe haben Tausende überlebt«, hat Auden gesagt, »ohne Wasser nicht einer.« Mit diesem Zitat hätte ich manchen Briefeschreibern gern geantwortet, obwohl es mir persönlich nie hilft, dass jemand schlechter dran ist als ich. Aber er hat insofern Recht, als man zwar ohne Luxus, aber nicht ohne die elementaren Dinge auskommen kann. Freundschaft bietet eine breite Basis für das Gedeihen des Lebens. Während meiner Zeit in Manhattan hatte ich ein paar alte Freunde in Irland, die den Kontakt nicht pflegten, aber von denen ich wusste, dass sie da waren, und ich hatte Luke, der mich regelmäßig aus London anrief, wo er sich mit einem ausgesprochen attraktiven Dänen niedergelassen hatte. Außerdem besaß ich eine wunderbare Freundin mit einem Zeitungsladen in TriBeCa und einige liebenswürdige Bekannte, die ich über sie kennen gelernt hatte. Und ein paar Tage nach einem der Weihnachtsfeste, die ich von Depressionen gebeugt in meinem Häuschen in Clare verbracht hatte, kam meine Freundin Helen und überredete mich, mit ihr über eine Wiese auf einen Hügel zu steigen und unter Stacheldraht hindurchzukriechen, um in einen uralten Eichenhain mit Stechpalmen zu gelangen, wo wir bemooste Zweige für das Häuschen holten und sie mit einer alten roten Schleife schmückten. Und ob es ihre Großzügigkeit war oder die Plünderung der Naturreichtümer – jedenfalls ging es mir danach um Welten besser.

Kunst kann genauso direkt helfen wie Freundschaft. Mir ist es, so paradox es klingt, schon mehrmals passiert, zum Beispiel als ich Tolstois *Kreutzersonate* las und die gleichnamige Sonate von Beethoven anschließend in der Carnegie Hall live hörte, dass ich durch die Kunst und deren Inszenierung vom Gefühl erfasst wurde, dass meine Existenz gerechtfertigt ist.

Und so riet ich den unglücklichen Menschen, die mir schrieben, zu dieser Art alltäglicher Freuden. Freunde, Reisen, Musik.

Auch Tiere, Vögel und Haustiere können uns erfreuen, wir Menschen sind nicht allein auf der Welt. Während einer Lesereise entwickelte sich eines Abends der Dialog mit einem besonders lebendigen Publikum zu einer unbekümmerten Mischung aus Literaturkritik und Anekdoten über unsere Haustiere.

»Ich habe gerade eine Eingebung!«, meldete ich. »Wie wäre es, wenn ich eine neue Form des Romans erfände, die sich nicht mit Handlung und Figuren abgibt? Wie wäre es, wenn ich direkt zu den Stellen springen würde, die wir alle lieben? Wie wäre es, wenn ich Bücher schriebe, die bloß noch aus Schilderungen von Sex und Liebe und Hunden und Katzen bestehen?«

»Machen Sie das!«, riefen alle begeistert. »Machen Sie das!«

Die Gesellschaft von Katzen war während der Zeit, als ich den *Alten Traum von Liebe* schrieb, meine Sorge und meine Lust, und auch sonst in meinem Leben spielen die Freuden, die sie mir brachten, wie das Leid – als eine starb und eine mich nicht akzeptierte – eine wichtige Rolle. Deshalb kommt es mir entgegen, sie in meinen Romanen auftreten zu lassen, und ich habe im *Alten Traum von Liebe* einige Figuren durch ihre Beziehungen zu Hunden und Katzen erhellt. Trotzdem wäre es mir nie in den Sinn gekommen, einem kummerbeladenen oder einsamen Briefeschreiber zu raten: Schaffen Sie sich einen Hund oder eine Katze an. Dabei habe ich gerade heute das Foto eines Mannes gesehen, der in einem Hospiz auf den Tod wartete. Er lag ausgemergelt und mit geschlossenen Augen auf einem hohen schmalen Bett, und seine Hand ruhte auf dem Kopf seines Hundes, der geduldig neben seinem Bett saß. Leute, die es nicht kennen, finden es suspekt oder leicht beleidigend, wenn man davon spricht, dass ein Tier tiefen Trost spenden kann. Da die Beziehung nonverbal ist, können sie es nur durch Erfahrung lernen. Das ist auch der Grund, weshalb zwar die bildende Kunst Tieren und Vögeln Respekt zollt, aber Schriftsteller, die ernst genommen zu werden wünschen, dazu neigen, die reduzierte Sprache, zu der man im Umgang mit Haustieren verleitet wird, eher zu unterschlagen. Dabei ist es gerade die Vereinfachung durch ein lebendiges Tier, die einem schweren Leben die Härte nimmt.

Sicherheit durch Geld und die Freude an dem, was man damit kaufen kann. Freundschaften. Kunst. Umgang mit Tieren. Ich fand genug Freude an diesen Dingen, um sie auf Kathleen und ihre Erlösung von der Vergangenheit übertragen zu können. Aber aus den Briefen mancher Fremder sprach eine so allumfassende Einsamkeit, dass ich mit diesen kleinen Dingen nicht aufwarten mochte. Diesen Leuten riet ich: Schreiben Sie Ihre Geschichte auf, und sei es nur für sich selbst. Mein Gedanke dabei war, dass sich durch die kleine Verlagerung der Erfahrung ein Spalt öffnen könnte, der gerade so groß war, dass eine Katze oder ein Freund oder ein Erlebnis hineinkriechen und ihre wohlige Wirkung entfalten konnten. Aber ich wusste im Voraus, dass meine Korrespondenten sich nicht zum Schreiben disziplinieren wollten. Sie wollten sich mitteilen, mit einem anderen Menschen reden. Und sie wollten, dass dieser andere Mensch ihnen immer weiter zuhört. In unserer Kultur finden wir uns mit nichts Geringerem ab. Es ist uns so lange eingebläut worden, dass wir Menschen zweiter Klasse sind, wenn wir nicht in einer Paarbeziehung leben, dass wir das tief verinnerlicht haben. Eines der grausamsten Dinge, die mir gegenüber je geäußert wurden, kam von jemandem, der es eigentlich gut meinte: »Sie sind eine wunderbare Frau«, sagte er, »und Sie haben viel aus sich gemacht. Doch wer weiß, was aus Ihnen geworden wäre, wenn Sie jemanden an Ihrer Seite gehabt hätten?« Er hat genau das angesprochen, was immer wieder an uns nagt: das Gefühl, dass mehr in uns steckt, als wir haben nutzen können, dass wir lebendiger, froher, abenteuerlustiger, begabter, liebevoller sein könnten, wenn wir nur jemanden hätten, dem daran gelegen wäre, alles, was wir sind, aus uns herauszuholen.

Doch wenn es nun einmal keinen solchen Menschen gibt – und das schrieb ich so eindringlich es ging in meinen Antwortbriefen –, müssen wir trotzdem weitermachen. Nicht zu leben ist keine Option. Oder wie ich zu sagen pflegte: Das Wichtigste ist, lebendig zu bleiben. Solange wir lebendig sind, kann sich auch etwas ändern.

Eine große Kraftquelle will ich noch erwähnen – die Welt der Natur, an der wir sorgenbeladenen Wesen auf so wundersame Weise teilhaben.

Letztes Jahr bin ich in Umbrien von einem honigfarbenen Städtchen zum anderen gewandert – und habe mein Gepäck jeden Tag von der Reisegesellschaft transportieren lassen, sodass ich nur Karte, Wasser und Sonnencreme zu tragen brauchte. Am ersten Morgen trieb ich mich auf der nassen Piazza von Assisi herum, um Wasser, ein Käsebrötchen und eine *International Herald Tribune* zu kaufen, und marschierte dann singend durch ein mittelalterliches Stadttor hinaus ins Land: »*Oh yeah, I'll tell you something, I think you'll understand, when I, say that something, I wanna hold your hand* …« Glückliches Weitersummen. Der Regen hörte auf. In den Bäumen erklang erstes Vogelzwitschern. Der graue Pfad teilte sich in Licht und Schatten, als die Sonne ihn wieder beschien. Meine Stiefel waren auf dem regenweichen Weg so leise, dass bunte Finken vor mir hin und her schossen und Schmetterlinge, die ihre exotischen Flügel in der Sonne wärmten, nicht von ihren Steinen aufflogen. Dann kam ein neuer Schauer. Der Abstieg über einen glitschigen Abhang bereitete mir Schwierigkeiten, aber Alleinsein macht zäh. Es ist niemand da, bei dem du dich beschweren kannst. Abends bei Spargel in Blätterteig hätte mich ein Fremder vielleicht bedauern mögen, als Frau, die deutlich von den Jahren gezeichnet war und alleine aß. Aber ich war selig. Ich hatte den Abhang bewältigt!

Als Alleinreisende ist man sich stets bewusst, dass man alleine ist. Die Tage waren mit Hundsrosen und Mohn und dicken Amseln angefüllt, die in den Eichenwäldern sangen, wo die Trüffeljäger suchen, mit schimmernden Ölbäumen und Katzen, die sich in Naturstein-Eingänge setzten, um sich den Tau von der Schnauze zu waschen, und mit Kirchen, in denen so viele lebensgroße Statuen standen, dass sie wirkten, als wären sie voller Menschen, und mit Engeln, die, von flauschigen kleinen Flügeln getragen, in schwindelerregenden Haltungen über den Altären schwebten und in silberne Trompeten bliesen. Mittags machte ich immer Picknick an einem schattigen Fleck, Salamischeiben fächerförmig auf Wachspapier, ein halbes Landbrot auf der Plastiktüte, knubbelige Tomaten auf einem Ampferblatt neben der Prise Salz, die ich beim Frühstückstisch abgezweigt hatte, mein zerlesenes Exemplar von *Jane Eyre* aufgeschlagen neben der Wasserflasche. Einmal tuckerte ein Mann auf einem Roller heran, aber er fuhr vorbei, und mein ängstlich beschleunigter Puls beruhigte sich rasch. Einmal führte die Straße quer über eine Wiese, ein Fluss tauchte auf und verbreiterte sich unter einer schimmernden Baumgruppe zu einem Becken. Alles glitzerte nach einem nachmittäglichen Regenschauer. Auf einer Weide standen eine Stute und ihr Fohlen, kastanienbraune Flanke an kastanienbrauner Flanke. Ihre langen Hälse bewegten sich im gleichen Bogen, als sie mir mit den Augen über die Wiese folgten. Am Straßenrand stand ein Stall aus Brettern und Maschendraht, und ich blieb stehen, um die Perlhühner zu beobachten, die wählerisch auf dem Lehmboden herumpickten und wie Tanzmeister des achtzehnten Jahrhunderts bei jedem Schritt zierlich die Krallen hoben. Der Stall war von einer alten rosa Kletterrose überwuchert. Auf einem Beet mit schwarzer Erde wuchsen Stangenbohnen an schräg gestellten Stöcken. Im Schutz eines dick belaubten Bogens lag eine rauchgraue Katze, und auf dem weichen Fell an ihrem Bauch schlief ihr Junges. Ich entfernte mich möglichst langsam von diesem lieblichen Ort. Die Stute begleitete mich, vom Fohlen unsicher gefolgt, auf ihrer Seite des Flusses und beobachtete mich mit ihren großen feuchten Augen, bis sie an Bäume kam und nicht mehr weiterkonnte.

An einem anderen Tag, wohl einem Sonntag, erschreckte mich lautes Tuten, als ich von einem Feldweg auf eine Straße trat. Das musste eine Tuba sein! Und richtig, ich konnte das Umptah einer Blaskapelle hören, das lauter und lauter wurde. Und dann sah ich eine kleine Prozession über eine Kuppe auf der weißen Straße kommen. Hinter dem Hügel musste ein Dorf liegen, sie mussten gerade aus einer Kirche gekommen sein, und es musste ein besonderer Sonntag sein. Es war weder eine malerische Prozession noch eine Parade grotesker Fellini-Gestalten, sondern eine Gruppe ganz gewöhnlicher Menschen: Vorweg trug ein molliger Knabe das Kruzifix, halbwüchsige Mädchen trippelten in Riemensandalen einher, Mütter in Hosenanzügen schoben Kinderkarren. Hinter ihnen die Blaskapelle, zehn Männer in weißen Uniformen spielten die Melodien von Kirchenliedern, die ich schon mein Leben lang kenne. Ein Mann trug ein großes Madonnenbild im vergoldeten Rahmen, und hinter ihm raschelte der Priester in seinem cremefarbenen Talar dahin. Dann kamen die Nachzügler, alte Männer in eng sitzenden Sonntagsanzügen, Jungen mit Fußballshorts über den Jeans. Ein paar alte Frauen, die so gut sie konnten gegen die Kapelle an Ave Marias intonierten.

Die Prozession kam fast bis an die Pappel, unter der ich stand, dann machte sie kehrt und wand sich wieder die Straße hinauf und verschwand. Als die Leute und die Musik aus der Landschaft schwanden, wurde ich traurig. Ich hatte die kleine Gemeinde gesehen, die so wacker und natürlich im Leben stand, und ich hatte mich gesehen, wie ich sie aus dem Schatten beobachtete. »Du hast mal wieder übertrieben«, sagte ich mir, als ich mir das Gesicht abwischte. »Du bist erschöpft. Und du hättest ein Handy mitnehmen sollen. Fünf Tage, ohne mit jemandem zu reden, sind zu viel.«

Lassen Sie mich dazu sagen, dass ich mich auf dem Land nicht oft einsam fühle. In Städten dagegen schon, wie die Briefeschreiber. Die Natur bricht einem nicht das Herz, das tun andere Menschen. Aber wir können nicht jeder für sich in einem Käfig leben und uns von Nektar ernähren. Durchs Leben zu kommen ist unser gemeinsames Schicksal wie die Tatsache, dass wir alle Sprachbenutzer sind. Mir hat das Landleben nicht immer gefallen. Als Kind erschien es mir trostlos und unbequem. Ich sehnte mich nach den gelegentlichen Fahrten in die Stadt zu unseren Großeltern und meinen Spaziergängen durch die Innenstadt, durch das heruntergekommene, verfallende, rauchgeschwärzte Dublin des achtzehnten und neunzehnten Jahrhunderts. Ich hätte alles darum gegeben dort zu leben, wo die anderen Kinder unter Laternen auf der Straße spielten und die Leute sich laut von Fenster zu Fenster unterhielten. Ich hätte alles darum gegeben, dort zu wohnen, wo alles mit Wörtern beschriftet war – Denkmäler, Plakate, Busse. Bei einem Schuster hing ein Schild im Fenster: *The devil wants your souls to ruin, we want your soles to mend*. Bei solchen Wortspielen wie hier mit Menschenseelen und Schuhsohlen ging mir das Herz auf.

Darin, Wörter aus ihrem üblichen Schlummerzustand zu wecken, fand ich, als ich zu schreiben begann, meinen persönlichen Rettungsanker. Durch Wörter sind die Küche in Dublin und das Häuschen in Clare, wo ich die Memoiren schrieb, die Zimmer in Manhattan, in denen ich den Roman verfasste, und dieses kleine Zimmer in Sullivan County, New York, in meinen mittleren Jahren zu Stätten der Fruchtbarkeit geworden. Wo ich schrieb, bemühte ich mich nach Kräften, ein denkender Mensch zu sein, der es schafft, jeden Tag älter zu werden, ohne sich vorausschauend von Angst oder rückblickend von Reue drücken zu lassen. Selbst die mir von den Briefeschreibern auferlegten Lasten empfinde ich nicht als solche, wenn ich nach den richtigen Worten für meine Entgegnungen suche, denn sie in Worte zu fassen heißt, sie weiterzugeben – und das ist natürlich der Grund, warum mir die Leute überhaupt schrieben.

»Schreiben Sie weiter«, riet mir eine Frau aus Maine schlicht. Sie hat Recht, das ist das Beste, was ich tun kann. Wobei das Schreiben natürlich nur eine mögliche Form der Kommunikation ist. »Kommunizieren Sie weiter«, könnte ich ihr und allen Lesern raten, die mir einen kleinen Einblick in ihre Lebenssituationen gegeben haben. Zwischen mir als Verfasserin und meinen Lesern gibt es keinen Unterschied, außer im Grad unseres Bemühens, etwas aus Worten zu machen. Das pflegte ich auf meinen Lesereisen zu sagen, wenn ich von den abertausend Briefen erzählte, die mich erreichten. Sie dienten mir als Beweis unserer Gleichheit – ja, man könnte sogar sagen, sie bewiesen mir, dass es tatsächlich so etwas gibt wie eine große Menschheit. Was wäre, wenn es mehr Verständnis unter den Menschen gäbe, als wir gemeinhin annehmen, fragte ich. Was würde geschehen, wenn Menschen überall auf dem Planeten zu einem gewissen Grad kooperierten, da doch die Gegebenheiten des Menschseins im Groben – wie wir aus Körper und Geist bestehen und beides gewürdigt wissen möchten, wie wir Familien brauchen und Achtung, wie wir Hilfe bedürfen, um dem Altwerden und dem Tod zu begegnen – uns im Grunde so weitgehend vereinen? Es war mir ein bisschen peinlich, mich so blauäugig zu äußern, vor allem vor dem zynischen irischen Publikum – während das amerikanische Publikum natürlich enthusiastisch lächelte und nickte, als könnte man das alles gleich morgen in die Tat umsetzen. Aber ich sagte es, weil ich das Gefühl hatte, es den Briefeschreibern schuldig zu sein – nicht einem oder einer von ihnen insbesondere, sondern im Ganzen.

Und solange wir noch auf Utopia warten, müssen wir einander beistehen, so gut es geht.

Was die Frau aus Maine schrieb, wird mir bleiben:

Meine Tochter ist Geschäftsfrau und kommt fast immer zu spät, um ihre kleine Tochter abzuholen. Ich sehe meiner Enkelin die Verletzung, die Unsicherheit an, wenn sie auf die angebetete Mutter wartet. Und ich weiß nur zu gut, wie sie sich fühlt. Aber wir versuchen alle unser Bestes, wir tun, was wir können, wir meistern die Dinge so gut es eben geht. Ich kann nicht glauben, dass Ihre Eltern Ihnen die Kindheit absichtlich verleidet haben. Natürlich haben sie das nicht getan. Suchen Sie sich ein Kind oder Kinder, denen Sie helfen und die Sie lieben können, damit Sie sich gleichsam selber helfen. Und schreiben Sie weiter, bitte.

Was sollte ich sonst tun? Neulich kam mir ein Bild. Das Fenster, an dem ich hier im Holzhaus in der Sommerkolonie sitze, liegt im ersten Stock, auf einer Höhe mit den Kiefernzweigen. Doch mit dem Schreiben fing ich viel weiter unten an – unten in dem Sinn, dass ich das Gefühl hatte, am Boden zu sein, und bei Beginn des *Alten Traums von Liebe* auch insofern, als ich in dem dunklen Souterrain an der Hudson Street wohnte. Doch sieh einer an, wie ich hier oben im goldenen Abendlicht sitze, das durch die Fenster strömt. An meinen und anderer Leute Worten bin ich emporgestiegen, und die Reise ging beständig bergauf. Das Schreiben hat mich aus der Unterwelt hinaufgeleitet. Ich war mein eigener Orpheus.

6. Kapitel

Die Familie

Wir trafen uns an den heißen Sommerabenden immer unter den dunklen Stechpalmen des öffentlichen Parks, wo ein paar Stühle und ein Tisch aufgestellt waren, die zu einer Dorfkneipe von der anderen Straßenseite gehörten. Der Kellner brauchte kaum Autos abzuwarten, wenn er meinen Campari brachte. Levanto war ein ruhiger Ort, ein behagliches Dorf, das dort gewachsen war, wo ein bewaldetes Tal auf das Blau des Meeres stieß. Schuhgeschäfte, ein bunter billiger Kleidermarkt, Eisdielen, eine Eisenbahnstation, ein paar altmodische Hotels, die zu dieser Stunde das Abendessen servierten. Die jungen Mütter hatten längst ihre hübschen, drallen Kinder vom Strand nach Hause geholt, der frühabendliche Andrang in der Bäckerei und der Trattoria mit den Speisen zum Mitnehmen war vorüber und die Einheimischen waren mit ihren Einkäufen nach Hause gegangen, während die verbleibenden Touristen in der cremefarben gepflasterten Fußgängerstraße auf und ab schlenderten, die ausgehängten Speisekarten studierten und in Restaurants verschwanden. Bald kamen meine Schwester Grainne und ihr Lebensgefährte Derry aus ihrem Quartier am hinteren

Ende des Parks, und von der anderen Seite, wo der Weg von ihrem Ferienapartment auf die Piazza traf, tauchten noch zwei meiner Schwestern auf, Deirdre mit ihrem Mann Eamon und Noreen mit ihrem Lebensgefährten Geoff. Mein Bruder Terry und seine Frau Trudi waren auch unterwegs, das wusste ich, weil unsere Apartments in einer üppigen Gartenanlage nebeneinander lagen und sie, als ich auf mein Mietfahrrad gesprungen war, um zur Kneipe zu fahren, gerade ihre Tür abgeschlossen hatten. Sie würden gleich um die Ecke an der Kirche kommen, für den Abend frisch geduscht und gekämmt, vermutlich Hand in Hand in ein Gespräch vertieft. Umgangsformen, die meinem Bruder im Elternhaus nie begegnet waren, dachte ich oft. Wir hatten gerade die allererste Woche seit unserer Kindheit gemeinsam verbracht, im Cinque Terre, wo schwindelerregende Wege über hohen Klippen am Meer durch die Weingärten der ligurischen Küste von Dorf zu Dorf führen. Wir wohnten alle im selben Dorf, aber in vier verschiedenen Quartieren, doch das ist wohl das Mindeste, was man älteren Herrschaften zugestehen sollte.

Es war ein Ereignis, dass wir etwas zusammen unternahmen, denn wir sind die Nachkommen einer Familie, die nie als Familie in die Ferien fuhr, ja in all den Jahren nicht einmal einen Familienausflug machte, und in der jede gemeinsame Mahlzeit heikel war. Oder zu eskalieren drohte durch die Betrunkenheit meiner Mutter oder dadurch, dass einer von uns abrupt aufstand, während alle anderen noch aßen. Das Festmahl am Ersten Weihnachtstag stand immer besonders unter Spannung, weil der Druck, so viele Gerichte gleichzeitig zuzubereiten, meine Mutter hoffnungslos nervös machte und sie schon sehr früh zu trinken anfing, während mein Vater sich eingesperrt fühlte, weil er ausnahmsweise einen ganzen Tag und den Abend zu Hause war. Aber neben der Spannung gab es auch anderes. Denn obzwar unsere Eltern offenkundig weder miteinander noch mit uns zu essen wünschten – er ließ sich normalerweise Essen aus dem Restaurant ins Büro bringen, wenn er abends seine Gesellschaftskolumnen tippte; sie aß allein und nur, wenn sie völlig ausgehungert war –, waren unsere gemeinsamen Mahlzeiten zu Festtagen mit netten kleinen Ritualen gespickt. Am Weihnachtsmorgen stellten sich alle anwesenden Kinder vor dem Zimmer, in dem die Geschenke unter dem Weihnachtsbaum aufgebaut waren, dem Alter nach so auf, dass das jüngste Kind vorne stand, und mein Vater entkorkte ganz, ganz langsam eine Flasche Sekt, um die Spannung zu steigern, bis der Korken knallte und alle, selbst das Kleinste, einen Tropfen Bitzelwasser bekamen, um damit anzustoßen. Beim Essen musste jeder von uns einen Witz erzählen. Meine Mutter verstand die Witze nie, deshalb gab es jedes Mal einen liebevollen Scherz über meine Mutter, die keine Witze verstand. Aber die gute Laune stand immer auf der Kippe. Mein Vater konnte ungeheuer charmant sein, und es gab fast keine Situation, die er nicht mit seinem Charme versüßen konnte, aber meine Mutter sperrte sich oft. Sie sehnte sich erbittert nach Klartext. Wie viel Geld hatte er? Hatte er eine Geliebte? Wann würde er etwas unternehmen, um das Kind, das gerade irgendwo Ärger hatte, herauszuboxen? Das kränkte ihn natürlich und er sah auf die Uhr und sagte, es tue ihm Leid, aber er müsse jetzt gehen – weil er instinktiv zu einem Publikum floh, das ihn mehr zu schätzen wusste als das häusliche. Doch manchmal kehrte vielleicht für eine Stunde – höchstens eine Stunde – zwischen unserer Mutter und unserem Vater Frieden ein, und sie versprühte unbewusst einen eigenen linkischen Charme, der wirkungsvoller, wenn auch weniger geschmeidig war als seiner. Dann war es für uns alle ein großes Vergnügen zusammen zu sein. Man bekam eine Ahnung davon, was wir hätten sein können.

Keiner interessiert sich mehr im Detail für diese längstverstorbene Frau und ihren Mann außer meinen Geschwistern, und sie interessieren sich weniger für sie als ich. Ich bin die Einzige, die kinderlos geblieben ist. Ich weiß nicht, warum – mit Mitte zwanzig ließ ich im Radcliffe Hospital in Oxford Tests machen, die zu keinem Ergebnis führten und an deren Ende mich der Arzt fragte: »Meinen Sie, Sie könnten irgendwann Tuberkulose gehabt haben, ohne dass es festgestellt wurde?« Das ist durchaus möglich, eine meine Schwestern wäre beinahe dran gestorben. Ich weiß nicht, ob ich es laut sagte oder bloß dachte: In meinem Elternhaus hätte man an Lepra erkranken können, ohne dass es jemand zur Kenntnis nahm. Wie dem auch sei, ich habe keine Nachkommen wie sonst alle meine acht Geschwister. Sie verschwanden ein Vierteljahrhundert in die Familien, die sie selber gründeten. Die gemeinschaftlichen Erfahrungen und Herausforderungen des Familienlebens, durch die Eltern – wenn sie ihnen gewachsen sind – reifen, waren mir verschlossen. Ich war im Niemandsland, immer nur zeitweise mit jemandem liiert, bis ich mich dauerhaft mit Nell zusammentat. Doch als wir älter wurden, fand unsere ursprüngliche Familie wieder so lose zusammen wie in der Zeit, bevor wir das Haus verließen. Die drei Schwestern und der eine Bruder, die ich zur Fahrt nach Italien mobilisiert hatte – mit ihren Begleitern acht Personen –, hatten wieder Zeit und ein wenig Geld. Sie hatten ihre Familien großgezogen. Einige waren schon Großeltern. Einige waren in Rente. Unser erster gemeinsamer Urlaub scheint mir gut zu illustrieren, wie man in den mittleren Jahren in beide Richtungen schaut. Wir konnten die Reise machen, weil wir älter wurden, also hatte sie etwas Herbstliches, von Erntezeit. Aber weil wir so etwas noch nie gemacht hatten, war auch alles frisch und neu und frühlingshaft.

Ich habe irgendwo gelesen, dass Kinder von Alkoholikern sich nicht zanken, weil sie Angst haben, dass durch den kleinsten Anlass alles aus den Fugen gerät. Und wir neun – vielmehr mittlerweile acht, da unser Bruder sich zu Tode getrunken hat – zanken uns wirklich nie. Aber das heißt nicht, dass wir ein Herz und eine Seele sind. Zum Beispiel waren die drei jüngsten Geschwister bei unserer Italienreise nicht mit von der Partie. Ich war die Initiatorin dieser Ferien und es war mir gar nicht in den Sinn gekommen, sie dazuzubitten. Die Gründe dafür sind vielfältig, aber der einfachste ist, dass die Kinder einer über so lange Jahre gewachsenen Familie – meine Mutter hat dreizehn Schwangerschaften durchgemacht – verschiedenen Generationen angehören. Meine jüngste Schwester zum Beispiel hat eine Tochter, die neun ist, und ich war in Italien, um meinen sechzigsten Geburtstag zu feiern.

»Lasst uns zusammen essen gehen«, hatte ich gesagt, als ein paar der Geschwister aus meiner Altersgruppe mich zum Geburtstag anriefen, um mir zu gratulieren: »Lasst uns zusammen essen gehen – in Italien!« Und mich an der großen Geste ergötzt wie unser Vater, dem das Durchhalten im Alltag nicht lag, aber der einem zu gern etwas Gutes tat. Das ging so weit, dass er uns, wenn wir ihn um Hilfe baten, oft irgendetwas Nettes spendierte, gewissermaßen als Entschuldigung dafür, dass er uns nicht helfen würde. Doch wenigstens war er für uns alle mehr oder weniger derselbe distanzierte, angenehme, lustige Vater. Ich hingegen schloss einige ein und andere aus, ohne darüber nachzudenken, dass Familien, in denen die Eltern verstorben sind, Zugehörigkeit und Nicht-Dazugehören sehr wichtig nehmen. Dabei weiß ich selbst genau, wie es ist, sich ausgeschlossen zu fühlen. Wie so viele kleine Mädchen stand ich in der Schule Höllenqualen durch, weil ich glaubte, in den Cliquen der beliebten Mädchen unerwünscht zu sein. Und ich weiß, dass ich sehr enttäuscht gewesen wäre, wenn ich die Idee zu einer Woche Italien gehabt hätte und die anderen alle abgesagt hätten. Zu den vielen irrationalen Aspekten familiärer Beziehungen gehört eben auch, dass die anderen für das eigene Leben zwar keine praktische Bedeutung haben und man von ihnen nicht abhängig zu sein meint, sie aber trotzdem irgendwie das Fundament bilden, auf dem man steht.

Wenn große Familien Probleme haben, haben sie gewöhnlich große Probleme. Aber das muss nicht sein. Deirdre und Eamon haben ihre sieben Kinder mit Liebe und Energie großgezogen, und die Kinder tragen jetzt als Erwachsene keine Spuren neidvoller Rivalitäten um unzureichende Zuwendung. In Deirdres vollem Haus ging mir eines Tages auf, dass der Unterschied zwischen glücklichen und unglücklichen Kindern ein ganz einfacher ist: Glückliche Kinder sind diejenigen, deren Eltern mehr Freude an Dingen haben, wenn ihre Kinder dabei sind. Die unglücklichen wissen, dass ihre Eltern sich am besten ohne sie amüsieren. Trotzdem sind die Wärme und Munterkeit großer Familien, wie sie Dickens beschreibt, ein Mythos. In Levanto verbrachten wir eine angenehme, leichte Zeit miteinander. Wir setzten uns im Halbdunkel am Tisch unter den Stechpalmen zusammen und plauderten zugleich entspannter und gelangweilter, als wir es mit unseren je eigenen Freunden gewesen wären. Wie oft habe ich schon Familien oder Paare beobachtet, die einander so vertraut sind, dass sie kaum noch richtige Gespräche führen. Ihre Unterhaltungen schleppen sich fort wie schwere Säcke. Es war das erste Mal, dass ich ziellose Stunden mit meinem eigenen Fleisch und Blut verbrachte, und unser Plaudern war nicht viel angeregter.

Doch ich hatte nicht gewusst, wie viele gemeinsame Geschichten selbst in einer so lose gefügten Familie wie unserer kursierten. Da ist zum Beispiel Trudis Mutter, die von ihrer Tochter mit einem uns unbekannten zärtlichen Respekt geliebt wird. Sie trug zu Trudis Hochzeit den gleichen Hut aus demselben Laden wie unsere Mutter, sodass diese Hüte nie weit sind, wenn unter uns ein Hut erwähnt wird. Als an unserem Tisch ein Moped vorbeifuhr, fragte jemand beiläufig: »Was macht Rory eigentlich?«, ohne zu merken, dass der Auslöser ein Mopedunfall war, den Grainnes Sohn Rory vor zwanzig Jahren gehabt hatte. Die und die hübsche Nichte, der und der nichtsnutzige Neffe, der und der Schwippschwager, der einen Mercedes gekauft hat – allseits unvermittelt eintretendes Schweigen, während wir uns fragen, wie er die Raten abzahlen will –, bei jedem Namen rufen wir mehr oder weniger die gleichen Daten auf. Und wenn wir kleinere Neuigkeiten aus der Verwandtschaft kommentieren, gehen wir weniger von gemeinsamen Werten aus als von einem Konsens darüber, was ernst ist und was nicht, da wir immer zu den großen Ereignissen zusammenkommen: Taufen, Hochzeiten, Beerdigungen, Sorgen mit Kindern. Wir wissen weit mehr, als wir äußern, wie Bauern, die weder lesen noch schreiben können, aber wenn der Geschichtensammler von der Universität kommt, mit Hunderten haarklein erinnerter Erzählungen aufwarten. Ihr tägliches Gerede muss im gleichen Verhältnis zu dem stehen, was sie hersagen können, wie unser triviales Plaudern in der lauen italienischen Nacht zu dem, was wir ungesagt ließen. Es hat etwas Angenehmes, in einer Gruppe zu sein, die sich mit minimaler Anstrengung verständigen kann. Was sonst könnte Familienmitglieder veranlassen, müßig herumzusitzen, als wäre das Zusammensein an sich von Wert – als wäre gemeinsam verbrachte Zeit, in der man nichts tut, rechtschaffen verbracht, die gleiche Zeit mit anderen Leuten dagegen verschwendet?

Manchmal ließ meine Schwester Deirdre, an ihrer Pfeife saugend, einen kleinen Monolog los, darüber, wie sie in der Messe genug Italienisch verstanden hatte, um festzustellen, dass ihr Sprachkurs Früchte trug, und wie köstlich der blühende Busch neben ihr geduftet hatte, als sie die alten Männer beim Bocciaspiel skizzieren wollte, und wie sie die idealen Sandalen für ihre Tochter gesehen hatte, weil ihre Tochter doch ihre Sandalen verloren habe, doch leider könne sie sich nicht erinnern, in welcher Gasse das Geschäft noch sei. Wir anderen redeten dazwischen, warfen Kommentare und kleine Anekdoten ein oder schnitten ein völlig anderes Thema an. Vielleicht berichtete Eamon, dass sie einen riesigen Plastikkanister voll Wein gekauft hätten, um ihren Kindern zu Hause zu zeigen, wie billig er war, und wir alle konnten vor uns sehen, wie ihre Familie mitsamt den Enkelkindern sich um den Küchentisch versammelte und die Gläser bereithielt. Vielleicht warf Trudi ein, dass sie und mein Bruder Terry mit dem Zug nach Pisa gefahren seien – bewunderndes Gemurmel vom Rest, weil sie ausgetüftelt hatten, wie das zu bewerkstelligen war –, und auf dem Weg zum Schiefen Turm hätten sie ausgerechnet Freunde aus Dublin getroffen. Wieder würdigte Gemurmel die Zufälle des Lebens. Noreen war vielleicht auf dem Wochenmarkt gewesen und hatte günstigen Vorhangstoff entdeckt, worauf Grainne beim Zuhören unbewusst das pfiffige, selbstvergessene Gesicht aufsetzte, das bei Frauen, die ihre Familien mit sehr wenig Geld durchgebracht haben, überall auf der Welt gleich aussieht. Und ich fragte allgemein in die Runde, ob jemand wisse, an welchem Punkt ihres Lebens junge Mütter, die den Tag unterm Sonnenschirm am Strand zubrachten, sich in kleine alte Weiber verwandelten, die nichts Schöneres kannten als den Fischmarkt? Was wir sagten, fügte sich nie zu einem Ganzen, doch weil Familienmitglieder gewöhnlich nur praktisch miteinander zu tun haben, hat ein rein geselliger Austausch etwas von Luxus. Jedenfalls will mir das so scheinen, obwohl es durchaus sein kann, dass alle Welt nichts Schöneres kennt als die Familie und deshalb allabendlich so schnell in die Vororte verschwindet. Ich habe seit meiner Kindheit nicht in einer Familie gelebt: An dem Tag, als ich vierzehn wurde, kam ich ins Internat, mit siebzehneinhalb ging ich ab und bezog mein erstes eigenes Zimmer mit achtzehn.

Nach den ersten Abenden wurde es deutlich, dass einige von uns nur bestimmte Dinge essen wollten oder sparen mussten oder im Grunde lieber trinken wollten als essen, sodass wir, ohne darüber zu reden, aufhörten, gemeinsame Mahlzeiten zu planen. Ebenfalls ohne darüber zu reden, erwartete auch keiner von uns, dass wir einen ganzen Tag zusammen verbringen würden, und diese Rücksicht war nicht nur freundlich, sondern die Voraussetzung der Freundlichkeit. Ich konnte morgens mit derselben Fähre fahren wie Grainne und Derry, wenn sie zwischen den Felsklippen aus und ein tuckerte und vor jedem Dorf während des Anlegens ein paar Minuten auf den kabbelnden Wellen schaukelte. Aber es wurde wie selbstverständlich davon ausgegangen, dass ich allein irgendwo ausstieg. Ich fuhr ganz ans andere Ende der Bucht von Lerici in das kleine Dorf, in dem D. H. Lawrence eine Zeit lang gelebt hat, um ihm mit einem Gang durch die Häuser über einer Felsbucht meine Reverenz zu erweisen. Hinterher holte ich in einem Internetcafé meine E-Mails ab, und dort schlief das schwärmerische Mädchen in mir, das Lawrence einst so gern gelesen hatte, weil er die Leidenschaft zwischen Männern und Frauen als Teil der natürlichen Welt schilderte, wieder ein.

In Portovenere konnte ich mir angesichts der hohen Häuser aus dem achtzehnten Jahrhundert in der Nähe des Landungsstegs den wilden, rastlosen Byron vorstellen, wie er mit seiner Entourage dort gewohnt hatte. Byron und Shelley und die Frauen, die in ihren Kleidern aus Musselin und Seide hinter halb geschlossenen Fensterläden in den Gesellschaftszimmern gelegen und dem gleichen mittäglichen Chor der Grillen gelauscht hatten wie die Römer der Antike in ihren Villen am Meer und wie ich heute als Touristin. Ich erforschte die Umgebung von Levanto, folgte sandigen Pfaden zu Landspitzen und holperigen Schotterwegen zwischen alten Mauern. Wenn man bei Hitze in fremden Ländern allein ist, wird man leicht von Ängsten überfallen, aber daran darf man sich nicht stören, wenn man etwas zu sehen bekommen will. Ich erinnere mich zum Beispiel an einen alten Steinbruch, der unversehens hinter dem Parkplatz eines Supermarkts lag. Dort bildeten die Wurzeln der Feigenbäume vielfach verzweigte Erdhöhlen über dem abgetragenen Fels, der Boden war mit weiß vertrocknetem Gras bedeckt und im

Summen und Brummen der Nachmittagshitze gaukelten die buntesten Schmetterlinge umher. Sogar wenn sich unser Dorf zur Siesta zurückzog und unter den Schirmen am Strand Leute mit offenem Mund neben schlafenden, in Handtücher gewickelten Kindern dösten, fuhr ich mit meinem Rad durch die verlassenen Gassen.

Meine Tage waren sinnvoll verbracht, weil ich den anderen abends Bericht erstatten konnte, auch wenn ich mich immer ziemlich kurz fasste – nur wer dich richtig liebt, erträgt eine Beschreibung deiner Erlebnisse in voller Länge. Meine Schwestern hören mir schon mein ganzes Leben zu und umgekehrt, und unser Interesse aneinander ist begrenzt. Das ist übrigens gewiss einer der Gründe dafür, weshalb das Zusammensein mit Verwandten genauso erdrückend wie gemütlich ist – wobei es genau solche Gedanken waren, die wir in unseren Gesprächen aussparten. Die Familie gestattet ihren Mitgliedern keine Experimente mit sich selbst. Die Strafe für lebenslange treue Akzeptanz durch die anderen ist, dass du so bleiben musst, wie du immer warst. Bei allen Tricks oder Rollen, die du ausprobierst, ruht das hämische, ruhige Auge der Familie auf dir. Sich neu zu erfinden ist nicht drin. Das Einzige, woran sich ein wenig rütteln lässt, sind die alten Hierarchien – etwa indem man Alkoholiker wird und dadurch alle Macht und allen Einfluss preisgibt. Oder umgekehrt, indem man wie Noreen, die ihre Rolle als Jüngste in der Gruppe der Älteren durch schiere Kraft der eigenen Persönlichkeit überwand, in der Achtung steigt. Schon als mittellose allein erziehende Mutter, die in besetzten Häusern lebte, übernahm sie jede Menge Verantwortung und schaffte es aus eigener Kraft eine hoch geachtete Anwältin zu werden. Ich bin zehn Jahre älter als sie und mache viel mehr Wind, doch bei wichtigen

Familienbeschlüssen würde meine Meinung nie so viel zählen wie ihre. Über solche Verschiebungen hinaus ist alles bis hin zum genauen Gewicht, das jedes Familienmitglied in die Waage legt, längst entschieden, auch wenn keiner weiß durch wen.

Wenn ein Familienmitglied sich ändert, heißt es, dann ändern sich auch die anderen, selbst wenn sie in Australien oder Timbuktu sitzen und nichts von der Veränderung wissen. Aber das halte ich für Wunschdenken. Ich glaube nicht, dass Verwandte so magisch aufeinander reagieren, auch wenn das wunderschön wäre. Etwaige Offenbarungen über mich in den Memoiren scheinen die Einstellung meiner Geschwister zu mir nicht merklich verändert zu haben. Wir haben nie zu den ehrbaren Familien gehört, die alles hinter Spitzengardinen verbergen. Das wäre mit einer Mutter, die sich um ihren Ruf nicht scherte, und einem Vater, der in seiner kleinen Stadt eine Berühmtheit war, gar nicht gegangen. Meine Geschwister waren es gewöhnt, dass ich hier und da in der Zeitung oder im Fernsehen, im Radio oder als Vortragende auftauchte. Und im Vergleich zu Nell, einer der kämpferischsten Frauen im öffentlichen Leben Irlands, war ich als öffentliche Figur die Zurückhaltung selbst. Doch in unserer Familie redete man nicht über Dinge, die uns entzweien konnten. So waren einige von uns streng gegen die Abtreibung und andere genauso emphatisch für die freie Entscheidung, aber solange die Hölle heiß war, würden wir das Thema nicht berühren. Wir redeten nicht über unseren Bruder, der sich zu Tode trank. Wir redeten nicht über unseren Neffen, der an einer Überdosis Heroin starb. Unsere Vergangenheit – in Italien die Vergangenheit derer, die aus der gleichen Familie stammten, und bis zu einem gewissen Grad auch derer, die später hinzugekommen waren – war Gemeinbesitz. In meinen Memoiren hatte ich sie für meine eigenen Zwecke benutzt. Aber die Familie setzt sich immer wieder durch. Seit dem Erscheinen von *Nur nicht unsichtbar werden* waren ein paar Jahre vergangen, und es war viel passiert, was wichtiger war.

Trudi beendete ihre Äußerungen manchmal hastig mit: »Und um Himmels willen, Nuala, verwende das ja nicht in einem Buch!«, und alles lachte.

»Wie läuft's denn?«, fügte mein Bruder danach vielleicht an. »Bringt es noch ein paar Dollar ein?«

Das war alles, was je zu meiner Tätigkeit als Autobiographin gesagt wurde.

Kann eine ganze Familie veranlagt sein, sich mit dem geschriebenen Wort zu befassen, so wie eine andere Familie Tennisspieler hervorbringt? Oder ein ganzes Geschlecht – denn es sind doch meistens Frauen, die Tagebuch schreiben, um sich ihrer Existenz zu versichern? Oder eine ganze Nation? Hat Irland sich nicht auf die Rückschau spezialisiert, um die erfahrene Geringschätzung durch die Kolonialherren zu konterkarieren? Ich bin nicht die Einzige in der Familie, die Erinnerungen verfasst hat. Grainne schreibt seit vielen Jahren Tagebuch und damit ebenfalls Erinnerungen. Und Deirdre schreibt auch schon ewig. Sie hat lange humorvolle Skizzen über ihre Kindheit und ihre häuslichen Erlebnisse verfasst, und in der Zeit, als die Zeitungen noch leichte Geschichten druckten, auch einige veröffentlicht. Wären wir mustergültige Schwestern wie in Louisa May Alcotts Roman *Kleine Frauen*, deren liebevoller Umgang miteinander mich sehr beschäftigte, als ich das Buch las, hätten wir unsere Werke großzügig gegenseitig gelesen. So kennen wir zwar beide Deirdres Skizzen, aber ich habe Grainnes Tagebuch nie gesehen. Und ob Grainne *Nur nicht unsichtbar werden* gelesen hat, weiß ich nicht. Sie hat sich nie dazu geäußert.

Ihre Zurückhaltung ist im Grunde lobenswert. Für viele Dinge im Buch ist sie die einzige andere Zeugin, und sie muss sich denken, dass wir, wenn wir anfingen darüber zu rechten, wie die Dinge wirklich gewesen sind, niemals zum Ende kämen. Deshalb hat sie stattdessen entschieden, gar nichts zu sagen. Doch auch eine meiner anderen Schwestern hat das Buch entweder nicht gelesen oder wollte nichts dazu sagen. Jedenfalls hat sie nicht reagiert, als ich ihr ein Exemplar schickte. Ähnlich war es auch bei dem Bruder, der sich umgebracht hat. Er schrieb mir nur, ziemlich kurz vor seinem Lebensende, selbstspöttisch: »Nualas Buch ist nicht für meinesgleichen gedacht.« Ich habe viel über dieses dreifache Schweigen nachgedacht. Und da ich mir das negative Urteil der Familie, wenn es denn je in Worte gefasst würde, längst ausgemalt habe – ich sei, wenn nicht falsch, so doch eine Schauspielerin und immer auf Aufmerksamkeit bedacht – habe ich ihr Verhalten schlimmstenfalls als Ausdruck dieses Urteils gedeutet. Aber soviel ich weiß, können die Schwestern auch gemeint haben, ich sei größenwahnsinnig geworden oder bedauernswert, oder sie haben sich für mich geschämt oder ich tue ihnen Leid oder sie sind gekränkt durch die Art, wie ich sie beschrieben habe, oder das Ganze hat sie nur am Rande interessiert, und das Leben ist weitergegangen, bevor sie recht wussten, was sie sagen sollten.

Als wir in Levanto um den Tisch saßen, war das alles längst kalter Kaffee. Bis dahin hatte ich das pragmatische

Schweigen in der Familie als etwas Positives erkannt, auch wenn es Kritik unterschlägt, denn es hat die quasi politische Funktion, Unterschiede unter einen Hut zu bekommen und alles im Gleichgewicht zu halten. Als mein Roman ein Jahr nach Levanto erschien, schwiegen sich andere Geschwister aus; und denen, die sich dazu äußerten, schien nicht aufzufallen, dass er sehr viel mehr über mich aussagte als die Memoiren. Das bestätigte meine Erfahrung, dass sich Geschwister nicht besonders füreinander interessieren. Sie können sich gegenseitig ganz gut in Ruhe lassen. Mit der Lupe betrachten wollen einen nur Fremde.

Wenn man etwas Autobiographisches von Geschwistern liest, ist der Stoff im Niemandsland – zu nahe und zu fern. Es muss so ähnlich sein wie das Lesen alter Briefe, die man selbst geschrieben hat; man kann sie erst vor kurzem geschrieben haben und sie wirken trotzdem fast fremd. Sie klingen irgendwie unecht oder zumindest unangenehm keck. Und wenn der Autobiographin in der Familie mit Schweigen begegnet wird – nun, ein gewisses Maß an Schweigen ist noch keine Strafe angesichts dessen, dass selbst die diskretesten Verfasser nicht umhin können, andere Menschen für ihre Zwecke zu verwenden. In Amerika und Frankreich gibt es einen Prototyp rücksichtsloser Autobiographen, der vor keiner Enthüllung zurückschreckt, selbst wenn es dabei um einvernehmlichen Inzest mit dem Vater, multiple Süchte oder ausgefallene chemische, psychologische und sexuelle Experimente geht. Die Verfasser stellen sich als pure Individuen ohne jegliche Bindung an Familie, Sippe oder Clan dar. Sie lassen bloßgestellte Menschen und Orte einfach hinter sich, ohne sich umzuschauen. Sie würden vor der Veröffentlichung niemals von Schwester zu Schwester pilgern wie ich, um sich rückzuversichern. Oder wenn sie es tun, so wird es nie erwähnt. Es wird nicht eingestanden, dass Schriftsteller nicht von vornherein romantische Individuen sind – dass es auch unter ihnen niemanden gibt, der nicht Teil eines Gefüges aus Tanten und früheren Lehrern und weniger selbstbewussten Geschwistern und Nichten ist, die sehr empfindlich auf ihren Ruf achten. Ich konnte mich äußern, weil ich zu einer feinfühligen Familie gehöre – man könnte womöglich sogar sagen, dass ich mich äußern konnte, weil sie zu schweigen wissen. Und weil ich als freie, ungebundene Frau nicht den üblichen Gefahren ausgesetzt bin. Doch wenn Sie sich fragen, warum es in Irland vor *Nur nicht unsichtbar werden* kaum dokumentarische Selbstbekenntnisse von Frauen gab, lautet die Antwort: wegen der Familie. Der Familie und der Herkunft. Es gibt in Irland einen viel bewunderten Spruch: »Was immer du sagst, sag nichts.«

Ich würde gern einmal sehen, was Grainne für die Öffentlichkeit und Deirdre, wenn sie für sich schreibt, über unsere Eltern zu sagen hätten. Vor allem natürlich über unsere Mutter, nun, da wir fast so alt sind wie sie bei ihrem Tod. Wenn sich eins über sie sagen lässt, dann dass sie immer dieselbe war. Ihre große Tugend, wenn man sie denn als solche bezeichnen kann, war eine unsoziale, unbeholfene Authentizität, von der sie nicht weichen konnte, ob es um sie selbst oder um andere ging. Deshalb sehe ich nicht, wie Berichte von ihren Kindern über sie groß voneinander abweichen könnten. Meine Befürchtung wäre eher, dass in keinem Bericht außer meinem viel über sie zu lesen wäre. Ich glaube nicht, dass sie den anderen emotional so nahe ging wie mir, und das verdenke ich ihnen keineswegs – sie war umso schwerer zu ertragen, je mehr man mit ihr zu tun hatte. Ich habe nie gehört, dass eine meiner Schwestern das Wort Liebe gebrauchte, wenn es um sie ging – aber sie gebrauchte es natürlich umgekehrt auch nicht. Es kann sein, dass sie nicht glauben, dass meine Gefühle für sie so stark sind, wie ich behaupte, weil sie selber solche Gefühle nicht zu haben meinen und daher meinen Äußerungen misstrauen.

In Wahrheit jedoch halte ich mich, was sie angeht, eher zurück. Ich erwarte kein Mitgefühl dafür, dass ich mich zwanghaft mit einer bedauernswert selbstsüchtigen, alkoholkranken irischen Hausfrau beschäftige. Doch wenn wir gegen die Todesstrafe sind, dann weil jedes Leben für alle Leben steht. Das Elend ihres Lebens und das Elend, das sie bei allen anderen angerichtet hat, steht für mich für alle guten Dinge, die verelenden. Ein paar Jahre nach dem Erscheinen von *Nur nicht unsichtbar werden* ging ich eines Abends in Dublin durch die Küche, als ich im Radio eine vertraute Stimme langsam etwas sagen hörte, das sie offensichtlich sehr traurig machte. Ich blieb wie angewurzelt stehen, als mir klar wurde, dass es meine eigene Stimme war – das habe ich beim Thema Rhythmus schon geschildert. Ich hatte nicht gewusst, dass gerade Ausschnitte des Buches, die ich für den nationalen Radiosender aufgenommen hatte, gesendet wurden. Ich hörte mich aus dem Kapitel lesen, in dem ich die letzte Phase des Lebens meiner Mutter beschreibe. Einer der traurigsten Aspekte damals war, dass man sie noch ohne weiteres glücklich machen konnte, indem man mit ihr in die Kneipe ging, ihr einen doppelten Gin vorsetzte und mit ihr redete, ohne sie zu ängstigen oder ihr Vorwürfe zu machen. Ihr mädchenhaftes Lächeln bei diesen Gelegenheiten tut mir bis heute weh. Ich lauschte mir einen Augenblick. Es waren gerade die fünf oder sechs Sätze dran, die ich im Aufnahmestudio nicht gleich herausgebracht hatte. Doch das unfreiwillige Schluchzen hatte nichts Dramatisches, es klang eher, als hätte ich einen bösen Anfall von Heuschnupfen und wisse, dass man das Niesen herausschneiden könne. Ich hatte nicht einmal den Techniker hinter der Scheibe angesehen, als ich stockte. Ich brach ab, bis ich mich gefasst hatte, ging zum Anfang des Satzes zurück und las weiter. Bei öffentlichen Lesungen gingen mir die schwierigen Passagen mit jedem Mal, das ich sie vorlas, leichter über die Lippen. Es war, als schlössen sich meine Wunden sukzessive, indem ich Worte dafür fand und ihnen anschließend ihre Macht nahm – indem ich sie gleichsam in eine Aufgabe einspannte. Auf diese Weise benutzt zu werden mag den Familien von Autobiographen gegen den Strich gehen, aber darin liegt der Schlüssel zur therapeutischen Wirkung des autobiographischen Schreibens. Durch Benutzung werden Dinge alltäglich, gewöhnlich; damit sie tun, was man will, muss man sie sich gefügig machen.

Am letzten Abend jenes ersten Italienurlaubs sprangen wir in Genua triumphierend aus dem Bus: »Wer hätte gedacht, dass wir es schaffen, den richtigen Bus zu nehmen!« Von der Haltestelle stiegen wir durch die heißen Benzinwolken des abendliches Verkehrs, der sich hupend durch das Gründerzeitviertel wand, bergan. Auf den Stufen siegte der Duft blühender Orangenbäume in Kübeln, und dann empfing uns in einem niedrigen Raum mit polierten Kiefernmöbeln der Geruch von Fisch und gebratenem Fleisch. Hummer wedelten lethargisch in einem veralgten Becken. Kellner eilten zwischen damastweißen Tischen umher. Im Reiseführer stand, dies sei eines der besten Restaurants von Genua. Frank Sinatra habe hier gegessen, und Pavarotti, und an der Tür stehe ein mit einem Samtband vor geringeren Gesäßen geschützter Stuhl, auf dem Papst Johannes Paul II. gesessen haben soll. Und jetzt waren wir hier. Wir, die wir auch schlimme Zeiten durchgemacht hatten. Wir aßen und tranken, als ob es das letzte Mal wäre, und am Ende inszenierte mein Bruder eine Überraschung – er gab den Kellnern ein Zeichen, und sie marschierten mit einer Torte an unserem Tisch auf, die er am selben Tag vorbestellt hatte –, ein Kunstwerk aus schichtweise Sahne, grünem Marzipan und leichtem Biskuit. Die anderen Gäste lächelten uns über Kerzen und funkelnden Gläsern zu. »Happy Birthday, dear Nuala«, sangen meine Verwandten.

Ich hatte mich meines Vorschlags, mit der Familie in Urlaub zu fahren, zuerst ein wenig geschämt. Hätte ich mich nicht lieber um mein eigenes Leben kümmern sollen? Mich vielleicht zu dem Kreis goldener Menschen schlagen sollen, die Inseln und Villen und Yachten mieten und mit weißem Leinen und den jeweils coolen Sonnenbrillen angetan in teuren Straßencafés sitzen und Aperitifs schlürfen? Doch etwas von der Gesundheit und Munterkeit und dem Glück der Kinder meiner Eltern mitzubekommen bedeutet mir mehr als das bloße Wissen um sie, denn ich genieße es als ihre Leistung. Ich bewundere meine Geschwister, wenn ich beobachte, wie sie ihre Partner lieben. Wenn ich sehe, dass sie tatsächlich gern von ihren Kindern reden, dass sie ihre Arbeit ernst nehmen, dass sie liebevoll lächeln, wenn Derry, der Partner von Grainne, von Hodge erzählt, der mich seinetwegen verlassen hat, und von seinem glänzenden Fell und goldenen Augen schwärmt, und dass sie es meinetwegen tun, weil mir der alte Kater am Herzen liegt. Sie mussten sich diese Großzügigkeit selbst beibringen. Ich finde sie tapfer.

Wollte ich die Gesichter am Tisch nacheinander durchgehen und mir ihre tragischen Erlebnisse vor Augen führen, wäre da ein Sohn, der an seiner Drogensucht starb, ein Kind, das jahrelang an eine feindselige Partnerin verloren war, postnatale Depressionen, ein Nervenzusammenbruch, Kämpfe gegen das Trinken, Rauchen und selbstverschuldetes Elend, Krankheit, ein Autounfall mit tödlichem Ausgang und wer weiß was noch für private Anstrengungen und Niederlagen. Die nächste Generation ist fein heraus, und die danach – die der Enkel – wird noch besser dran sein. Aber wir, wir sind immerhin durchgekommen, möchte ich sagen, doch in unserer Familie würde niemand im Traum daran denken, etwas so Peinliches laut zu äußern.

Alle Leute um den Tisch hatten die Jämmerlichkeit und die Macht meiner Mutter erlebt.

Früher rief ich sie an meinem Geburtstag regelmäßig selber an, weil ich es richtig fand, mich für meine Geburt bei der Person zu bedanken, die mich zur Welt gebracht hatte. Natürlich hoffte ich immer, dass ich sie nüchtern antreffen würde. Wenn sie nicht nüchtern war, machte sie etwas, das mich in der Erinnerung bis heute mit Zorn erfüllt: Sie summte tonlos durch die zusammengebissenen Zähne und blockte den Anrufer demonstrativ ab. Wenn ihre Kinder zusammen sind, wie in der Italienwoche, sprechen sie von ihr, wenn überhaupt, als »Original«, obwohl nichts in der Welt sie davon reinwaschen kann, dass sie leider auch eine Mutter von neun Kindern war, für die es besser gewesen wäre, wenn sie ein bisschen weniger »anders« gewesen wäre und dafür ein bisschen mehr Freude am Muttersein gehabt hätte. Ich würde die anderen niemals an solche Dinge wie das hässliche, aggressionsgeladene Summen erinnern. Aber wenn es sein müsste – wenn ich mich zum Beispiel vor einem Gericht zu verantworten hätte –, könnte es passieren, dass ich ihnen die Frage stellte: Ist es nicht wahr, dass Mammy, wenn sie dieses widerwärtige Geräusch machte, den Mund zu einer Grimasse verzog, die der bitteren Parodie eines Lächelns glich?

Ich betrachte jedes familiäre Beisammensein, bei dem es freundlich und liebevoll zugeht und keiner sich danebenbenimmt, als Sieg über sie und meinen Vater, auch wenn das Ausmaß seiner Vernachlässigung angesichts der Massivität ihrer Missetaten gewöhnlich in Vergessenheit gerät. Doch sie müssen beide nicht das letzte Wort haben. Wir waren auch noch da – und wir ließen uns nach unserem eleganten Mahl durch das nächtliche Zentrum von Genua zu unserem Hotel zurücktreiben wie Figuren aus einem Touristenfilm mit Weichfilter. Der Weg führte uns durch ein Gewirr mittelalterlicher Gassen, über Plätze mit gigantischen Springbrunnen, an der gestreiften Kathedrale vorbei, und durch eine im Bogen verlaufende Straße mit alten Palazzi, wo süß duftende Blumen aus verborgenen Gärten schwarz über die Mauern hingen. Wir setzten uns in eine trotz vorgerückter Stunde noch geöffnete Bar zum allerletzten Drink des Urlaubs. »Was wollen wir trinken? Möchte jemand einen Cognac? Sollen wir bei Wein bleiben, oder wollen wir die Liköre probieren?« »Auf das nächste Jahr!« Wir hoben die Gläser. »Das machen wir wieder! Auf nächstes Jahr in Italien!« Vielleicht können wir uns als Geschwister, jetzt, da wir in den reifen Jahren sind, wenigstens einige von den Dingen geben, die wir von unseren Eltern nicht bekommen haben. Vielleicht habe ich mir deshalb die Mühe gemacht, meine Schwestern zu konsultieren, als ich die Memoiren schrieb. Notwendig war es nicht. Sie müssen sich ohnehin mit dem abfinden, was ich tue. Rückblickend habe ich den Eindruck, als wollte ich einen Strich ziehen, um einen Neuanfang zu wagen, aber nicht ohne die Familie, niemals, und wenn die Beziehungen noch so ambivalent sein können. Wenn ich einsam war, habe ich mich oft gefragt: Wer würde um mich trauern, wenn ich tot wäre? Die Antwort lautete: meine Verwandten.

Ich weiß nicht mehr, ob ich die Getränkerunde bezahlte oder nicht. Sollte ich es getan haben, wäre das ein wichtiges Zeichen. Erfolg spielt eine große Rolle in der Hackordnung einer Familie. Ich bin froh, sagen zu können, dass meine Überlegungen über Familie und Erinnerungsarbeit auf Memoiren basieren, die von Erfolg und Lob gekrönt waren und sich auch finanziell gelohnt haben. Die Sache mit dem Geld versteht jeder. Für mich ist es die größte Bestätigung, mein öffentlicher Erfolg bedeutet mir mehr als das Schreiben und das Erscheinen des Buches. Ich wage nicht darüber nachzudenken, was aus mir geworden wäre, wenn ich die Risiken der Offenheit und des Mich-selber-wichtig-Nehmens eingegangen wäre, und mit *Nur nicht unsichtbar werden* dann durchgefallen wäre. Die Demütigung hätte mir schwer zu schaffen gemacht. Was wäre gewesen, wenn sich von dem armen Buch nur ein paar hundert Exemplare verkauft hätten und es nur zwei oder drei negative Besprechungen gegeben hätte, bevor es in Vergessenheit geriet? Dabei hatte ich während des Schreibens ehrlich geglaubt, dass es dem Buch genauso ergehen würde, und nicht erkannt, dass ich mit einer Zurückweisung liebäugelte, die ich womöglich gar nicht überstanden hätte. Oder wäre ich auch damit fertig geworden? Denn muss nicht ein Ich schon auf dem Weg der Genesung sein, wenn es sich ernst genug nimmt, die eigene Geschichte zu erzählen? Oder besser *eine* Geschichte von sich, denn ich sehe zwar, dass meine Memoiren profunden Bedürfnissen entsprungen sind, aber ihren Inhalt – wie die Inhalte anderer Lebenserinnerungen – halte ich für mehr oder weniger zufällig – die Geschichte würde jedes Mal anders ausfallen.

Die Familie freilich wäre immer noch da gewesen, ganz gleich, was ich mit meiner oder ihrer Geschichte angefangen hätte.

Kann sein, dass es Italien nicht gegeben hätte, den Hummer und den Champagner und die Torte. Aber meine Geschwister wären die Alten geblieben. Es mag zwar nüchtern klingen, aber es ist wahr: Die Familie ist das, wo man Aufnahme findet, wenn es sein muss. Wobei sie für mich – wie für einige andere – mehr ist. So dankbar ich meinen Eltern bis heute für die vielen Gaben bin, die ich von ihnen empfangen habe, so schwer bin ich durch das, was sie in den jungen Jahren der Familie angerichtet haben, geschädigt. Als ich das Erreichen meines sechzigsten Lebensjahres feierte, und gleichzeitig die Tatsache, dass ich es gesund erlebte und gut bei Kasse war, feierte ich mit den einzigen Zeugen, die zählen. Meine Geschwister sind diejenigen, die mit eigenen Augen gesehen haben, wie lange viele von uns gebraucht haben, den Kampf gegen das, was uns die Eltern angetan hatten, zu bestehen. Sie wissen, wie heikel das Leben für uns geblieben ist, und um unseren Bruder, der es nicht geschafft hat. Ich sehe unsere Gruppe am Tisch beim Aperitif nicht durch die rosarote Brille an. Der Urlaub war eine spontane Idee, und wenn ich reiflicher überlegt hätte, hätte ich womöglich eine würdigere Form finden können. Aber für mich war die Woche etwas Kostbares. Man mag es uns nicht angesehen haben – älteren Herrschaften, die sich ein Leben lang kennen, an den Zitronenscheiben aus ihren Drinks knabbern und so entspannt plaudern, dass sie kaum die Zähne auseinander kriegen. Doch wenn Heilung dort ansetzt, wo einst der Schaden angerichtet wurde, dann ist kostbar das richtige Wort.

7. Kapitel

Die Neue Welt

»Amerika« war als Wort immer gleichbedeutend mit »Verheißung«. Amerika war das Gegenstück zu der Schwere meiner Kindheit in den ebenen Feldern nördlich von Dublin, wo es häufig nichts anderes zu tun zu geben schien, als zur Schule zu stapfen und danach im Haus herumzuhängen, bis ich angeschrien wurde, dass ich endlich rausgehen und spielen sollte. Amerika war das Land, in das alle Erwachsenen auswandern wollten, und es war das Land, aus dem die besten Sachen kamen. Filme. Päckchen mit Comic-Heften. Ein gerüschter Nylon-Badeanzug gemacht für Frauenkörper, wie wir sie noch nie gesehen hatten. Als ich zum ersten Mal in einem Hotel übernachtete, meinte ich zu ahnen, wie das Leben in Amerika war.

Als ich zwölf war, brachte mein Vater meine Schwestern und mich nach Donegal, eine entlegene Ecke der Insel, damit wir dort eine Weile Irisch sprechen lernten. Er war in allen Hotels Irlands willkommen, weil er für Publicity sorgen konnte, deshalb schliefen wir unterwegs eine Nacht im Hotel. In unserem Zimmer standen große Betten, und Glastüren gingen auf einen Rasen, der zu Blumenbeeten und einem Bach hin abfiel. Die Betten waren mit Laken bezogen, die mir wie ein Wunder erschienen – ich kann den kühlen weißen glatten Stoff bis heute auf der Haut spüren. Mein Vater verbreitete auf seine weltmännische Art irgendwo gute Stimmung, und es war keine Mutter da, um uns alles zu verderben. In einem Ausbruch von Anarchie zerrten wir sämtliche Laken von den Betten und spielten mit ihnen draußen auf dem Rasen. Ein Sommerabend, und die Laken auf dem Gras – wir waren selig. Und erst die Diele vor dem Speisesaal! Teppiche und Tische in Nischen und Lampen auf den Tischen, die leuchteten, ohne dass jemand das Licht brauchte. Ein Bad mit Milchglasscheiben in der hochglanzlackierten Tür. Alles war groß und blitzsauber und von einer mir sonst unbekannten Leichtigkeit. Lauter Dinge, die ich mit dem Wort »Amerika« verband.

Während der Arbeit am *Alten Traum von Liebe* wohnte ich in möblierten Wohnungen in Manhattan. Doch abgesehen davon lernte ich die USA im wesentlichen in Hotelzimmern lebend kennen. Und jedes Mal, wenn ich eins betrat, ging mir das Herz auf. Der Kontinent präsentierte sich mir als Flughafen mit einer Autobahnverbindung in die nächste Stadt, vorbei an einem Fluss, der sich durch Granitfelsen windet, oder einer grünen Anhöhe mit ochsenblutroter Scheune oder weißen Einfamilienhäusern an niedrigem Wald. Im Hotel putzte ich mir die Zähne, legte auf dem Bett die Jacke aus, die ich abends zur Lesung im Buchladen tragen wollte, las die Speisekarte des Zimmerservice, um schon einmal darüber nachzudenken, was ich später essen könnte, und zog los. Ich lief durch desolate Innenstädte voll verbretterter Warenhäuser, an Seeufern entlang, durch die Terrazzo-Glas-Glitzerwelten der großen Malls und an Bushaltestellen vorbei, an denen ausschließlich Schwarze standen. Ich besuchte Spielhallen, in denen vor allen Automaten Hausfrauen saßen, botanische Gärten und kleine Kunstgalerien in viktorianischen Häusern voll tickender Uhren. In Los Angeles ging ich an einem Tag, an dem der Regen über die weiße Hügelkuppe fegte, zum Getty Museum hinauf, in Milwaukee fuhr ich mit dem Taxi in den Zoo, um die Bären aufwachen zu sehen. Im Museum der Smithsonian Institution berührte mich der Fußabdruck eines Dinosauriers, in Dayton kaufte ich Make-up und im Golden Gate Park besuchte ich den AIDS Memorial Garden, in Hollywood die Teergruben von La Brea, im Art Institute of Chicago die Heuhaufen von Monet und in der Nähe von Baltimore einen Volkspark am Fluss, in dem man sich zeigen lassen konnte, wie man Pfeilspitzen aus Feuerstein machte. Scott Fitzgeralds Geburtshaus in St. Paul, Joseph Kennedys Geburtshaus in Boston und Hemingways Geburtshaus in Oak Park, den Hafen von Seattle per Fähre, Faneuil Hall, den San Fernando River, ein Bauwerk von Frank Lloyd Wright, Nathan's berühmtes Hot Dog Emporium – es gab nichts, was ich mir nicht ansah, wenn es irgend ging, wie Humbert Humbert, als er mit Lolita durch das Land floh. Ich ging in jede Kirche, an der ich vorbeikam, zahllose Cafés und Boutiquen. Und Warenhäuser. Ich kenne die Unterschiede zwischen den Dessous, die in Cincinnati, Beverly Hills und Washington, D.C. verkauft werden. Es waren wunderbare Tage, und dann spät, wenn das letzte Buch signiert war, strebte ich zurück in die Freiheit meines Hotels.

Die Sommerkolonie im Hinterland des Delaware River, in der ich derzeit wohne, ist von Kiefern-, Ahorn- und Fichtenwald umgeben, in faulen Stämmen gibt es Wespennester, vor denen der Hund sich fürchtet, und im See habe ich Wasserschlangen gesehen. Doch es ist eine domestizierte Landschaft. Und die Bungalows haben alles andere als Hotelstandard. Sie ähneln mehr einem Vorort. Im Wäscheschuppen summen in einem fort die Trockner, und jeder ist für das Ganze mitverantwortlich. Seinen Müll muss man auf sechs oder sieben Wiederverwertungstonnen verteilen. Die Woche über bestimmen kompetente Mütter das Bild, und zum Wochenende stellen Väter in Geschäftsanzügen, in denen sie wie Fremdkörper erscheinen, ihre Autos am Waldrand ab und gehen mit ausgestreckten Armen auf ihre herbeipurzelnden Kleinen zu. Die Siedlung entspricht meiner Vorstellung von Amerika nicht. Der Fluss schon: Er ist breit und seicht und sieht genauso aus wie ein Fluss aus einem Western. Doch dieses Reservat für Mütter und Kinder – nein, das entspricht nicht dem Amerika-Bild, das ich in mir herumtrage. Die Kinder werden mit einer Intensität bewacht und verwöhnt, die meinen Eltern schier unglaublich erschienen wäre. Dass man um ein paar Gören so ein Theater machen kann! Doch die Attraktivität vieler der hiesigen Frauen ähnelt der meiner Mutter in ihren besten Jahren. Sie sind wohlgeformt und robust, vielleicht vom Kinderkriegen ein wenig verbraucht, und sie haben Haare, die immer aussehen, als wären sie gerade mit frischem Regenwasser gewaschen und in der Sonne trockengekämmt.

Die Siedlung wurde gegründet, damit Juden ihre Ferien zusammen verbringen konnten. Mittlerweile ist sie zwar gemischt, aber der jüdische Einfluss überwiegt. Gestern Abend, Freitag, schoben ein paar Familien die Picknicktische draußen auf der Wiese zusammen, sprühten Insektenspray in die Gegend und aßen als große Gesellschaft bei Kerzenlicht, das immer heller schien, je dunkler es wurde. Ich sah und hörte von meinem Fenster hier oben zu, denn sie sangen zusammen jiddische und hebräische Lieder, deren Texte ich nicht verstand. Als ich damals in dem Hotel in Irland wohnte, waren meine Schwestern und ich auf dem Weg zu einem Ort, der von den Gründern des unabhängigen Irland idealisiert wird. Sie träumten davon, die irische Sprache wiederzubeleben, wie es in Israel mit dem Hebräischen gelungen ist. Unsere Heimatsprache wird in den entlegensten Teilen der Insel noch gesprochen, und während sich die meisten jungen Leute aus diesen »Gaeltacht«-Regionen danach sehnen, nach Boston oder Birmingham auszuwandern, werden die Kinder irischer Städter mit zwölf oder dreizehn für ein paar Wochen dorthin geschickt, um in einem der Häuser, in denen man noch Irisch spricht, zu wohnen, Sprachkurse zu besuchen und irische Lieder und Tänze zu lernen. Die Kinder lassen sich die »Gaeltacht«-Ferien gern gefallen, weil sie zumeist zum ersten Mal allein von zu Hause fort sind, von ihrem Taschengeld Süßigkeiten und Kaugummi kaufen können, rivalisierende Banden bilden, in Etagenbetten schlafen und die halbe Nacht kichern, vermutlich ihren ersten Kuss bekommen und sich allgemein, nach einem oder zwei Tagen Heimweh, bestens amüsieren.

Wie üblich machte es unsere Familie nicht ganz richtig. Für alle anderen begann das Vergnügen im Zug oder Bus, nur wir wurden mit Vaters Auto, vielmehr dem Auto der Zeitung und Vaters Chauffeur, ins »Gaeltacht« gefahren. Wahrscheinlich reisten wir so luxuriös, weil er nicht genug Geld für Bahnkarten hatte, denn Taschengeld konnte er uns auch nicht dalassen. Das weiß ich, weil ich eine Woche darauf meine erste Periode bekam und abgesehen davon, dass ich nicht wusste, wie ich es hätte anstellen sollen, auch kein Geld hatte, um so etwas wie Binden zu kaufen. In unserem Haus hockte die Schar kleiner Mädchen aus Dublin oft im Bad und schwatzte. Wer Englisch sprach, wurde eigentlich nach Hause geschickt, und das Bad war der einzige Ort, wo einen keiner hörte. Ich traute mich nicht, den anderen zu sagen, dass ich im Bad allein sein wollte. Es gab natürlich nur kaltes Wasser und eine Badewanne, die keiner benutzte – Duschen waren in Irland noch nicht angekommen. Zum Cottage, das in einer grünen Senke am Fuß eines Hügels stand, führte ein langer Hohlweg mit dichten, fleischig belaubten Hecken, und die Bäume, die sich darüber schlossen, waren vom Wind alle in eine Richtung gebogen. Die Frau des Hauses hatte Rhabarber und Kartoffeln in einem Beet mit schokoladenbraunem Boden im Vordergarten, sie buk Brot in einer geschlossenen eisernen Form, die im Ofen mit Torfsoden bedeckt wurde, und sonntags zur Kirche trug sie einen Schal über dem Nadelstreifenkostüm, das ihr die Tochter aus Amerika geschickt hatte. Das alles befremdete mich zutiefst, und ich fühle noch heute mit Kindern, wenn ich sehe, wie schwer sie sich an einen neuen Geschmack und fremde Sitten gewöhnen. Die Welt ist so physisch, wenn man klein ist. Meine Erinnerungen an Donegal bestehen in Körpergefühlen. Das unangenehme Gefühl zwischen den Beinen, wo ich meinen zweiten Schlüpfer in den ersten gefaltet hatte. Der erste Blick auf die saphirgrünen Atlantikwellen, die sich am meilenlangen Strand von Maghararoarty brachen, und das Gefühl des rollenden Namens auf meiner Zunge. Das Ziehen im Unterleib. Die seidige Kühle des Sandes unter den Hecken, wo er nie Sonne abbekommt. Das blasse spätabendliche Licht, das durch die Fenster des Gemeindesaals schien, während wir auf den Holzbänken saßen und zappelnd darauf warteten, dass es dem Mann, der den allwöchentlichen Film zeigte, dunkel genug wurde. Und das gespenstische Grau der Bilder zu Anfang des Films, die deutlicher wurden, je mehr das Licht schwand.

Mittlerweile erscheint es mir passend, dass mein Körper sich in dieser Isolation – ich sagte niemandem etwas – und in der vormodernen Welt der Strohdach-Cottages und des Kopfsteinpflasters vervollkommnete. Meine Gefühle für Irland sind zutiefst körperlich, aber auch von emotionalem Misstrauen erfüllt. Für mich ist es ein Land, in dem Weiblichkeit am besten indirekt angegangen wird.

Die Frauen von Manhattan sind schnell und forsch. Sie haben bewegliche, schlanke, urbane Figuren. Die Frauen von Manhattan haben die beschwerlichen Kleider der alten Länder abgelegt. Sie tragen keine Strumpfhosen – keine muffigen Nylonschichten auf der straffen Haut. Ein zwölfjähriges Mädchen würde sich dessen nicht schämen, was ihr geschieht. Ich wüsste nicht, dass man sich in Manhattan überhaupt für etwas schämt.

In einem Erotikshop erzählte mir eine Verkäuferin, der Vibrator, der sich am besten verkaufe, sei der wasserdichte.

»Wozu ist er wasserdicht?«, fragte ich verwirrt.

»Für die Dusche«, sagte sie und sah mich an, als wäre ich blöde.

Wie rationell. Und wetten, dass sie Verkehrsnachrichten hören, während sie sich Erleichterung verschaffen?

In Irland gibt es im Winter Sonderpreise für Senioren, die Hotelreisen buchen. Sie laufen unter dem Namen »Golden Years Holidays«. Ich versuche mich seit längerem mit dem Gedanken anzufreunden, dass ich schon seit sieben Jahren zu den Berechtigten zähle. In wenigen Jahren werde ich umsonst Bus und U-Bahn fahren können. Für das Fernsehen braucht man in Irland eine Zulassung, aber für Rentenempfänger ist sie kostenlos, weil das Fernsehen für ältere Menschen als lebensnotwendig gilt. Hier in Amerika unterziehen sie sich Schönheitsoperationen, erneuern ihre Zähne und bleichen sie weiß, machen Peeling, bräunen ihre Haut, lasern ihre Fehlsichtigkeit weg, tragen Toupets, halten eisern Diät und lassen sich Silikon in den Busen spritzen, damit sie Figuren bekommen wie Dolly Parton, lassen sich Haar implantieren, Botox injizieren, Motoren in den Penis einbauen, Fett absaugen, Besenreiser wegmachen, falsche Finger- und Fußnägel ankleben. Es gibt dort Leute, die zwanzig Jahre älter sind als ich und danach streben, ihr Liebesleben aufzupeppen. Sie sind ein Triumph von Kunst, Können und Entschlossenheit. Doch auf die irische Frau wartet im Alter ein angenehmes Schicksal. Man mag sie gefürchtet haben, solange sie den leisesten Hauch von Sex verströmte, doch sobald sie darüber hinaus ist, wird sie von allen geliebt. Ich weiß nicht, ob ein Feinkostverkäufer in Manhattan eine Schlange so warten ließe, wie ich es in Dublin gesehen habe, während er einer alten Dame zärtlich eine einzige Scheibe Schinken abwiegt. Bleibt der Verkehr stehen, während die alte Dame über die Straße wankt? Kann sie loswackeln, um ihre Freundin zu besuchen, und wenn sie sich verläuft, bringt sie die Polizei vorsichtig nach Hause?

Als ich in der südlichen Türkei einmal in einer heißen kleinen Stadt feststeckte, durch die der Wind unaufhörlich den Sand vom schmutzigen Strand blies, fand ich auf der Suche nach Lesestoff einen Thriller, den jemand dagelassen hatte, voll Revolverhelden und deutlichen Anspielungen darauf, was hübsche Spioninnen vor ihnen auf den Knien für sie taten. Ein Buch reist, es begegnet Leuten.

Man weiß nie, wo es als Nächstes auftaucht. *Nur nicht unsichtbar werden* zum Beispiel wurde von Redakteuren der Hochglanzillustrierten *More* gelesen, und sie baten mich, einen Artikel für sie zu schreiben. Ich bin immer von der Eleganz solcher Illustrierten beeindruckt, auch wenn mir ihre Welt des makellosen Make-ups und kecken Selbstbewusstseins so fremd ist wie die des KGB und der Spione. *More* ist eine Zeitschrift für die reife Frau, und das bin ich unleugbar, zumindest den Jahren nach. Mir gefiel vor allem der Titel *More* – mehr –, ich weiß nicht, wie man eine solche Illustrierte in Irland nennen würde, sollte man dort je auf die Idee kommen, ein solches Produkt für Frauen in den mittleren Jahren auf den Markt zu bringen, aber eins steht fest – alles über dreißig gilt eher weniger.

Für *More* schrieb ich über die Leichtigkeit des Herzens und das befreite Aufrichten der Schultern, die ich als JFK-Effekt bezeichne – jene zehn oder mehr Jahre eben, die sich von einer Irin wälzen, wenn ihr Flug in den USA landet. Ich schrieb davon, wie die irische Kultur die Frauen so früh wie möglich ins Haus verbannt, während die amerikanische ihnen auf jeder Stufe wieder Chancen bietet, auch wenn sie eine Kultur des Jugendkults ist, dem insbesondere die alten Männer, die das Land regieren, frönen. In der Praxis, schrieb ich, wird man in Amerika einer Frau, die sich ein Funkeln in den Augen bewahrt, mit einem Funkeln begegnen oder sie zumindest nicht dafür verurteilen, dass sie ein Funkeln in den Augen hat. Ich dachte dabei nicht an mich persönlich, denn ich kannte kaum Leute in den USA, und Interesse hatte noch niemand bei mir geweckt. Die Empfindungen, denen ich Ausdruck verlieh, und meine Erleichterung, betrafen allein den Ort Manhattan. Eine Freundin aus Irland schickte mir per E-Mail einen Appell. »Liebe«, stand darin, »als ob du noch nie durch jemanden gelitten hättest.« Ich überlegte, ob ich ihn mir ausdrucken sollte, aber dann ließ ich es. Denn ich hatte in den drei Wintern, die ich in Manhattan verbrachte, nicht nur den Eindruck, einen guten Ansatz für ein Leben in Würde gefunden zu haben, ohne dass ich geliebt wurde – und verfiel außer zu Weihnachten nie in Selbstmitleid –, sondern empfand es als großes Glück und Riesenprivileg, mit dieser Stadt der Städte eine Romanze zu haben.

Dort lernte ich, einen Roman zu schreiben, und das hätte ich in Irland nie versucht. Und ich hatte Freunde. Luke vergaß mich nie länger als ein paar Tage und hielt mich aus London auf dem Laufenden. Und ich hatte eine neue Freundin, die zusammen mit ihrem Mann einen Zeitungsladen in TriBeCa betrieb. Sonntagmorgens in aller Frühe, wenn sich noch nichts rührte, schritt ich auf dem Kopfsteinpflaster unter dem Netzwerk der Feuerleitern durch die Straßen von SoHo zur Canal Street, wo mir ohne den wochentags üblichen Autoverkehr jedes Mal die uralten Fensterläden, hölzernen Kellertüren und bunt gewürfelten Dachformen auffielen, die an eine Basarstraße aus dem neunzehnten Jahrhundert erinnern – in Nischni Nowgorod vielleicht oder in Manchester. Dort lief ich schräg über die Straße zum Polizeirevier, wo die Pferde im Hinterhof gehalten werden. Wenn man zur Stalltür hineinlugt, kann man ihre dicken Hinterbacken sehen und ihren köstlichen, mit Heu gemischten Geruch einatmen. Hinter der nächsten Ecke kam ich an dem Haus vorbei, in dem John Kennedy jr. mit seiner Frau Carolyn gelebt hatte und wo immer Gedenkblumen an die Tür gelehnt waren. In dem schicken Café an der Ecke bereiteten sich die Angestellten lustlos auf die Yuppies mit ihren Kleinkindern vor, die später am Morgen in modischer Freizeitkleidung zum Brunch erschienen. Dann trat ich in das Geschäft meiner Freundin ein. Sie war die zentrale Anlaufstelle für einen Kreis talentierter Menschen – Verlegerinnen, Autoren, Dramatikerinnen, Redakteure, Drehbuchschreiberinnen –, die ich durch sie ebenfalls kennen lernte. Ich verbrachte einige denkwürdige Abende in den ausgefallenen Domizilen, die sie bewohnten, und genoss es sehr, wie lustig und gescheit diese Leute waren. In der New Yorker Szene kann man es nur zu etwas bringen, wenn man ganz Außergewöhnliches zu bieten hat. Auch das Essen war stets interessant. In Manhattan leben ungefähr sechzig Prozent Singles, und die Unterhaltung ist entsprechend extravagant. Der Kreis in TriBeCa bestand zu fast hundert Prozent aus Singles, ganz im Gegensatz zu dem von Vorortleben geprägten Nordirland zum Beispiel, wo die soziale Einheit aus einem adretten Ehepaar bestand, mit einer Ehefrau, die Scones buk und sich bei Marks & Spencer einkleidete, während die dreiteilige Sitzgarnitur in dem einen beigen Wohnzimmer aufs Haar der dreiteiligen Sitzgarnitur im nächsten glich.

Eine eingespielte Spazierroute durch das untere Manhattan zu haben, die in dem Zeitungsladen auskam, wo sich eine Freundin für die Kleinigkeiten in meinem Leben interessierte, und schon so dazuzugehören, dass ich auf dem Heimweg weitere Ziele hatte, begeisterte mich immer wieder. Auf meinem Zickzackweg Richtung Uptown dienten mir die blitzenden Dachpfannen des Chrysler-Hochhauses als Leuchtturm. Ich holte Brot und Äpfel in der Bäckerei in der Mercer Street und Katzenfutter bei Gristede's und schaute noch manchmal kurz bei Tower Records hinein, um mir Musik zu kaufen, die ich im Klassiksender gehört hatte. Ich hatte ein gutes Radio. Später rief Joseph bisweilen an und sagte mir mit seiner tiefen

Großvaterstimme, dass ich sein kleines Mädchen sei. Wenn ich tippte, schob sich Cobweb, die Katze, oft unter meinem Ellbogen durch und schlief auf meinem Schoß ein. Und ich hatte wieder einmal von vorne angefangen, Proust zu lesen.

Eine Zeit lang hatte ich sogar eine Anstellung im Glucksman Ireland House, dem irischen Kulturzentrum der New York University. Ich gab einen Kurs über irische Memoiren, der mit dem *Porträt des Künstlers als junger Mann* von Joyce begann und in dem wir zum Schluss an Teilstücken unserer eigenen Memoiren arbeiteten. Wenn ich an den Winterabenden diagonal über den Washington Square zum Kursgebäude am Fuß der Fifth Avenue lief, wusste ich mich kaum zu lassen vor Freude darüber, wo ich war und was ich hier machte, und vor Vorfreude auf die unterhaltsamen Einsichten, die mich erwarteten, sobald ich die Tür zum Seminarraum öffnete und den Kurs begrüßte. Um den glänzenden Tisch schauten mich neun ganz und gar unterschiedliche Gesichter an, der oder die Erste las die Hausaufgabe vor, und los ging's. Für mich waren vor allem die Beiträge der Männer in meinem Alter aufschlussreich, doch alle Kursteilnehmer boten reife Leistungen. Von mir als Lehrerin erforderte es oft besonderes Feingefühl, die Neulinge bei der Erschließung ihres Ichs zu lenken. Ich dachte voll Bewunderung an die Frau zurück, deren Kurs im Irish Writers' Center ich besucht hatte, als ich mich mit dem Anfang von *Nur nicht unsichtbar werden* abmühte. Und zitierte sie häufig: »Wenn Sie als Sprinter bei den Olympischen Spielen am Start wären, würden Sie nicht auf eine Inspiration warten. Sie hätten ein Training hinter sich. Also trainieren Sie das Schreiben. Schreiben Sie jeden Tag. Warten Sie nicht auf eine Inspiration.« Ich persönlich hatte das Training für die

Zeit des Kurses aufgegeben, weil er zu intensiv war. Die Teilnehmer und Teilnehmerinnen gingen genauso darin auf wie ich, und als die sechs Wochen vorbei waren, mieteten sie sich einen Raum, um allein weiterzuarbeiten, während ich an die eigene Arbeit zurückging.

In den Restaurants, an denen ich auf dem Rückweg zu meinem Zimmer vorbeikam, wirkten die Paare in den Fenstern wie Schauspieler. Sie schauten sich theatralisch tief in die Augen, sie zwinkerten, lächelten und unterhielten sich animiert, als würden sie dafür bezahlt – harte Arbeit, wie mir schien. Für kein Geld der Welt hätte ich meinen Abend gegen ihren tauschen mögen. Eine gebackene Kartoffel, Salat und ein paar Gläschen Wein langten mir zu meinem Glück. Wenn ich doch ausging, wurde ich die Sorge nicht los, dass die Katze einsam war. Zur Oper im Lincoln Center fuhr ich regelmäßig, aber ich fühlte mich in meinen jeweiligen Zimmern so wohl, dass ich nach der ersten Pause ging, wenn ich nicht absolut begeistert war. Nora Joyce, die während der Zeit, als ihr Mann James in ihrem Pariser Hotel an *Finnegans Wake* arbeitete, in Musikgeschäfte ging, um sich Opernarien auf dem Grammophon vorspielen zu lassen, hatte mir Leid getan, weil das so nach unerfüllter Sehnsucht klang. Aber ich selbst tat mir überhaupt nicht Leid. Ich fand es ganz wunderbar, so viel Geld zu haben, dass ich in die Met gehen konnte, wie ich früher ins Kino gegangen war. Ich fand alles wunderbar.

Doch das sind verflossene Zeiten. Na ja, nicht ganz, aber fast. Die Lebensphase mit den drei Winteraufenthalten in Greenwich Village wurde zum verlorenen Paradies. Sie ist so gründlich vorbei, dass sie im Nachhinein wie das pure Glück erscheint.

Ein alter Traum von Liebe wurde fertig und kam 2001 heraus. Fast unmittelbar darauf begann ich in meinem Häuschen in County Clare die Arbeit an einem zweiten Roman. Ich hatte mir einen Vorschuss erbeten und davon meinem alkoholsüchtigen Bruder ein kleines Haus in Dublin gekauft. Ich hatte einen Vertrag unterschrieben, und der Abgabetermin war nicht mehr weit. Doch leider wollte die Geschichte nicht so wie ich. Es war ein einziger Kampf. Und schließlich war ich so verzweifelt, dass ich froh war, wieder für die *Irish Times* schreiben zu können. Mit meiner Kolumne konnte ich mühelos drei Tage die Woche verplempern – alles, um bloß nicht an der widerborstigen Geschichte sitzen zu müssen. Es gab ein neues Magazin als Samstagsbeilage zur Zeitung, und dahin war meine Kolumne jetzt verschoben. Der Wechsel von schwarzweißen Planobögen zu buntem Glanzpapier nahm ihr den Ernst. Wegen der Druckvorgaben für die Reklame, von der das Magazin lebte, musste ich meine Artikel so früh einreichen, dass ich nicht mehr wirklich aktuell sein konnte. Die Kolumne stand jetzt im Umfeld von »Lifestyle«-Beiträgen, während sie früher auf der prestigeträchtigen Seite mit den politischen Kommentaren gestanden hatte. Und kürzer war sie auch. Sie machte mir noch Freude, aber ich hatte nicht mehr das Gefühl, zu den wichtigen Themen des öffentlichen Lebens in Irland gehört zu werden.

Ich hatte keine weiteren Pläne, als mit der Arbeit an einem zweiten Roman fortzufahren. Ich hatte keinen Grund, nach Manhattan zurückzukehren. Die Wohnung im Lagerhaus am Holland Tunnel wurde nicht fertig – es gab Probleme mit der Finanzierung und der Baugenehmigung. Ich war so weit weg und so schlecht informiert, dass ich beschlossen hatte, die Sache zu vergessen, wenn es sein musste für Jahre, damit mich der Gedanke, dass ich den Großteil meines Geldes in den Sand gesetzt haben könnte, nicht ständig quälte.

Doch dann kam der 11. September.

Es gibt kein pro-amerikanischeres Land auf der Welt als Irland. In den Wochen nach dem Terroranschlag unternahmen zahllose Iren Pauschalreisen nach New York, um zu den Trümmern des World Trade Center zu pilgern und der Toten und Vermissten zu gedenken. Mein Anwalt flog an einem Wochenende hin und zurück, nur um am Sicherheitszaun zu beten. Auch ich verspürte das Bedürfnis, zu der Stadt zu stehen, auch wenn natürlich niemand um meinen Beweggrund wusste. Dass die Stadt noch einmal den gleichen Zauber haben würde, erwartete ich nicht. Ich weiß, dass es unmöglich ist, zweimal in den gleichen Fluss zu steigen.

Es war dunkel geworden, bevor das Taxi vom Flughafen über die Triborough Bridge fuhr. Ich schaute kaum auf die Straßen hinaus. Ich checkte in dem Hotel in Midtown ein, das ich gebucht hatte, aber ich packte nicht aus und machte keine Anrufe und richtete mich nicht in dem Zimmer ein. Ich machte gar nichts. Nach einer Weile ging ich zur Second Avenue hinüber und holte mir Essen beim Chinesen. Dann ging ich ins Bett, immer noch in einem Zustand des Nicht-ganz-Angekommen-Seins.

Wie nach einem Flug aus Europa zu erwarten, wachte ich um fünf Uhr morgens auf. Es wurde gerade hell, als ich mich von einem Taxi so nahe wie möglich ans World Trade Center heranfahren ließ. Unten am Ende des Straßenblocks konnte ich hinter Barrieren die in sich verdrehte graue Wand eines Gebäudes sehen, die dastand wie der Stumpf einer Stadt nach langer Bombardierung.

Es lag ein entsetzlicher Gestank in der Luft. Der kalte Schneeregen musste Gerüche in dem noch warmen Gemisch aus Asche und Eisen freigesetzt haben. Um den Stumpf war eine Schlammwüste und aus den verborgenen Tiefen des Unglücksortes drang lautes Dröhnen von Lastwagen. Ich blieb an einer Ecke stehen. Die ersten Touristen tauchten aus der U-Bahn-Station auf und zielten ihre Kameras wie zum Selbstschutz auf den Anblick, bevor sie ihn in sich aufnahmen. Dann forderte mich eine Polizistin auf weiterzugehen. Erst als ich wieder in Richtung Uptown ging und in der Nähe des St. Vincent's Hospital an einer Wand vorbeikam, die mit Briefen und Gebeten und Gedichten und Bitten und Kontaktadressen gepflastert war, mit einem Haufen aus Teddybären, Kruzifixen, einem wunderhübschen Schuh mit hohem Absatz, verwelkten Blumen, einer Menora, flackernden Kerzen auf dem Gehweg davor, sackte es bei mir richtig ein, dass das Geschehen vom 11. September keine kriegerische Handlung war, sondern ein Verbrechen gegen ganz gewöhnliche Menschen. An der Wand hingen Bilder von Säuglingen und Kindern, als würden die Toten nur zurückkommen, wenn man sie an die erinnerte, die sie liebten und brauchten. Es war eine bunte, fast grellbunte Wand. Der Tod war gekommen und hatte die graue Straße geschmückt wie zur Parodie eines Festes. Was mich immer wieder stutzen ließ, während ich durch die Stadt lief und mir Denkstätte um Denkstätte ansah, war, wie glücklich die Vermissten aussahen. Wer hat schon jemals ein Foto von sich machen lassen, das für eine Vermisstenanzeige geeignet wäre? Gewöhnliche Menschen werden fotografiert, wenn sie sich freuen, und so strahlten sie einem hier entgegen, im Smoking an Restauranttischen mit halb leeren Tellern, sprungbereit im Badeanzug an einer Mole, stolz hinter einem Jungen, der Bar-Mizwa feiert, schüchtern im glänzenden Kleid einer Brautjungfer. Alle, alle hatten ein Lächeln aufgesetzt.

Drei Monate später, zu Anfang des Jahres 2002, wohnte ich zur Untermiete in einem Zimmer in den West Twenties, das zu teuer und zu klein war. Die Gegend gefiel mir nicht. Vermutlich verlieren die Straßen ihren Charme, wenn man sich an eine Stadt gewöhnt, und diese wirkten von dem Hass überschattet, der Amerika heimsuchte, von den Spannungen auf dem Wohnungsmarkt, weil die weniger Betuchten von der neu hinzuziehenden Schickeria verdrängt wurden, und von dem kalten Winter. Die Restaurants und Geschäfte an der Eighth Avenue waren fest in der Hand der Homos. In den Apotheken schleppten Männer große Pakete mit Medikamenten ab, ihre HIV-Mittel für den Monat. Aufmerksamkeit für eine ältere Frau war nirgends zu erwarten. Mir war kalt und ungemütlich und ich verzweifelte an meinem Roman. Die Abende wurden mir viel zu lang, wenn ich nicht trank, und ich wollte nicht trinken, wenn ich zu schreiben versuchte. Ich hatte sogar wieder verlernt, richtig zu schlafen und nahm Tabletten. Ich kehrte zu den Gewohnheiten einer Unterprivilegierten zurück. Meine Mutter hatte auch noch nach vielen Jahren, in denen sie sich von Gin und Shortbread ernährte, die Kette in der passenden Farbe zu ihrer Bluse ausgesucht und mit zitterndem Mascara-Pinsel nach ihren Wimpern gezielt. Mir war es gleich, in welchen Sachen ich herumlief und ob ich eine neue Tönung brauchte. Ich kaufte billige Klamotten und hatte ständig irgendwelche Flecken drauf. Ich hatte eine solche Angst davor, Geld zu verlieren, dass ich ständig welches verlor. Die schroffe Art der Leute machte mich nervös. Der Zeitungsladen in TriBeCa war vom Hauswirt geschlossen worden und der lebendige Kreis der Intellektuellen, die sich darum versammelt hatten, hatte sich aufgelöst – jedenfalls hatte ich den Kontakt zu ihnen verloren. Sogar die Freundin, die den Laden betrieben hatte, war aus meinem Leben verschwunden. Ohne die Freundin und die Leute, die ich über sie kennen gelernt hatte, kannte ich fast niemanden. Und weil ich down war, begann ich auch noch Pech zu haben. Als ich eines Abends meine Schlüssel verlor, brach ich vor meiner Tür auf der dunklen Straße in Tränen aus. Ich hatte mich und die Art, wie ich immer alles ruinierte, gründlich satt. Ich hatte meine Liebe zu Manhattan ruiniert, indem ich einmal zu oft dorthin zurückgekehrt war. Selbst wenn es Leute gegeben hätte, an die ich mich hätte wenden können, kannte ich keine einzige Telefonnummer auswendig. Am Ende brach der Schlüsseldienst mein Schloss auf und ich zahlte dreihundert Dollar. Die arme Katze war von dem lauten Bohren verschreckt. Die Wohnung hatte ein Gutes: In ihrem hintersten Winkel mit Blick auf einen verlassenen winterlichen Garten verbarg sich ein hohes festes Bett von Riesenmaßen, und darin verkroch ich mich. Als ich die Wohnung anmietete, dachte ich, es wäre ein ideales Bett für ungeduldige Frischverliebte, weil es von der Straße nur eine flache Treppe hoch lag und man nicht erst auf einen Fahrstuhl warten musste. Was für eine Phantasie – wo ich nicht einmal Aussicht auf einen Kuss hatte!

Eines Abends, als ich gerade eine frische, dicke *Irish Times* in der Tasche hatte, beschloss ich mich aufzuheitern, indem ich sie bei einem richtig guten Essen las. Ich reservierte einen Tisch in einem teuren Restaurant, bestellte eine halbe Flasche guten Wein und lauter Köstlichkeiten und hielt die Zeitung hoch, um sie beim Licht der diskreten Kerzen zu lesen. Ich hatte kaum mitbekommen, dass alles rief: »Es brennt! Es brennt!«, als mich das Wasser nass spritzte, das jemand auf die Flammen kippte – die Zeitung hatte sich an der Kerze entzündet. Traurigkeit zur Farce geraten. Ich hatte für den Rest des Mahls nichts mehr zu lesen.

Wer wäre darauf gekommen, dass meine Reise schon bald eine neue Wende nehmen würde? Dass sich die Folge von Ereignissen, die mich schließlich in diese Sommerkolonie führte, bereits ankündigte?

Glucksman Ireland House ist ein freundlicher Ort, und man hatte mir erlaubt, ein paar Computerteile dort in einem Schrank zu lagern. Aber das Haus sollte renoviert werden, und eine der jungen Mitarbeiterinnen rief mich an und bat mich, meine Sachen abzuholen. Also ging ich an einem trüben Januartag dort vorbei, und da sie gerade zur Mittagspause aufbrechen wollte, schloss ich mich an. Wir hatten schon oft zusammen über ihr Liebesleben gefrotzelt – sie flöße mir Ehrfurcht ein, sagte ich immer, weil sie mit kaum über dreißig schon zwei Ehen hinter sich hatte.

»Im Moment habe ich so viele Verehrer wie noch nie«, erzählte sie mir beim Essen in einer Studentenkneipe. »Man kann sich im Internet bei einer Adresse anmelden, die Match.com heißt. Man stellt eine Beschreibung von sich ins Netz, und die Männer schicken Beschreibungen von sich, und der Computer stellt passende Paare zusammen. Wenn ich heute Abend nach Hause komme, logg ich mich ein und finde den ganzen Bildschirm voller Nachrichten. Ich brauche mir nur jemanden auszusuchen.«

»Wie sehen die Beschreibungen aus?«

»Es gibt Richtlinien. Sie nennen es dein Profil, und man kann auch ein Foto einschicken. Dann melden sich noch viel mehr Männer. Und man kann sich ihre Bilder angucken ...«

Ich war Feuer und Flamme. Aber ich dachte dabei nicht an mich selbst. Ich hatte ständig meinen Roman im Kopf, und mir ging auf, dass mir die Geschichte mit dem Profil vielleicht über ein Problem hinweghelfen konnte. Wenn ich meine Heldin bewegen konnte, ihr Profil zu entwerfen – wenn sie sich in ein Programm wie Match.com einloggte –, wäre das Problem ihrer Beschreibung strukturell gelöst. Und ich konnte mir all die Details sparen, die ich ständig überall einzufügen versuchte. Wenn sie sich mit einem Profil vorstellte, etwa mit »Ich bin 21, habe rote Haare und interessiere mich für Antiquitäten«, bliebe mir die Mühe erspart, derlei Einzelheiten einfließen zu lassen, indem andere Leute sie ansahen, sie sich in Schaufenstern betrachtete, sie irgendwelche Popmusik hörte, die das Geschehen in eine bestimmte Zeit einordnete, sie irgendwelche Sachen anzog, aus denen man auf ihre Erscheinung schließen konnte und was der erzählerischen Kniffe mehr waren. Sobald ich wieder am Laptop saß, zahlte ich zwanzig Dollar, um mich bei Match.com zu registrieren, lieh die Profil-Richtlinien aus und nahm die Arbeit an einem Kapitel auf, in dem meine Hauptfigur – Mary hieß sie damals – ein detailliertes Profil von sich entwirft. Sie hat wirklich ein tolles verfasst, ich brauchte mehrere Tage, bis ich vollends damit zufrieden war.

Und im echten Leben schickte ich selbst ein Profil an Match.com. Einfach so. Ich glaube tatsächlich, dass es einfach so war. Ich suchte nicht wirklich nach einem Partner, und schon gar nicht nach einem, der auf eine Partneragentur angewiesen war, ob im Internet oder anderswo. Das war etwas für Loser oder Abenteuerlustige. Und ein Blick auf mein Profil hat mich in dem Eindruck bestärkt, dass ich es wirklich ohne jegliche Absichten reingestellt habe, denn es versucht überhaupt nicht, mich anzupreisen.

Hier ist es:

Munter, innerlich schüchtern, im Wesentlichen autark, mit Sehnsucht nach ein wenig Zärtlichkeit. Ich bin 57, irisch, ein bisschen rundlich, ich liebe Gespräche mit viel Zuhören und Reden, Tiere, Musik, Essen, Wein und Küsse.

Ein Foto schickte ich nicht ein.

Das Profil war nicht ernst gemeint. Ich war nicht siebenundfünfzig, sondern einundsechzig, und das war nicht zu verbergen. Ich schrieb »siebenundfünfzig«, weil ich es nicht gut ertrug, in einem Alter zu sein, dass mit »sechzig« endete. Da mich nie jemand zur Rechenschaft ziehen würde, war mir die Lüge bequemer. Die rundliche schüchterne Frau war eine Figur, die sich nie mit einem echten Menschen treffen würde. Dass Munterkeit mein Hauptcharakteristikum ist, hätte ich nie im Ernst behauptet, und ich bin zwar schüchtern, aber das trifft auf die meisten Leute zu, die ich kenne, und meine Schüchternheit hat mit dem, was man gemeinhin unter dem Wort versteht, nichts zu tun. Ich bin mehr als ein bisschen rundlich – ich bin sehr rundlich. Ich höre auch nicht besonders gerne zu. Und dass ich das Küssen liebe, war eine peinlich verschämte Umschreibung dafür, dass ich mit den wenigen Leuten, die ich wirklich geliebt hatte, wahnsinnig gern ins Bett gegangen war. Die Halblügen gingen mir glatt von der Hand, und ich zögerte einzig vor der unbestreitbaren Tatsache, dass ich Irin bin. Das mit dem Irischen ist ein zweischneidiges Schwert. Viele Leute stöhnen, wenn sie das Wort hören, eingeschlossen etliche Iren selbst.

Ich weiß nicht weshalb, aber es kamen keine Antworten. Nicht eine. Bei Match.com dürften Hunderttausende auf Partnersuche sein, da sollte man doch meinen, dass sich auch jemand für mich interessierte. Aber nein, das war nicht der Fall.

Und es kam noch schlimmer. Der Computer bot mir ständig Profile von Männern meines Alters an, die ich mir mit Interesse zu Gemüte führte. Natürlich hätte in meinem Profil stehen müssen: Schriftstellerin, die alles tut, um sich vom Schreiben ihres zweiten Romans abzulenken, einschließlich in Match.com stöbern. Eines Tages entdeckte ich unter den vielen Kerlen, die am liebsten zu Oldtimer-Motorradrallyes fuhren und Steak aßen, einen interessanten Mann. Im Profil stand, er sei ein Anwalt aus Brooklyn, der als Soziologe an der Uni gearbeitet habe und sich in Italien auskenne. Er habe sich mit der Wohnungspolitik in Venedig auseinander gesetzt, schrieb er. Ich war gerade mit meinen Geschwistern zu unserem zweiten Italienurlaub in Venedig gewesen und war neugierig auf die Stadt hinter der Touristenfassade. Er schrieb, dass er getrennt lebte und drei Tage die Woche seine achtjährige Tochter bei sich hatte. Das Foto zeigte einen Mann mit schütterem Haar, munteren Augen und einem großen, sensiblen Mund in einem herzförmigen, elfenhaft lebendigen Gesicht. Und obwohl er eine ausgesprochen hässliche Wolljacke mit irischem Muster trug, schickte ich ihm mein Profil. Er hieß John.

Er antwortete nicht.

Tiefer kann man nicht sinken: Du überwindest all deine Hemmungen gegenüber elektronischen Kontaktanzeigen, und kriegst von dem einzigen Mann, von dem du dich möglicherweise überreden ließest, dich zu einem Treffen mit ihm herabzulassen, noch nicht einmal eine Antwort.

Mir hat einmal eine Frau davon erzählt, wie sie zufällig einen Hochzeitsempfang miterlebte, weil sie etwas in einem Hotel abzuliefern hatte, wo die Festlichkeiten gerade stattfanden. Sie sah zu, wie die Gäste durchs Foyer gingen und dabei fiel ihr Blick auf einen Mann unter ihnen.

»Den werde ich heiraten«, schoss es ihr durch den Kopf, obwohl sie nicht das Geringste über ihn wusste. Und sie hat ihn tatsächlich geheiratet. Ich kenne die beiden und ihre Kinder.

Ein ähnlich rätselhafter Instinkt führte dazu, dass ich mich bei dem Mann von Match.com nicht mit einem Nein zufrieden gab. Potenzielle Liebhaber sind überall zu finden. In Manhattan musst du bloß deine Postleitzahl und die gewünschte Begegnungsform im Internet eingeben, und schon bekommst du den Namen einer Bar oder eines Cafés in der Nähe, wo jemand sitzt und darauf wartet, dich kennen zu lernen. Sowohl beruflich wie privat kenne ich jede Menge Männer und hätte mehr Möglichkeiten als die meisten Frauen, jederzeit neue Bekanntschaften zu machen. Unter den Männern in meinem Bekanntenkreis waren ein paar, bei denen es nur einen Anstoß gebraucht hätte, um aus Freundschaft mehr werden zu lassen. Ich lerne jede Woche neue Männer kennen. Und neue Frauen ebenfalls.

Ich glaube nicht, dass ich im strengen Sinne bisexuell bin: Bis ich Nell mit vierzig kennen lernte, hatte ich nie

Frauen für eine Partnerschaft in Betracht gezogen, aber Jungen und Männer im Kopf gehabt, seitdem ich dreizehn war. Trotzdem hatte ich nicht die geringsten Schwierigkeiten, mich in sie zu verlieben, und ich wäre nicht erstaunt gewesen, wenn sich wieder eine Partnerschaft mit einer Frau ergeben hätte. Gerade ein paar Tage, bevor ich die Geschichte mit Match.com begonnen hatte, hatte ich mich zum Abendessen mit einer sehr klugen und attraktiven Frau getroffen, die mich über die *Irish Times* kontaktiert hatte, um ihr Interesse an einer Beziehung zu bekunden, und die, wie sich herausstellte, in Manhattan nur einen Block nördlich von mir wohnte.

Aus irgendeinem beängstigend unfehlbaren Instinkt heraus schrieb ich dem Anwalt aus Brooklyn eine E-Mail. Ich erklärte ihm, dass ich Schriftstellerin sei und gar nicht darauf aus sei, mich mit ihm zu verabreden – das solle er vergessen –, sondern mich für den Roman, an dem ich säße, dafür interessierte, warum er mir nicht geantwortet habe. Ob er mir vielleicht sagen könne, welches Wort oder welche Eigenschaften in meinem Profil ihn davon abgebracht hätten, mir zu schreiben? Meine Telefonnummer sei soundso.

Er rief mich an. Er meinte, es habe nicht viel Sinn, Musik und Tiere zu erwähnen, wenn ich mich nicht dazu äußerte, was für Musik und welche Tiere, und er wisse nicht viel über Irland und habe sich, um ehrlich zu sein, auch nie dafür interessiert. Wir unterhielten uns über Hunde – meine kleine Molly, die dreitausend Meilen weit weg war und auf den Plan trat wie ein Engel. In meiner Liebe zu Molly kommt meine beste Seite hervor. Wenn von Molly die Rede ist, will mich jeder kennen lernen.

Und wir verabredeten uns tatsächlich zu einem Treffen.

Am neunzehnten Januar 2002 schneite es in Manhattan. Ich bin froh, dass sich das Wetter etwas Besonderes für uns einfallen ließ. Ich betrachtete abwesend die taubengrauen Flocken, die vor dem Fenster tanzten, während ich den ganzen Tag an dem Roman bastelte. Ich beobachtete, wie die eckigen Gartenstühle im vereisten Garten unter mir sich bis zum Ende des Tages ausrundeten und weiche Schneesitze und -lehnen bekamen. Als ich in die Eighth Avenue lief, um mein Samtoberteil von der Reinigung zu holen, wirkten die Lichter der Cafés und Geschäfte noch einladender als sonst, weil die Luft gegen Abend unangenehm kalt wurde. Auf der breiten Straße spritzte der Schneematsch, und auf den Gehwegen war der Schnee zu harten Rillen gefroren, die ich noch durch die Stiefel schmerzhaft spürte. Ich freute mich auf das Abendessen in Gesellschaft. Ich freute mich, dass der Schnee die Straßen der Stadt wieder aufregend machte.

Meine Laune war gut, weil ich eine zufrieden stellende Zahl von Stunden bei der Arbeit geblieben und ein wenig vorangekommen war, und ich weiß noch, mit welchem Schwung ich die Tür zum Restaurant aufstieß und eintrat. Beim ersten Schnee rückt man in der Stadt so ähnlich zusammen wie in Kriegszeiten, und es war für John – den ich natürlich sofort als den Mann im Mantel erkannte, der die Tür beobachtete – und mich, die ich mit meinem verschneiten Mantel hereinkam, leicht, uns mit einer Umarmung zu begrüßen, und ebenso leicht, in dem fast leeren Restaurant beim Essen dicht nebeneinander zu sitzen, um nicht zu frieren. Wie in einem Kokon kehrten wir der eisigen Nacht den Rücken. Unsere Wörter purzelten durcheinander, weil es so vieles gab, über das wir reden konnten. Es war keine Begegnung, bei der das Schicksal stumm seinen Lauf nahm. Sie hatte etwas Flüssiges, fast Alltägliches, er rief die Kellnerin noch einmal an den Tisch, um ihr zu sagen, dass ihm die Hähnchenschenkel besonders gut schmeckten, ich aß wie üblich zu viel Nachtisch. Unsere Hände fanden sich so selbstverständlich wie bei Kindern. Es war zweiundzwanzig Jahre her, seit ein Abend mit jemandem in mir so viel Hoffnung geweckt hatte – keine spezifische Hoffnung auf etwas Benennbares, sondern eine Hoffnung, die klein aufflammt, wie wenn sich auf dürrem Boden erst ein Zweiglein entzündet und dann das nächste und schließlich der ganze Wald brennt. Er kam mit mir nach Hause in das Bett über dem verschneiten Garten, und alles blieb vollkommen natürlich. Dass wir am nächsten Morgen nicht zusammen aufwachten, lag nur daran, dass Mimmo, Johns alter Hund, in Brooklyn auf seinen Nachtspaziergang wartete. Es war derselbe Mimmo, der mir hier in der Ferienkolonie, wo der Sommer, der auf jenen Winter folgte, allmählich in den Herbst übergeht, beim Schreiben Gesellschaft leistet.

In den Ästen der Kiefern wenige Meter vor meinem Fenster tummeln sich Vögel, Erdhörnchen und Eichhörnchen. Aber die Küche ist still. Das Telefon an der Wand über dem Tisch klingelt fast nie, es gibt weder Post noch Fernsehen, und die einzigen Menschen, die ich grüße, sehe ich, wenn ich mit dem Fahrrad losfahre, um mir eine Zeitung zu kaufen, oder wenn eine Familie mit Handtüchern über die geschorene Wiese läuft und noch unten am Steg ist, wenn der Hund und ich an den See gehen. Manchmal überrascht mich der warme Harzgeruch in den Bäumen und mir fällt mit Erstaunen ein, wo ich bin. Ich lausche: nirgends ein Geräusch. Die Mütter haben ihre Kinder hereingerufen. Ich bin beim Schreiben einigermaßen zerstreut. Ich esse einen Apfel, koche Tee, checke meine E- Mails, geh ins andere Zimmer und versuche den schlafenden Hund so leicht zu streicheln, dass er nicht einmal den Schwanz bewegt. Auf dem Tisch habe ich einen Handspiegel und darin betrachte ich mich viel. Das Grau breitet sich von den Wurzeln über meinen Haarschopf.

Wozu Schmelztiegel da sind, weiß ich, aber bis vor kurzem wusste ich nicht, woraus sie sind – dass sie aus Ton oder Porzellan und sehr zerbrechlich sind. Trotzdem halten sie so heiße Temperaturen aus, dass Erz schmilzt und alle Unreinheiten zersetzt werden und am Ende starkes, reines Metall übrig bleibt. Ich halte mich in diesem Holzhaus, vor dem die Kinder mit ihren hohen amerikanischen Stimmen spielen, aufrecht, indem ich mir vorstelle, dass ich hier alles Überflüssige aus meinem Leben brenne. Ich versuche alle Unaufrichtigkeit aus dieser Geschichte zu tilgen. Und ich denke in der Stille dieser Sommerkolonie ständig: Was ist wahre Liebe? Was ist klarsichtige Liebe? Kann man lieben wollen und müssen und trotzdem scheitern? Kann es passieren, dass der Geliebte mit ausgestreckten Armen am anderen Bachufer steht und: »Komm! Komm!«, ruft und du es trotzdem nicht schaffst zu springen?

Vor den offenen Schlafzimmerfenstern seufzen die Kiefern. Ich bin der einzige Mensch in diesem großen Holzhaus, und auch ich bin nicht richtig hier, weil mein Blick nach innen und in die Vergangenheit gerichtet ist. Außer freitags am späten Abend. Dann warte ich so gespannt wie der Hund auf sein Herrchen. Ich halte durch das Fliegengitter Ausschau nach dem Licht der Scheinwerfer von Johns Auto, das über die Baumstämme tanzt. Als ich jung war, hätte ich den ganze Tag nichts anderes gemacht, als auf ihn zu warten. Jetzt arbeite ich, bis es Zeit ist, den

Tisch zu decken. Ich beobachte den dösenden Hund, um zu sehen, wann er Johns Nähe spürt. Ich warte oben an der Treppe. Ich höre die Fliegentür aufgehen. Er ruft einen Gruß zu mir herauf. Meine Beziehungen früher waren voll defensiver Ausflüchte, doch jetzt freue ich mich, dass er da ist und verberge das nicht, und er verbirgt seine Freude nicht vor mir. Wenn er alleine da ist, jedes zweite Wochenende, haben wir Zeit, uns in den Armen zu liegen – zwei Menschen, die aus getrennten Welten kommen –, und ich denke oft, dass wir mehr als glücklich, dass wir gesegnet sind. Und es gefällt mir, die ganze Nacht ein Restchen Wachheit zu behalten, um zwischendurch Hallo zu sagen, ihn zu bitten sich umzudrehen oder mich leise zu entschuldigen, wenn ich aufstehe, um zur Toilette zu gehen, oder manchmal sogar einen Augenblick Händchen zu halten.

Eine Freundin fragte mich damals, in der Zeit mit dem Schnee: »Aber warum dieser Mann? Warum ausgerechnet er?« Sie kannte ihn nicht, sondern wollte bloß wissen, wer es geschafft hatte, meine in ihren Augen schier unüberwindliche Abwehr zu durchbrechen. Ich will meine Gründe nicht ans Licht zerren. Sie sind geheim und würden zu viel über mich verraten. Schließlich nähere ich mich dem Ende dieser Memoiren und damit der Realzeit – diese Aufzeichnungen beginnen Ähnlichkeit mit einem Brief zu bekommen.

Ich antwortete, ich könne ihr nur sagen, er sei ein kleiner Mann, der schmächtig wirke und dem man erst aus nächster Nähe anmerke, wie viel Kraft und Beharrlichkeit in ihm stecken. Und ich hätte das Gefühl, hinter seiner gedehnten, zerstreuten, ironisch entschuldigenden Art den klugen, sensiblen Mann zu sehen. Jedenfalls, sagte ich, amüsiert mich die originelle amerikanisch-europäische Mischung in seiner Art – er wurde in New York als Sohn österreichisch-tschechischer Hitlerflüchtlinge geboren und wuchs in Rom auf, wo seine bemerkenswerte Mutter erst Medizin studierte und sich dann zur Psychoanalytikerin ausbilden ließ. John drängte sich nie in den Vordergrund – eher im Gegenteil –, aber er erschien mir zugleich unkonfrontativ und außergewöhnlich beharrlich. Ich dachte, nur ich entdeckte diese Qualitäten, bis mir aufging, dass Konkurrenzfähigkeit in amerikanischen Anwaltskanzleien ganz groß geschrieben ist und dass die Leute, die ihn in ihre hoch angesehene Kanzlei geholt hatten, seine selbstironische Fassade ebenfalls durchschaut haben mussten.

Am Tag, nachdem wir uns kennen lernten, fuhr er auf dem Weg zur Arbeit quer durch die Stadt, um mir Blumen zu bringen. Am Tag darauf sauste ich mit einem Taxi zu einer Coffeebar in der Nähe seines Büros, weil er sich zwanzig Minuten freimachen konnte. Und derlei mehr. Als ich nach wenigen Wochen zu einer Lesereise für die Taschenbuchausgabe des *Alten Traums von Liebe* aufbrechen musste, waren wir schon so verbandelt, dass er mich zum Flughafen brachte, wusste, wo ich war, telefonische Nachrichten im Hotel hinterließ und ungeduldig auf meine Rückkehr wartete. Es war meine vierte Lesereise, so etwas hatte ich noch nie erlebt. Das ist eine der schönen Seiten dieser Lebensphase – dass man die guten Dinge bis ins Letzte auskosten kann, weil man genau weiß, wie rar sie sind. Seit Jahren hatte ich an Bahn- und Flughäfen weggeschaut, wenn sich Leute beim Abschied tränenreich umarmten oder sich freudig begrüßten. Das sind nicht die besten Orte für jemanden, der einsam ist. Jetzt konnte ich es kaum fassen, wenn ich John auf mich warten sah. Eine Frau zu sein, die nie abgeholt wird, oder eine Frau zu sein, die abgeholt wird, ist ein himmelweiter Unterschied, und zwar nicht so sehr ein Gegensatz wie ein grundsätzlich anderer Zustand. Das hatte ich nicht gewusst. Und ich hatte auch nicht gewusst, wie oft Leute – wildfremde Menschen – sich dazu veranlasst fühlen, Personen wie uns beiden freundliche und lustige Bemerkungen zuzuwerfen, etwa wenn wir uns in Flughäfen an der Sperre umschlangen. Es muss die Kombination aus grauem Haar und jugendlicher Schüchternheit sein.

Trotz alledem war ich von Anbeginn skeptisch – meinetwegen. In meiner Erinnerung tauchten ständig Episoden aus alten Beziehungen auf, wie Wrackteile, die an einer für Schiffbrüche berühmten Küste aus dem Wasser ragen. Ich fragte mich, was es zu sagen hatte, dass John bei manchem Licht ein bisschen meinem Vater ähnlich sah. Ich fragte mich, ob er mich noch mögen würde, wenn er mich richtig kennen lernte. Ich machte ganz und gar unerwarteten Gebrauch von meinen Memoiren. Ich schenkte ihm ein Exemplar von *Nur nicht unsichtbar werden*. Aber lies es erst, wenn du dies durch hast, sagte ich, und schenkte ihm auch noch den *Alten Traum von Liebe*. Ist dir schon je eine so wohl dokumentierte Frau ins Leben getreten?, fragte ich und fügte an, dass ich nie um des Schreibens willen schreibe, sondern um zu leben, und zwar um besser zu leben, nicht in dem Sinne, dass ich besser mit dem Leben fertig werde, sondern dass ich zum besseren Menschen werde. Wahrscheinlich lachte ich ihn dabei an, denn ich hatte innerlich längst beschlossen, dass die Beziehung mit ihm mir nicht nur auf dem Weg zu diesen Zielen helfen würde, sondern dass sich in ihr erwies, dass ein Teil meiner Ziele erstaunlicherweise bereits erreicht war.

Ich empfand uns als gleichaltrig, obwohl es sich herausgestellt hatte, als ich ihm meine Lüge bei Match.com gestand, dass er fünf Jahre jünger war. Als ich nach der Lesereise mehr Zeit in seinem Haus in Brooklyn verbrachte als in meinem Zimmer in Manhattan, begannen mir Dinge aufzufallen, die mit unserem Alter zu tun hatten. Nicht nur dem Alter an sich, sondern auch mit der Zeit, aus der wir stammten. John ist fast rührend altmodisch in seinem Verhalten – er ist gut als Architekturprofessor in einer charmanten europäischen Universitätsstadt denkbar. Doch sofern sich diese Art auf seine Einstellungen überträgt, ist sie, milde ausgedrückt, nicht gerade mit meinem Feminismus vereinbar. Ich bin eine Feministin, seitdem ich zum ersten Mal verstanden habe, worum es dabei geht, auch wenn ich es trotzdem – etwa im Fall von Josephs Frau – häufig an Selbstachtung und Achtung für Frauen und Männer habe fehlen lassen. Feministinnen sind in Irland nicht eben beliebt, und die Antipathie wird in den Medien freimütig geäußert, nicht wie in den USA durch die ehrbare Tradition der politischen Korrektheit unterdrückt. Wenn das, woran man glaubt, jahrzehntelang verhöhnt und beleidigt wurde, führt das natürlich leicht zu einer gereizten Defensivhaltung. Das macht es nicht einfach, sich einem Mann anzuvertrauen, und sei es nur im Gespräch. Mein Bewusstsein ist so auf dem Quivive, dass es jede noch so leise Kritik, die John an Frauen oder Frauenangelegenheiten äußerte, registrierte.

Was Kritik aneinander betrifft, so teilte ich ungebremst aus, begegnete aber der kleinsten Infragestellung meines Verhaltens mit einer Mischung aus mädchenhafter Gekränktheit und ausgewachsener Aggressivität. Aber ich fand es befreiend, meine Wut, Zweifel, Kritik und vor allem Selbstkritik offen äußern zu können. Ich rechnete dieser Beziehung mehr Chancen aus als allen meinen Beziehungen zuvor, weil meine Ambivalenz, sowohl was mich persönlich als auch mich als Vertreterin meines Geschlechts betraf – denn als solche fühlen sich feministische Frauen, glaube ich, unwillkürlich –, von Anfang an offensichtlich war und das seiner Zuneigung trotzdem keinen Abbruch tat. Ich wäre liebend gern weniger befangen gewesen, aber das scheint in meinem Alter nicht möglich zu sein. Ich war durch nichts davon abzubringen, zu allem meine Gedanken rauszulassen – wie das durchlaufende Nachrichtenband am unteren Bildschirmrand im Fernsehen. Wobei ich uns, auch wenn ich nicht mehr so jung und ohne Hintergedanken war, wie es sich für eine Verliebte gehörte, wenigstens weitgehend mit Ironie verschonte. Im Grunde bin ich noch jung, wenn es um die Liebe geht. Ich wünschte mir, dass er mir hübsche Kleider und elegante Wäsche schenkte. Ich wollte nicht, dass er es mitbekam, wenn ich eine Verdauungspille schluckte oder mir am Kinn ein Haar ausrupfte. Einmal schmollte ich, weil er sich keine Gedanken gemacht hatte, ob ich in ein Gewitter geraten war oder nicht. Eines Tages schmolz ich dahin, weil er mir, um beim Reden etwas mit den Händen zu tun zu haben, die Haare kämmte. Als er mich beim Zahnarzt abholte, musste ich daran denken, dass ich in der irischen Talkshow zur Erscheinung der Memoiren erzählt hatte, wie gern ich einmal vom Zahnarzt abgeholt werden würde. Und ich fand es wirklich toll – es machte mich sogar irgendwie stolz. Ich genoss die Anzeichen, dass er sich als Beschützer und Ernährer empfand, obwohl diese alten Prägungen sinnlos erscheinen, wo es kein Nest zu bauen und keine Kinder geben wird. Faktisch konnte ich John genauso gut beschützen wie er mich, doch wenn er sich auf die gleiche Weise bei mir angeschmiegt hätte wie ich bei ihm, hätte ich ihn nicht mehr als Mann empfunden – und das, obwohl ich mein halbes Leben lang gepredigt hatte, dass »Mann« und »Frau« Konstrukte im Interesse männlicher Machtstrukturen sind. Ich fiel zurück in ein Verhalten, wie es in den Fünfzigern üblich war, weil ich auf unserer Beziehung den Druck der Zeit verspürte. Ich bin sicher, dass die in den 1960ern entdeckte offene, gleiche, nicht-sexistische Partnerschaft die beste Basis für eine dauerhafte Liebesbeziehung ist, und ich hoffe, dass ich unermüdlich darauf hingearbeitet hätte, wenn wir jünger gewesen wären. Aber mir wird bange, wenn ich daran denke, wie wenig Zeit uns noch bleibt, uns zu lieben. Wie lange werden wir noch geistig und körperlich rege genug sein? In weniger als acht Jahren werde ich siebzig, auch wenn ich mich im Moment oft eher wie siebzehn fühle. Und das meine ich wirklich: genauso aufgeregt und flatterhaft und vage und fordernd, wie ich mit siebzehn war.

Ich meinte, unter Johns bescheidenem Äußeren ein verstand- und gefühlskluges Inneres zu sehen, und glaubte alles andere ließe sich um den zentralen Faktor organisieren, dass er ein Mann war, der Zärtlichkeit in den Mittelpunkt seines Gemütslebens stellte, während es bei so vielen anderen Männern die Aggression war, in immer unterschiedlichen Spielarten. Ich entdeckte, dass man als älterer Mensch zwar nicht dieselben Bedürfnisse hat wie früher – nach einem Partner, einem Haus, jemandem, der einem hilft Mut zu entwickeln –, dass aber neue erwachsen, so wie hinter einer Bergkette immer wieder eine neue auftaucht. Mir schien, dass er ein Bedürfnis nach Wärme und Nähe hatte und ich noch die unerfüllten Wünsche der Kindheit in mir trug, und ich glaubte, dass eine Kombination von gutem Willen und Erfahrung, unsere körperliche Freude aneinander und die Freude über das unerwartete Glück uns über etwaige Hürden hinweghelfen würde. Unserer traurigen Vergangenheit zum Trotz. Und außerdem würden wir, wenn wir es nicht schafften, ohnehin so alt sein, dass es egal war, weil wir andere Sorgen hatten als die genaue Temperatur unserer gegenseitigen Gefühle.

In den ersten Tagen sagte er zwei Dinge, die mich sehr beeindruckten. Das eine war, dass er seine Frauen in beiden Ehen – die je dreizehn Jahre gehalten hatten – mit der Zeit immer lieber gewonnen habe. »Die Liebe verändert sich, aber sie wird tiefer«, sagte er. Ich glaubte ihm das, obwohl die Ehen gescheitert waren. Das andere war, dass er nur einmal untreu gewesen war. Es wäre mir noch viel lieber gewesen, wenn er seine Frauen nie betrogen hätte. Treue ist alles oder nichts, und eine Kette ist nur so stark wie ihr schwächstes Glied. Doch im Vergleich zu den anderen Männern, die ich kannte, angefangen mit meinem Vater, ist ein einziger Seitensprung nicht schlecht. Nell habe ich immer voll vertrauen können, aber ich war noch nie mit einem Mann zusammen, dem ich vertrauen konnte.

Als wir jung waren, versuchten wir uns den Anschein zu geben, dass wir den Jungen, in den wir verliebt waren, gar nicht wollten, dass es uns gleich war, ob wir mit ihm gingen oder nicht, dass alles Bemühen von seiner Seite kam. Doch bei John war ich froh, ihm offen zeigen zu können, dass ich ihn brauchte, und auch sonst offen sein zu können. So gestand ich ihm zum Beispiel, dass ich mir ein Buch darüber kaufen wollte, wie man sich – das hatte ich oft bei Ehefrauen beobachtet – bei aller Langeweile die Liebe erhalten kann, weil ich damit rechnete, dass ich es brauchen könnte, wenn unsere Beziehung länger dauerte. Eine Hilfe war auch die Überzeugung, dass ich früher oder später meine Unabhängigkeit wiederfinden würde, denn eines unserer Probleme war seine Neigung, vollkommen im Beruf aufzugehen. Johns größtes Interesse im Leben neben seiner Tochter gilt seiner Arbeit. Wenn er allein wäre, würde er sich um sie kümmern, und alle verbleibende Zeit auf seinen Beruf verwenden. Sein tägliches Leben ist intellektuell wie emotional vom Auf und Ab seiner Fälle und dem Leben in der Kanzlei bestimmt. Das setzt einen Schnitt zwischen uns, auch wenn ich mich mit der Zeit immer besser mit dem Recht in den USA auskenne. Seine Arbeit könnte also zum Problem werden, und ich weiß auch nicht, wie sich meine verworrene Einstellung zu dem von ihm verdienten Geld entwickeln wird. Eine junge Frau profitiert oft vom Geld ihres Mannes und sieht ihm deswegen nach, wie sehr es sein Leben dominiert. Doch Johns Geld geht in die Privatschule seiner Tochter, in ihren Unterhalt, ihre Spielgruppen und die Sommerkolonie, wo sie ihre Ferien verbringt. Ich brauche es nicht – ich habe mein eigenes Geld. Aber ich nehme es ihm übel, dass er ständig davon beansprucht ist, es für sie zu verdienen, und nicht mit mir zusammen sein kann. Und ich möchte sicher sein, dass er mich versorgen würde, wenn ich ihn darum bäte. Doch das ist für mich keine Frage der Gegenseitigkeit. Ihn würde ich natürlich aushalten, aber ich kann mir beim besten Willen nicht vorstellen, mehr von seinen Verpflichtungen zu übernehmen als die bloßen Ausgaben für ihn persönlich.

In Brooklyn gehen wir abends immer als Letztes mit Mimmo spazieren und betrachten den Mond und die Sterne. Doch seine und meine Arbeit und sein und mein Geld bleiben zwei der Dinge, die mir den Blick verstellen, wenn ich vorauszuschauen versuche, auch wenn sie nicht unsere größten Probleme sind. Sein und mein Leben ruht jedes für sich auf einer massiven, tragenden Struktur, die über viele Jahre gewachsen ist. Hätten wir uns kennen gelernt, als wir jung waren, hätten wir diese Strukturen gemeinsam errichtet. Heute ist die Frage, ob der Platz, den wir uns gegenseitig einräumen, sie stärkt oder schwächt. Im Prinzip haben wir keine Eile. Alles braucht seine Zeit. Hier in der Siedlung gehen wir zusammen den mittlerweile braunen Hang hinunter und schwimmen in dem schattigen ruhigen See, und manchmal schwimmt der alte Hund hinterher, und die erblindenden Augen in seinem feinen Schädel suchen sein Herrchen. Er fühlt sich einsam, wenn wir ihn zurücklassen. Und ich fühle mich auch oft einsam, selbst wenn ich mich hier in dem friedlichen, nach Kiefern duftenden Schlafzimmer in Johns Armbeuge schmiege.

Manchmal wache ich vor ihm auf, wenn das exotische Kreischen der Häher im Wald mich stört. Dann beginnen die Zweifel zu nagen. Ich habe eine falsche Entscheidung getroffen! Das Ganze ist ein Fehler! Die alte Verdrießlichkeit meldet sich und macht sich breit. Mein Herz füllt sich mit Widerspruch und Not und ich drehe ihm den Rücken zu. »Was ist los, Schatz?«, murmelt er. Aber ich weiß nicht, was los ist. Ich verstehe nicht, was in mir vorgeht, und merke nur, dass meine Mutter sich in das Zimmer geschlichen hat und ihre Schwarzseherei in der Luft liegt wie Giftgas. Mein Ich wird fadenscheinig und dünn, wenn ihr mächtiges Ich übernimmt. Ich sehe sie im Geist in Dublin vor mir auf der Straße zum Pub taumeln, als sie etwa so alt war wie ich jetzt, dem Heim, das ihr Fesseln anlegte, den Rücken gekehrt, den Korb mit ihrem Buch, ihrer Brille und ihrem Geld ängstlich an sich gepresst. Nie genug Geld. Mein Herz krampft sich vor Zorn und Mitleid zusammen. Noch immer erscheint ihr Unglück mir weit realer als mein Glück. Sie ging nie ohne wenigstens einen Hauch von Make-up aus dem Haus, aber sie kaute an den Fingernägeln. Ich erinnere mich bis heute an das heimliche obsessive Knacken. Als ich den Analytiker fragte: »Wie kommt die Frau nach Amerika? Wieso verfolgt sie mich bis hier?«, lächelte er, ohne mir eine Antwort zu geben.

Kürzlich habe ich ein wichtiges Band mit Irland gekappt, indem ich meinen Job kündigte. Die Leser meiner Kolumne in der *Irish Times* waren auf gewisse Weise meine Gemeinde oder Familie, weil ihnen meine Gedanken und Gefühle vertraut waren. Doch die Terroranschläge des 11. September hatten auch international ungeahnte Folgen. Bei unserer Zeitung blieben die großen Anzeigen für Luxusartikel weg, und das führte zu finanziellen Engpässen. Die Mitarbeiter wurden alle gebeten, für das gleiche Geld mehr zu arbeiten oder früher in Rente zu gehen. Mich hatte seit dem 11. September ohnehin das Gefühl beschlichen, dass Kommentare im alten selbstsicheren Stil lächerlich wirkten, und ich war dem Gedanken nicht abgeneigt, mich mehr in Richtung meines neuen Lebens zu bewegen. Deshalb kündigte ich. Aber ich hatte nicht geahnt, wie sehr mir meine tausend Worte die Woche als Anker fehlen würden. Ich weiß nicht, wo ich lebe. Früher habe ich die beiden Länder miteinander verglichen – Irlands Bosheit mit Amerikas Liebenswürdigkeit, Amerikas Dummheit mit Irlands Intelligenz. Doch gestern Nacht, als ich in der harzigen Luft mit offenen Augen dalag, stellte sich die Frage anders. Nicht mehr: Welches ist das bessere Land?, sondern: In welchem Land werde ich zum besseren Menschen? In welchem Land wird es einer unverheirateten, kinderlosen Agnostikerin von Anfang sechzig leichter fallen sich aufrecht hinzustellen, zu lächeln und die Wahrheit zu sagen? Und noch während ich antworten will: in den USA!, denke ich, ich will nicht in einem Land leben, das mir gut tut, ich will dort leben, wo ich die Politiker kenne und wo die Frau im Bus neben mir mit meiner Tante zur Schule gegangen ist und wo die Leute sich Mühe geben, sich gut auszudrücken, und wo ich meine eigene Sprache höre, meine eigene Musik, Witze, die ich verstehe. Zu wissen, wer ich bin und wo ich bin – das könnte mich bis zu meinem Tod lebendig halten, nicht der Winkel seines guten Herzens, den dieser Mann für mich übrig hat, der gerade in seinem uralten Pyjama wieder hereinkommt, nachdem er nachgesehen hat, ob seine Tochter noch gut zugedeckt ist.

Er zieht mich an seine Brust und sagt, dass er mich liebt. Er kann so schlafen, mit dem Kinn auf meinem Kopf. Ich liege in seinen Armen und grüble weiter. Ich habe keinen Bezug zu Amerika außer durch die Beziehung zu ihm und keinen Ort hier außer der Hälfte seines Bettes. Während mich mit Irland etwas verbindet, das dicker ist als Blut, intimer als Liebe – und zwar mit dem Ort selbst, dem Land, wie es sich für mich aus Geschichte, Gegenwart und meiner persönlichen Erfahrung zusammensetzt. Ich habe nicht das Leben meiner Mutter gelebt; Irland ist ein wunderbares Land für eine Frau, die das Leben eines Mannes führt, und ich habe das Leben meines Vaters gelebt. Ich war Dozentin an der Universität und dann Fernsehproduzentin und dann Journalistin, ich war ständig unterwegs und kannte Leute, die zu kennen mir eine Ehre und Freude war. Über lange Jahre jagte eine Aktivität die andere – Ideenaustausch, Witze, geistreicher Klatsch, Ausflüge, politische Umstürze,

Kunsterlebnisse, lange beschwipste Kneipennachmittage mit Leuten, die Spaß daran hatten, ihren Geist und ihren Charme spielen zu lassen – Nachmittage, die vollends glücklich waren, wenn Leute, die es konnten, die Stimmen erhoben und die traditionellen Lieder auf Irisch sangen. Ich habe im goldenen Licht des Sonnenuntergangs an der Westküste in ruhiger See mit hochkomplizierten Menschen geschwommen, die im Wasser glücklich waren wie die Kinder. Ich habe mich auf urigen Inseln, weil der Sturm Welle um Welle gegen das schaukelnde Boot jagte und wir nicht einsteigen konnten, hinter die Mole geduckt, bis wir uns entschlossen, durch den heulenden Wind irgendwohin zu rennen, wo es ein Feuer, einen heißen Whisky und vielleicht ein, zwei Geigen gab. Ich habe wundervollen Rednern gelauscht und selbst Vorträge gehalten. Ich bin so lange durch nasse Heide gelaufen, dass wir erst über den Natursteinboden an die Bar humpelten, als vor der Tür schon der Mond am marineblauen Himmel stand. Ich bin an Frühlingstagen morgens an Primeln und Veilchen vorbeigeradelt, die im taunass funkelnden Gras an niedrigen Mauern zwischen kleinen grünen Feldern wuchsen. Ich habe bei meiner Freundin in ihrem georgianischen Esszimmer am langen glänzenden Tisch gesessen, wo wir noch ein paar Flaschen Wein entkorkt und die Kinder auf den Schoß genommen haben, um Weihnachtslieder und Elvis-Songs zu singen. An zahllosen Sommertagen haben Lerchen am kobaltblauen Himmel für mich gezwitschert und geträllert. Leute haben mir Dinge gezeigt – uralte Aalreusen aus Weidenholz, die Fundamente einer mittelalterlichen Mühle im langen Gras, die Daten auf einem vergessenen Friedhof, einen holzverkleideten Saal, in dem ein paar mutige sozialistische Frauen zusammenkamen, um Veränderungen in Angriff zu nehmen, die Turnerschen Aquarelle, die nur im Januar ausgestellt werden, wenn das Licht schwächer ist, die richtige Art, eine frisch gefangene Forelle zu braten, den unschuldigen Bach am Fuß des Turms, in dem Yeats als Dichter zu Hause war. Und die Landschaft im irischen Wetter, die stets so voll Bewegung und Regen und Wind und rastlosen Wolken ist, dass du, wenn es einmal einen strahlenden Tag gibt, einen Tag ganz ohne Wind und Wolken, förmlich den Atem anhältst. Und Irlands Menschen, Leute in der Öffentlichkeit, Leute, die sich gefährden, um andere zu unterhalten, Leute, die trinken, um das Glück des Augenblicks intensiver zu erleben. Es gibt zu Hause eine Form der Geselligkeit, die ich in Amerika noch nie erlebt habe. Sie findet in einer Kneipe statt, nicht in einem Privathaus, und in einer größeren Gruppe. Alles bewegt sich auf ein Plateau wunschlosen Wohlbehagens zu, und irgendwann kippt die Stimmung, weil es nicht anders geht. Der Sänger geht heimlich, oder jemand sagt: Wie wär's, wenn wir was essen? Oder jemand, der vielleicht nicht mehr allzu jung ist, trinkt sein Glas nicht aus und klagt über Sodbrennen. Oder in eine Argumentation schleicht sich Gereiztheit ein. Dann wird es Zeit sich zu verabschieden und auf ganz leicht unsicheren Beinen nach Hause zu gehen, um den Rausch auszuschlafen.

Aber man darf auch nicht vergessen, dass danach das Erwachen kommt. Im dunklen Zimmer riecht es nach abgestandenem Alkohol und keiner hat die Kraft, sich darum zu scheren, dass du es kaum schaffst, dich wieder aufzurappeln.

Mimmo hat eine liebenswürdige Angewohnheit. Bevor er es sich auf seiner Decke zur Nacht bequem macht, kommt er ans Bett, damit ich ihn streichle, ihm die langen grauen Ohren kraule und ihm versichere, dass er ein guter, guter Hund ist. Trotzdem wandere ich allabendlich vor dem Einschlafen mit meinen Gedanken zu Molly, die ich in New York nicht halten kann, weil sie ein Hund für draußen ist. Ich hole mir den kleinen schwarzen Hund mit der weißen Schnauze vor Augen, wie er im Gras über dem Meer auf mich zuläuft, wo der Wind die Brecher an die felsige irische Küste treibt. Ich kann den Wind fast spüren. Und ich denke: Nun, ich war so lange eine Außenseiterin, wenn ich jetzt dafür zahlen muss, dass ich mehr dazugehöre und dass mir John in diesem großzügigen Land eine liebevolle Beziehung und ein Heim bietet, nun, dann muss ich eben zahlen. Andererseits quält mich die Frage, wie lange es dauert, bis man in einem neuen Land heimisch wird. Und dann denke ich: Wo bin ich überhaupt heimisch? Ich bin auch in Irland nirgends richtig heimisch. Als ich damals mit zwölf mit meinen Schwestern bei dem Gaeltacht-Aufenthalt zum ersten Mal von zu Hause fort war, weinten die anderen kleinen Mädchen ein paar Tage, bis sie sich eingewöhnten. Aber ich hatte nicht mehr Heimweh als sonst auch. Ich glaube, man kann mit Heimweh auf die Welt kommen. Ich glaube, man kann ein Herz haben, das heimatlos ist. Kein Ort ist gut genug. Selbst wenn du das schönste, liebevollste Heim der Welt hättest, würdest du dich weiter fragen, wo du hingehörst.

8. KAPITEL

Schließlich und endlich

Heute ist es so still, dass sich das bewaldete Seeufer perfekt im Wasser abbildet. Nach dem Labor Day Anfang September haben alle Familien wie auf Befehl ihre Taschen, Kinder und Fahrräder eingepackt und sind abgereist. Als ich gestern Abend den Hund ausführte, gingen zwischen mir und dem nächsten Haus in aller Ruhe zwei junge Hirsche vorbei, ohne sich an den liegen gebliebenen Plastikspielzeugen, einem Roller mit Helm und den zusammengeschobenen Picknicktischen zu stören. Sie haben nicht lange gewartet, bis sie ihren Hang am See wiedereroberten, und verschwanden mit lässigen Schaukelpferdbewegungen hinter dem Swimmingpool, der noch aussieht, als wäre es Hochsommer, weil nirgends ein Schatten auf die weiße Umrandung und das aquamarinblaue Wasser fällt, obwohl die heiße Sonne irgendwie an Kraft verloren hat. Am Wiesenrand fällt auf, wie viel Laub letzte Woche beim Gewitter von den Bäumen geweht wurde. Die Blätter wurden von den Zweigen gerupft, als sie noch Leben in sich hatten, deshalb liegen sie leuchtend gelb auf den Wegen. Auch wenn der Herbst noch nicht da ist, ist der Sommer vorbei. Ich sehe, wie erschöpft die Bäume und das Gras sind, und ich weiß, wie viel früher es dunkel wird.

Ich bin alleine hier geblieben, um dieses Buch fertig zu schreiben. Die Jahreszeit ist Zufall, aber sie passt mir genau in den Kram. Am Wochenende kommt John aus New York, um mich und Mimmo abzuholen, dann verlassen wir die Zimmer frisch geputzt und aufgeräumt, und der Hausmeister kommt, um das Wasser abzustellen und die Häuser in der Kolonie winterfest zu verriegeln. Die Kälte wird in den Osten der USA vordringen und das Laub bis hinunter nach New York in dramatische Farben tauchen. Wenn sie in der Stadt ankommt, werde ich nicht mehr da sein. Ich fahre eine Woche nach Italien, um den dritten Urlaub mit meinen Geschwistern zu verbringen, und hinterher kehre ich nach Irland zurück. Vermutlich werde ich in West Clare so früh auf der Farm ankommen, wo Molly wohnt, dass meine Freunde noch schlafen, aber ich weiß, dass sie vor dem Haus sitzen und nach Löwen und Tigern und Traktoren Ausschau halten wird. Letztes Mal habe ich einen Blick von ihrer kleinen Gestalt erhascht, bevor sie freudebebend aufsprang, weil sie den Motor erkannte. Ich bremste und stieß die Beifahrertür auf, und sie sprang zu mir ins Auto und blickte durch die Frontscheibe nach vorne, und wir fuhren weiter, als hätten wir uns an dem Morgen schon gesehen. Diesmal wird es kalt sein, denn auch in Irland ist dann bald Winter. Ich könnte mir der Jahreszeiten nicht bewusster sein. Mit dem Älterwerden zählt jeder Tag mehr – die Zukunft zieht sich zusammen.

Ich hätte gedacht, dass kleine Mädchen mich mit Zärtlichkeit erfüllen. Ich hätte gedacht, wenn ich das Glück hätte, jemanden kennen zu lernen, den ich lieben kann und der mich wiederliebt, würde mich nichts dazu bringen, auch nur eine Minute unserer kostbaren Zeit zu verschwenden. Das weiß ich jetzt besser. Als aus Worten Wirklichkeit wurde und ich tatsächlich damit leben musste, dass John eine achtjährige Tochter hat, bekam ein Brandherd, der in mir schwelte, Sauerstoff und schlug helle Flammen.

»Wann kommst du aus Irland zurück?«, fragte John.

»Das weiß ich nicht«, erwiderte ich.

»Ich hab bei Match.com kein Wort davon gesagt, dass ich eine Achtjährige kennen lernen will. Ich habe nicht das geringste Interesse an achtjährigen Mädchen.«

»Aber Schatz ... worüber bist du denn nur so böse? Sie ist bloß ein kleines Mädchen ...«

»Sie ist bloß ein kleines Mädchen! Sie ist die dominante Persönlichkeit im Haus, und alles tanzt nach ihrer Pfeife. Sie schreit schon vor dem Aufwachen nach ihrem Da-Da. ›Da-Da Da-Da‹ – ich werd noch verrückt, wenn ich das länger höre. Sie klammert sich, solange sie hier ist, jede Minute an dich. Als du gestern Abend hochgegangen bist, um sie zu baden und ihr vorzulesen, bist du zwei Stunden weggeblieben. Was soll ich zwei Stunden in der Küche machen? Ich bin das irische Hausmädchen, wie? Das man getrost im Keller lassen kann. Was machst du da überhaupt mit ihr? Wieso dauert es stundenlang? ...«

»Komm, Schatz, hör auf ...«

»Ich denke gar nicht dran!«

»Hör auf!«

Er ist vollkommen durch den Wind, aber das ist mir egal. Ich werde ihn nicht trösten. Wo bleib denn ich, eine Frau, die in der furchtbaren, mit Blitz und Donner aufgeladenen Welt der Eifersucht gefangen ist? Ich bin krank!, möchte ich am liebsten schreien. Was ist mit mir, ich bin krank! Mir tut alles weh!

Ich hatte geglaubt, mein in *Nur nicht unsichtbar werden* beschriebenes Leben relativ unbeschadet überstanden zu haben, geradezu glorios im Vergleich zu vielen in meiner Altersgruppe. Ich trage eine gewisse Trauer in mir, aber das erscheint mir richtig – wer würde nicht mit Reue an gute Jahre zurückdenken, die man mit Alkohol oder destruktiven Beziehungen verschwendet hat? Aber ich hatte nicht gedacht, dass ich so verkorkst wäre, dass ich anderen dadurch schade. Schließlich hatte ich, seit Nell und ich uns getrennt hatten, niemanden unglücklich gemacht. Manchmal fragte ich mich, ob das nicht schlicht daran lag, dass ich auch niemanden glücklich machte. Oder dass ich mit überhaupt niemandem zusammen war. War die Sache mit Joseph nicht die vollkommene Umgehung einer menschlichen Beziehung? Was ist mit den sieben Weihnachtsfesten und den zahllosen anderen Monaten im Cottage, in denen keiner angerufen hat und du nie ausgegangen bist? War das nicht eine Flucht vor Glück und Unglück zugleich? Du brauchtest ein Territorium, das ganz unter deiner Kontrolle stand, auch wenn das hieß, dass es eine Wüste war.

»Du bist nur für das Wochenende da, gestern warst du mit ihr zum Singen im Hotel und heute willst du mit ihr zum Jahrmarkt? Gleich am nächsten Tag? Ist das Kind nicht schon verwöhnt genug?«

»Wir gehen immer auf den Jahrmarkt, sie liebt ihn …«

»Aber ich nicht! Ich nicht! Was ist mit mir? Warum fragst du mich nicht mal, was ich machen möchte? Ich sehe dich nur zwei Tage die Woche.«

»Ach, komm doch mit! Wir freuen uns, wenn du mitkommst …«

»Komm mir nicht mit ›wir‹!«

Heimweh, Eifersucht – es ist immer dasselbe –, ich draußen im Regen, die Leute, die »wir« sagen, drinnen im Warmen.

Ich werde für ihn nie die Nummer eins sein. Und das tut mir ein Kind an! Der Gedanke, dass ein kleines Kind mir das Leben vermiest, treibt mich die Wände hoch. Ich habe seit über vierzig Jahren nicht mit einem Kind in einem Haus gelebt. Ich war noch nie mit einem Kind in Urlaub. In der Toskana haben wir einmal zu mehreren ein Haus gemietet, und ein ewig eingeschnappter Zehnjähriger hat unsere Wirtin die ganze Zeit mit Beschlag belegt – das ist mir so auf die Nerven gegangen, dass ich nicht wieder hingefahren bin.

Natürlich kannte ich alle meine Nichten und Neffen und fühlte mich von ihnen auch als recht nette Tante akzeptiert, der man vielleicht nicht gerade mit Problemen kommen konnte, aber die sich sonst ganz großzügig zeigte. Einmal habe ich sogar eine Woche lang eine kleine Dreijährige gehütet, mein Patenkind. Wir sind prima miteinander ausgekommen. Ich bin mit ihr durch die Gegend gefahren, und wir sangen – sie auf dem Rücksitz und ich vorne – »*Hit the road, Jack, and don't come back no more no more no more.*« Als ihre Eltern wiederkamen und sie so tat, als sähe sie sie gar nicht und ostentativ nur mit mir schmusen wollte, zerriss es mir das Herz vor Rührung, weil sie so verletzt war und ihr bisschen Macht so auszuspielen versuchte. Trotzdem war ich mehr als froh, sie wieder an ihre Eltern abzugeben. Und die Kleine ist mittlerweile tot. Sie starb an Leukämie, als sie so alt war wie Johns Tochter jetzt.

Wenn ich Kind sage, meine ich keinen Säugling, sondern einen kleinen Menschen. Sie sind fast immer schön und auf ihre Art unglaublich gescheit. Seine Tochter ebenfalls. Heute Morgen lachte sie mich vom Fußboden an, wo sie mit zwei winzigen Plastikhunden spielte, die zu ihren Polly-Pocket-Puppen gehören. Die beiden Hunde sollten Skateboard fahren, und einer von ihnen trug aus irgendeinem Grund ein Tutu. Ihr Gesicht, das die gleiche Herzform hat wie das ihres Vaters, die Konturen ihrer weißen Wangen, ihre zarten schmuddeligen Finger, ihre seidigen Arme und Beine, die jetzt nach einer Woche Ferien hier und da verkratzt sind – es ist mir nicht möglich, von ihrer Schönheit, ihrem Charme und vor allem von ihrer Unschuld, die sie sich trotz ihrer typisch amerikanischen Verwöhntheit bewahrt hat, unberührt zu bleiben. Doch dass ich den Rest meiner Tage an sie gefesselt sein soll, wenn sie noch nicht einmal von mir ist! Dass ich ständig mit anhören muss, wie zärtlich er sie weckt und wie sie sich lange und lieb unterhalten, wenn sie aufwacht. Der Schulkram, all die Anrufe wegen Fußballsocken, Basteltischen und Badekappen, die endlosen Telefongespräche mit anderen Eltern. Kennen diese Eltern eigentlich überhaupt noch Leute außer anderen Eltern? Diktieren die Kinder das gesamte Leben der Erwachsenen? Wenn die ganzen Spieltermine abgearbeitet sind und das Video von *Die Schöne und das Biest* aus ist, die Nudeln mit Käse gekocht und gegessen sind, die Gutenachtgeschichte vorgelesen und die Zähnchen geputzt und das Klopapier gefunden ist – was bleibt den Eltern noch? Mag sein, dass sie damit glücklich sind, aber warum zum Teufel sollte sich eine Außenstehende damit zufrieden geben, die nichts mit der Entscheidung zu tun hatte, sie auf die Welt zu bringen, und die Interesse an einer Beziehung mit einem erwachsenen Mann hat?

»Dein gesamtes Leben ist ihr gewidmet, jede Sekunde davon, jede – selbst wenn du gar nicht an sie denkst. Und ich bin alt genug, ihre Großmutter zu sein – ihre Urgroßmutter! Ich bin diejenige, die keine Zeit hat. Sie ist erst acht, sie hat das ganze Leben vor sich, warum sollte ich das Bisschen, was mir noch von meinem bleibt, für sie opfern? Es ist mir piepegal, wo ihr Federmäppchen ist! Sie hat so viel Zeug, dass sie nie weiß, wo irgendwas ist. Sie hat da oben in ihrem Zimmer Sachen, die sie noch nicht mal ausgepackt hat! Es ist nicht zu glauben, wie viel du für sie ausgibst – und für lauter Dinge, die sie nicht mal haben will – ich hab sie dabei beobachtet, wenn sie versucht, sich etwas auszudenken, was sie sich wünschen kann. ›Was denn, mein Schätzchen?‹ Du müsstest deine Stimme mal hören! ›Was möchtest du, Schätzchen?‹ Sie trieft geradezu vor Rührung darüber, wie du sie verwöhnst! Hast du schon mal deine Stimme gehört, wenn du sie da oben im Schlafzimmer voll sülzt …«

»NUALA! Nuala!«

Johns Tochter ruft mich und lächelt strahlend dazu, um die Wolken aus meinem Gesicht zu vertreiben. Sie ist so ein selbstbewusstes kleines Mädchen, wahrscheinlich wird sie sich im Umgang mit Männern innerlich nie so winden müssen wie ich. Wenn ich mir nur die anderen Frauen vorstelle, die er gehabt hat, die von Leidenschaft erhitzten Zimmer, die Flecken an der Wand neben dem Bett, seine langen Finger auf nackter Haut …

»Was denn, mein Herz?«

»Sing das noch mal, das Lied.«

Und ich nehme sie bei den Händen und wir tanzen durch die Küche zu dem Lied, das ich ihr gerade beibringe.

Alles ist verboten, böse oder macht dich dick,
Immer dreht dir irgendwer aus allem einen Strick.
Freust du dich auf etwas, wird es prompt ein Missgeschick:
Alles ist verboten, böse oder macht dich dick.

Ich nehme sie in die Arme und hebe sie hoch. »Und jetzt mach dir einen schönen Tag, hörst du?«

Sie lacht über meinen aufgesetzten amerikanischen Akzent und streicht mir die Haare aus dem Gesicht, mit einer Geste, die so zart ist, dass sie sie von ihm gelernt haben muss, vielleicht weil sie gesehen hat, wie er es bei ihrer Mutter machte.

»Ich muss in Brooklyn wohnen, damit ich in der Nähe ihrer Schule bin? Ich? Soll das ein Witz sein? Wir müssen Weihnachten so feiern, wie sie es gewohnt ist, sonst ist sie traurig? Sag, dass das nicht dein Ernst ist! Du musst im Sommer eine Woche mit ihr allein verreisen, wo du ganze zwei im Jahr frei kriegst, sonst hast du ein schlechtes Gewissen? Du musst, oder du willst? Ach, du willst. Schön. Dann lass uns das mal klar kriegen. Du willst in Orlando eine Woche mit Mickey Mouse verbringen. Bist du je auf den Gedanken gekommen, dass du deswegen ein Kind gekriegt hast? Damit du nie wieder ein Buch liest oder Musik hörst oder zu einem Vortrag gehst oder einen einzigen interessanten Gedanken fasst – damit du auch noch mal acht sein kannst …«

Und wenn ich sie schon als Baby gekannt hätte? Aber vielleicht auch nicht. Die schrecklichen Zeiten, wenn ein Kleines weint, und man hilflos dagegen ist … Obwohl ich spät im Leben noch gelernt habe, kleine Kinder zu lieben, wenn sie nicht weinten – sogar sehr. Ich liebe die übermütigen Botschaften, die sie in ihrer ganz eigenen Sprache aus gurrenden und schnalzenden Lauten in die Welt schicken, eben bevor sie sprechen lernen, und sich in den Tonlagen üben, die sie aus ihrer Umgebung aufschnappen – Überraschung, redselige Erklärungen, Befehle. Schon mit sieben musste ich ein Baby in der Küche hin und her tragen – vielleicht meinen verstorbenen Bruder –, immer hin und her, weil meine Mutter ausgegangen war, was ich ihr auch gar nicht verdenken will. Unsere Kindheit war voll von ihren Babys – vom alten Kinderwagen, der Sicherheitsnadel für die Windel, die immer verschwunden war, den Fläschchen, die man ihnen in den Mund halten musste. Und außerdem, Euer Ehren, war ich nur einmal im Leben schwanger, und das war während einer ganz üblen Zeit. Ich wäre nicht sicher gewesen, wer der Vater war, und es schlug sich auch niemand um den Posten. Ich glaubte nicht, dass ich ein Kind wollte, aber ich glaubte auch nicht, dass ich eine Abtreibung wollte. Und dann spürte ich eines Abends, als ich in einem Dubliner Restaurant bei einer kleinen Filmszene über makrobiotisches Kochen Regie führte, wie mir etwas Heißes den Oberschenkel hinunterlief, und das war's dann. Ich weiß nicht, was ich fühlte oder ob ich überhaupt etwas fühlte. In meinem ganzen Leben hat mich nichts so umgehauen wie diese drei Monate meiner Schwangerschaft. Mir war unablässig, als kämpfte ich vergeblich darum, aus einer Vollnarkose aufzuwachen. Es war furchtbar. Und am Abend der Fehlgeburt behandelten mich die Krankenschwestern unfreundlich, weil ich nicht verheiratet war und auf dem Weg in die Klinik ein bisschen getrunken hatte. Das Baby kann von Glück sagen, dass es das Wrack, das ich damals war, nicht zur Mutter bekommen hat. Er oder sie wäre inzwischen dreiundzwanzig.

»Sie hat immer alles geliebt, was mit Singen zu tun hat. Ich hole ihr Videos von allen Musicals und sie kennt gleich am ersten Tag alle Lieder auswendig. Mit achteinhalb – einfach sagenhaft!«

»Das interessiert mich nicht. Wenn du ein Schwätzchen darüber halten willst, wie wundervoll sie ist, dann ruf doch ihre Mutter an.«

»Och, Schatz …«

»Du vergisst mich! Du hast versprochen, mich zu rufen, damit ich Gute Nacht sagen kann! Aber du hast mich völlig vergessen. Ich hab gewartet und gewartet. Dann wollte ich allein zu Bett gehen und bin am Zimmer vorbeigekommen und hab gesehen, dass ihr Arm in Arm eingeschlafen wart, und Doktor Seuss vor dem Bett auf dem Boden lag. Ich find's zum Kotzen! Mir wird ganz schwindelig, wenn ich daran denke!«

Ich bin schon auf die Straße gelaufen, als stünde das Haus in Flammen, wenn ich ihn mit gleichmäßiger Stimme vorlesen hörte. Und ihre schläfrigen Fragen dazu. Zweimal bin ich schon rausgerannt. »Ich geh eben Milch holen!«, habe ich das letzte Mal geschrien, als ich die Tür zuknallte, und dann gedacht: »Wetten, dass sie mich nicht einmal hören, wetten, dass es ihnen am A… vorbei geht?«, und dann dachte ich: »Nein, stell dich nicht so an, du bist nicht das kleine Mädchen mit den Zündhölzern. Denk doch mal zurück. Erinnerst du dich an all die guten Zeiten? Weißt du noch, wie du im Minirock durch Oxford stolziert bist? Weißt du noch, wie schön es war, abends spät in irgendeiner überfüllten Hotellounge in Clare, halb auf dem Boden liegend, tollen Sängern zu lauschen? Und die klaren Frosttage oben in den Hügeln mit Molly? Du hast fast immer ein schönes Leben gehabt, und du bist eine Frau im Großmutteralter, bekannt und beliebt und finanziell abgesichert, du besitzt Häuser …«

Aber sie schlafen Arm in Arm ein!

Sie haben vollkommen eigene Muster, die zwei – die Mutter ist vor zwei Jahren gegangen, ihre Wohnung ist ganz in der Nähe und das Kind wohnt die halbe Zeit bei ihr, aber wenn er und seine Tochter zusammen sind, verhalten sie sich, als wären sie immer allein gewesen, zu zweit gegen die Welt. Es gefällt ihnen, wenn Außenstehende nicht umhin können zu merken, dass sie völlig aufeinander eingestellt sind. Er biegt auf der Landstraße langsam und im weiten Bogen um die Ecken, weil sie hinten auf dem Sitz schläft und vielleicht nicht sicher liegt. Selbst im Schlaf weiß sie, was er tut. »Da-Da!« Der gebieterische Ton. Er denkt immer an sie, hat sie bei allen Plänen im Kopf. Als wir neulich abends in den Wal-Mart gefahren sind, um mir Schuhe zu kaufen, haben sie mich allein in der Schuhabteilung zurückgelassen und sind auf und davon, und als ich sie endlich fand, hatte er sie von Kopf bis Fuß neu eingekleidet. Für hundert Dollar Tops und Shorts und Jacken. Ich habe keine Zweifel, dass die ganze Liebe und Zärtlichkeit, die Verabredungen zum Spielen, die Haushaltshilfen und sorgsamen Absprachen mit ihrer Mutter, die Ferien in Disney World, der materielle Überfluss und das sklavische Verwöhnen durch ihn es ihr ersparen werden, mit zweiundsechzig im Wal-Mart zu zerbröseln.

»Ich hab's dir schon gesagt, ich hab keine Lust, mir die Fotos anzusehen. Ich will nicht wissen, wer sie gemacht hat. Ich will sie nicht unter diesem Dach haben. Hörst du mich? Ich will nicht wissen, wie sie als Baby aussah.

Ist schon gut – mach dir keine Mühe. Ich geh ja schon. Du bist sowieso nicht der Richtige für mich. Wieso kriegt das Kind alles, und ich nichts? Wieso beantwortest du ihre Fragen immer, bevor du meine beantwortest? Ich kann nicht mehr. Ich weiß nicht, wie ich damit umgehen soll. Tut mir Leid! Tut mir Leid, dass ich deine Zeit verschwendet habe! Ich bin es nicht wert – guck hin, jetzt siehst du mal, wie ich wirklich bin. Hab ich nicht von Anfang an gesagt, wenn du eines Tages siehst, wie ich wirklich bin, dann verlässt du mich? Dann verlass mich doch! Bring es hinter dich! Ist mir doch gleich. Aber es ist dir klar, oder, dass du ihr heute Abend fast zwei Stunden gut zugeredet und vorgelesen hast, bis sie endlich eingeschlafen ist? Und ich habe euch lachen hören! Es hat dir Spaß gemacht! Was soll das heißen, was du sonst mit deiner Zeit machen sollst? Du könntest dich mit mir unterhalten, oder? Wird das mein Leben sein …«

Ich wette, meine Eltern haben sich im Großen und Ganzen für prima Eltern gehalten. In ihren Augen ist alles, was ihren Kindern passierte, ohne ihr Zutun passiert. Als mein jüngerer Bruder, Dermot, mit vierzehn vor Gericht stand, versicherte mein Vater dem Richter, er brauche sich keine Sorgen zu machen, der Junge werde zu seiner Schwester nach London ziehen. Zu mir! Ich wollte ihn nicht. Ich konnte ihm die Mutter nicht ersetzen. Welche Mutter überhaupt? Am Ende zog er in ein besetztes Haus in meiner Straße, und als ich ihn das nächste Mal sah, war er bei einem Rock-Festival mit einer geringen Menge Haschisch verhaftet worden. Er behauptet immer, er habe als Jugendlicher eine tolle Zeit gehabt, aber ich weiß noch, wie ich härtere Drogen an seinem Bett fand und verzweifelt einen Arzt konsultierte. »Keine Sorge!«, sagte der munter. »Wenn sie erwachsen werden, hören sie alle von allein wieder auf.« Doch Dermot hörte nicht wieder auf. Ich habe mich nie wirklich um ihn gekümmert, und meine einzige Entschuldigung dafür ist, dass ich auch mit mir selbst nicht sehr sorgsam umgegangen bin.

Letztes Jahr habe ich ihm von meinen Bucheinnahmen ein kleines Haus in Dublin gekauft, aber er ist erst vor ein paar Wochen aus England dahin umgezogen. Jetzt hat mich Deirdre gerade angerufen, um mir zu sagen, dass er im Krankenhaus ist und es gar nicht gut um ihn steht. Vor zwei Tagen hat eine Nachbarin Gas gerochen, und als sie nachschauen ging, lag er hinten im Garten nackt auf seiner Bettdecke. Die Nachbarn wollen ihn wieder los sein. Sie haben immer wieder gesagt: »Wenn er ein Streichholz angezündet hätte, was dann?« Doch Deirdre sagt, als sie hörten, dass im Krankenhaus eine Computertomografie gemacht wurde, und nicht Alkohol und Drogen schuld waren, sondern eine Hirnblutung, waren sie furchtbar nett und haben ihm Gottes Segen gewünscht. In zehn Tagen wollen die Ärzte operieren. Das heißt, wenn er nicht vorher aus der Suchtstation flieht. Ich wette, wenn meine Eltern noch lebten, würden sie weder zwischen ihrem und seinem Alkoholkonsum eine Verbindung sehen noch zwischen dem Abschieben nach London und seiner Tendenz zur Selbstzerstörung, noch darin, dass sie ihn zu mir geschickt haben und ich jetzt angesichts des Kindes in meinem Leben in Panik ausbreche.

Ich will nicht daran denken, wie weh es tun würde, Dermot zu verlieren. Und wie wir trauern würden – denn es wird keiner zu seiner Beerdigung kommen außer uns, und er hinterlässt nichts. Sein Besitz füllt nicht einmal eine Einkaufstüte, und es ist ihm seit Jahren gleich, ob er lebt oder stirbt. Meine Schwester Noreen pflegt zu sagen, er sei so wenig gewohnt, dass sich jemand um ihn kümmert, dass er gekränkt und misstrauisch auf jeden noch so leisen Versuch reagiert, sich seiner anzunehmen. Ich merke, wie ich mich gegen unsere Eltern verhärte – und sie mit eisernem Herzen als Mörder verurteile.

Es soll niemand glauben, dass ich all das nicht gern hinter mir ließe. Warum löse ich mich nicht mit Gewalt aus der elenden Vergangenheit, lasse Irland hinter mir und ziehe zu dem klugen, zärtlichen Mann in Amerika, um mit ihm und seiner Tochter eine Familie zu gründen? Weil mir die Hände genauso fest hinter dem Rücken gebunden sind wie die meines Bruders. Mein Bruder glaubt, Alkoholiker zu sein sei das Natürlichste von der Welt. Er ist dem Alkoholismus treu, weil er ihn von seiner Mutter kennt und ihre gesamte Beziehung davon geprägt war. Und bin ich nicht auch in ihrem Krakengriff gefangen? Ich wusste überhaupt nicht, dass sie mich mit ihrer Ablehnung gegen Kinder infiziert hatte. Und wenn ich es gewusst hätte, hätte ich es nicht wichtig genommen, weil ich davon überzeugt gewesen wäre, mich jederzeit umerziehen zu können. Was ist, wenn ich es nicht kann? Wenn ich diese Last nicht von mir wälzen kann? Ich habe Herzrasen vor Angst. Ich hasse alle Frauen, die John je gehabt hat, und das ist in Ordnung, das ist Eifersucht der üblichen Art. Dafür muss meine Mutter gar nicht herhalten. Aber dass ich so aus dem Lot bin, dass mir so elend wird, wenn ich ihn seine Tochter trösten sehe! Dass ich so von meinen Erfahrungen als Kind gezeichnet bin, dass ich mich selbst dann gereizt abwende, wenn Wildfremde – Frauen, die hier den Sommer verbringen, zum Beispiel – ihre Sprösslinge mit Liebe überschütten. Eingebildete Ziegen!, schnaufe ich. Machen sich nur Arbeit! Kinder brauchen nicht so viel Aufmerksamkeit! Aber mein Gott – was geht mich das an, wenn Eltern ihre Kinder hingebungsvoll lieben? Wem schaden sie damit? Was ist daran so verkehrt, wenn ein Kind es einfach genießen darf, geliebt zu werden? Was auf mir sitzt wie eine Kröte und mir die Luft abdrückt, ist die Wut meiner Mutter. Und ich weiß, dass auch sie eine böse Mutter hatte, die ihren acht Kindern nie ein nettes Wort gesagt haben soll, bevor sie früh an Tuberkulose starb.

Mein Bruder und ich schleppen die irische Krankheit mit uns herum. Alkohol für Männer, Wut für Frauen.

Und Mitgefühl. Wir sangen hinten im Auto zusammen, das Kind und ich, sie kuschelte sich auf meinen Schoß und ich nahm sie liebevoll in den Arm, der warme Wind blies durch die offenen Fenster, und der Hund steckte den langen Kopf unter ihren Ellbogen.

So ein Tag, so wie heut!
So viel Lust, so viel Freud!
Es ist beinah, als wär ich verliebt …

Das Lieblingslied meiner Mutter. Mein älterer Bruder hatte eine Zeit lang zusammen mit Trudi ein Restaurant mit Biergarten, und als wir eines Abends alle zusammen da waren, machten wir die Scheinwerfer an, mein Bruder schaltete das Mikrophon ein, und Mammy stellte sich hin und sang dieses Lied wie eine richtige Schlagersängerin, mit neckischen Gesten für uns und fünfzig leere Stühle.

Und so wie's mich erregt,
Als die Glocke jetzt schlägt,
Könnt' ich schwören, ich wäre …

Ich war drauf und dran, ihm und seiner Tochter davon zu erzählen, doch dann dachte ich: »Wen interessiert es, dass dir deine Mutter ans Herz ging? Krieg dich ein. Johns Mutter ist in Auschwitz umgekommen.«

So möchte ich nicht alt werden. Wenn ich so weitermache, wird man mich demnächst aussondern, wie im vorweggenommenen Jüngsten Gericht. Ich muss mich nur umsehen ... ein alter Freund verliert seinen Kampf gegen die Depressionen. Seine Frau hat uns bei meinem letzten Besuch in London ein perfektes englisches Roast Chicken serviert, sogar mit selbst gemachter Brotsauce. Alles in ihrem Haushalt ist picobello. Überall sind die Früchte einer Partnerschaft und langjähriger harter, gut bezahlter Arbeit zu sehen. Doch er, der mit seiner Dynamik früher immer den Ton angab, saß nun da und sah sie mit den Augen eines Waisenkindes an, wehmütig und unzugänglich. Er fliegt ständig in irgendwelche Seebäder, um an der Sonne zu genesen, und ich finde es schrecklich mir vorzustellen, wie er an diesen munteren Orten seinen Kummer weiter mit sich herumträgt. Eine andere Bekannte von mir ist wahnsinnig geworden. Einfach eines Tages durchgedreht. Ohne konkreten Anlass. Irgendetwas in ihr zerbrach, wie Glas, dessen Haltbarkeit mit immer schrilleren Tönen getestet wird. Es war, als hätten die über Jahre angesammelten Kümmernisse, Leiden und Verluste sie zu weit von anderen Menschen entfernt, bis sie die Verbindung zu üblichen Verhaltensweisen verlor. Sie entwickelte eine misstrauische Wachsamkeit, die man ihr schon in der Haltung ansah. Das war das Auffälligste – die Angst einer Verrückten vor den Nicht-Verrückten. Warum sie? Sie hat nichts getan, um es zu verdienen. Andere haben genauso viel Leid ertragen, ohne daran zu zerbrechen.

Vor nicht allzu langer Zeit besuchte mich ein Bekannter an einem regnerischen Sommerabend in meinem Häuschen in Westirland. Er war letztes Jahr wegen eines akuten Blutgerinnsels mit dem Krankenwagen in die Notaufnahme gebracht und sofort operiert worden – und hat sich danach rasch und vollständig erholt. Er kehrte bald nach Hause und in den Beruf zurück, als wäre nichts geschehen. Er hat sich nicht verändert, abgesehen davon, dass er nur noch ganz wenig trinkt und sich bemüht, gesund zu essen wie viele Leute in unserem Alter, weil sie Ballast abwerfen müssen, für den Rest der Reise.

Wir genehmigten uns jeder ein Glas Wein aus der Flasche, die er mitgebracht hatte – früher hätte jeder eine Flasche geleert –, und machten einen Spaziergang in einem Nieselregen, der so fein war, dass er eher in der dunkel werdenden Luft zu stehen schien als zu fallen. Der Mann hielt eine freundliche Unterhaltung mit mir in Gang, aber wie mir nach und nach aufging, ohne alle Anzeichen, dass er sich als Sprechender bemühte, interessant oder amüsant zu sein. Ich begann herauszuhören, welche Mühe jeder Satz für ihn bedeutete. Es war deutlich, dass er nicht die Energie hatte, so zu tun, als machte ihm das menschliche Miteinander Freude. Das Reden war irgendwie zu viel. Als wir umkehrten, gingen wir schweigend zurück. War er dem Tod einfach zu nahe gekommen, um sich davon zu erholen? Wenn man einmal so kurz davor war, sitzt einem dann die Stille der Unendlichkeit in den Knochen?

Könnte es mir auch so ergehen? Das drängt es uns zu wissen, während wir auf das Alter zugehen wie über ein Minenfeld. Ich leide Gott sei Dank weder an Depressionen noch irgendwelchen Psychosen, aber ich habe ein anderes Leiden, das mir das Leben ruinieren könnte: Bitterkeit. Niedertracht. Ich neide Kindern, was sie haben, nur weil ich es nicht hatte. Diese Sommerkolonie ist ein Paradies für Kinder – die Fahrräder auf den Wegen, die Schaukeln, das Schwimmbecken mit dem Bademeister, die beiden allabendlichen Videofilme, die von den Erwachsenen organisierten Spiele, die Fußball- und Tennis- und Baseballkurse, die Talentwettbewerbe und Tänze, das Pfannkuchenfrühstück, zu dem die Eltern ihre Kinder regelmäßig in das Familienrestaurant im Dorf einladen. Als meine Schwestern und ich Kinder waren, gab es einen Graben – matschig, voll Farnkraut, ein klares Rinnsal im steinigen Bett –, der in der Nähe unseres Hauses unter der Straße hindurchführte. Wenn man hineinsah, konnte man am anderen Ende Tageslicht sehen, und dem dunklen Stück davor dichteten wir einen Zauber an. Das Geheimnis, hieß es bei uns. Einmal schenkte uns ein Gast einen dicken Klotz Speiseeis, und das war für uns so ein Schatz, dass wir ihn im Graben versteckten und ihn uns erst am nächsten Tag holen wollten. Uns war nicht klar, dass er schmelzen würde. Damals auf dem Land hatten wir noch keinen Strom im Haus, und wir waren noch ziemlich unbedarft. Ich will nicht sagen, dass das, was wir hatten und wie wir unsere Phantasie benutzten, besser oder schlechter war als das, was ich hier um mich herum wahrnehme. Letztes Wochenende spielte Johns Tochter mit zwei hübschen kleinen Mädchen im Schlafzimmer. Sie spielten, dass sie sich gegenseitig die Fingernägel manikürten, und dann gingen sie mit ihren Puppen an den Strand, zu dem sie den Läufer vor ihrem Bett erklärten. Dort erörterten sie lang und breit, ob sie ihren Schmuck beim Baden anlassen sollten oder lieber nicht.

Durch die Fliegengitter höre ich auch jetzt Kinder auf dem gepflasterten Platz über dem See spielen. Sie haben schrille Erdhörnchenstimmen, und eines von ihnen ist ein herrisches, etwa vierjähriges Mädchen, das zwei relativ wortkarge Jungen herumkommandiert. Wie gerne sie alle ihre Lungen benutzen, um Befehle in die Gegend zu schreien, auf die doch keiner hört! Sie sind hübsch anzusehen, aber am liebsten erlebe ich ihren Geist in Aktion. Manchmal ist Johns Tochter so in einen Gedanken oder ein Spiel vertieft, dass sie für alles andere blind ist, und dann taucht sie unvermittelt – und ohne dass sie uns je einen Grund dafür nennt – wieder daraus auf und verlangt die volle Aufmerksamkeit ihres Vaters.

Die Kinder, die ich draußen höre – ihre selbstsicheren Stimmen werden dunkler werden und Tonfälle annehmen, die ihnen das Leben diktiert. Wie viel müssen wir doch alle hinnehmen! Einen kurzen Lebensbogen. Die Überzeugung von unserer eigenen Wichtigkeit im Angesicht unserer vollkommenen Machtlosigkeit, was Geburt, Temperament, Lebenschancen, Zufall, Krankheit und Tod betrifft. Ich nehme das kleine Mädchen auf den Schoß. Wir führen ein genüssliches Gespräch über die verschiedenen Arten von Kacka, die Mimmo macht, und kichern wie verrückt.

Ich war noch nie bei einem Therapeuten gewesen, aber was sollte ich jetzt tun, da ich jedes Mal Galle schluckte, wenn John mit seinem Kind auf dem Arm die Treppe herunterkam? Jedes Mal wird mir elend vor Wut. Und für die Sonnabende muss ich mich stählen, weil er sich dann abends zu ihr auf das Bett legt und sie in den Armen hält, bis sie einschläft.

»Das ist nicht richtig!«, schreie ich ihn an.

»Wieso?«, fragt John in seinem üblichen milden Ton. »Wir machen es, seitdem sie ein Baby war …«

»Das ist mir egal! Es ist nicht richtig! Sie ist bald eine Frau! Und lass gefälligst dieses ›wir‹ …«

Oft sieht sie mich über seine Schulter verstohlen an und lächelt – auf rührende Weise immer zu einem Späßchen aufgelegt. Doch ganz gleich, wie viel Spaß wir miteinander haben, am Ende läuft sie wieder in seine Arme. »Was ist, Schätzchen?«, murmelt er und küsst sie auf das glänzende schwarze Haar. Er sagt es in der Stimme, die er nur für sie reserviert. Was kann ich tun? Das, was in mir aufsteigt, ist übermächtig. Mächtiger als alles, was von Intellekt oder Humor oder den Diktaten des Eigeninteresses bestimmt ist, deshalb ist mit Rationalität da nicht heranzukommen. Haben wir andere Möglichkeiten als die Psychoanalyse, um auf dieser Ebene mit der Heilung anzusetzen? Exorzismus vielleicht?

»Ist Eifersucht das richtige Wort, was meinen Sie?«, fragte der Analytiker.

»Wut?«

»Wut vergeht.«

»Ich vermute, Sie wollen, dass ich Neid sage.«

»Was ist Ihrer Ansicht nach Neid?«

»Ein andauernder Zustand«, sagte ich. »Nicht sprunghaft wie Eifersucht. Und zugleich von Verlangen und Hass genährt. Er ist auf das aus, was er hasst.«

Die letzte Szene von *Nur nicht unsichtbar werden* spielt an einem Weg hoch über dem Atlantik. Dort saßen der Hund und ich eines Weihnachtsnachmittages, als sich der stille kalte Abend herabsenkte. Hinter uns ragte die Kalksteinlandschaft des Burren auf und vor uns lagen die feinen Formen der Aran Islands im türkisen Meer. Jenseits von ihnen wogte der dreitausend Meilen breite Ozean zwischen mir und Amerika. »... vor mir«, schrieb ich in den letzten Worten der Autobiographie, von der ich damals dachte, sie würde meine letzte sein, »vor mir öffnet sich ein Ausblick: leer und unbeschreiblich weit. Zwischen einer Landschaft aus Stein und dem weiten blauen Raum – da bin ich.« Jetzt, nach weiteren sechs Jahren und am anderen Ende der dreitausend Meilen, sehe ich, wie vage diese Vision war und wie wenig sie beinhaltete, das wirklich mit mir zu tun hatte. Die Zeit kam darin nicht vor. Und wo sind andere Menschen? Was nützen mir Stein und Raum jetzt, in der realen Welt? Ich möchte mich freuen können, wenn die Kleine zu uns ins Bett gelaufen kommt. Ich möchte ihr sagen können, dass ich mir vorgenommen habe, mit ihr ein paar Gedichte auswendig zu lernen – amerikanische und englische und irische. Ich möchte nach Mitteleuropa fahren, nach Ungarn und Böhmen, in all die kleinen Städte, in denen Johns Vorfahren Rabbis und Fabrikbesitzer waren, wenn sie dafür alt genug ist, in einem guten Auto – er ist ein wunderbarer Fahrer –, ich allein mit ihm und mit ihr.

Doch ich verliere den Mut. Vor ein paar Tagen sagte ich zu ihm, nachdem ich Türen geknallt und die beiden angeschrien und die glückliche Stimmung des Tages zerstört hatte:

»Ich weiß, was ich tun könnte. Ich könnte jetzt nach Irland zurückgehen und in ein paar Jahren vielleicht wiederkommen.«

»In ein paar Jahren?«

»Wenn sie größer ist. Vielleicht schaffe ich es dann besser ...«

Doch schon, als ich es aussprach, wurde mir klar, dass man so etwas in dieser Lebensphase nicht sagen darf. Man hat keine Jahre mehr zu verspielen.

Was will meine Mutter eigentlich von mir? Was soll ich tun? Soll ich so enden wie sie? Sie ist mit Ende sechzig gestorben – ihr genaues Alter gab sie nicht preis. Sie hat ihre Seniorenkarte nie abgeholt. Sie wollte ohnehin nicht verreisen und hätte sich für die Karte auch nicht fotografieren lassen wollen, obwohl sie trotz ihrer erbärmlichen Diät aus Shortbread, Haferbrei und Kakao oft noch schön aussah. Ihre Haut und Zähne und Haare hatten immer noch etwas von dem Glanz bewahrt, den sie als junges Mädchen am Meer gehabt hatte. Sie besaß eine blühende Gesundheit. Mit sturer Entschlossenheit arbeitete sie an ihrer eigenen Zermürbung – bis der Tod sie endlich holte. Sie musste ihm durch die schreckliche Langeweile ihres Lebens den Weg bereiten. Keiner war mehr wichtig, nachdem mein Vater gestorben war – auch er nicht mehr, denn er war tot. Zwei oder drei ihrer Kinder sah sie noch gern, aber nur wenn sie sie bei ihrem täglichen Programm zur Flucht aus der Realität in Ruhe ließen. Die Leute, mit denen sie seit über zwanzig Jahren immer in derselben Kneipe getrunken hatte, starben allmählich weg, und die noch übrig waren, brachten kaum die Kraft auf, sich noch zu grüßen. So ist es in vielen irischen Kneipen – es gibt einen harten Kern von Stammgästen, die so gegen sich selbst und die anderen abgestumpft sind, dass sie im Grunde kaum noch etwas anderes sind als die Ahnenfiguren, die in Papua-Neuguinea auf Felskämmen im Dschungel aufgestellt werden.

Ich sehe, wie es Leuten ergeht, wenn sie das Leben satt bekommen. Frauen scheinen auszutrocknen und Männer werden träge. Sie kümmern sich nur noch um Dinge, die sie ohne Mühe schaffen – die Familie, Arbeitskollegen, einen kleinen Freundeskreis –, und schnallen den Gürtel weiter und werden im Ganzen schlaff und fett. Ihre Körper zeigen, dass sie sich in das Schicksal des Alterns fügen. Doch bei mir beobachte ich den Verfall, als geschehe er einer anderen. Bei meiner Mutter wurde die Haut am Oberarm nicht zu einem Lappen wie bei mir, ihr Hals wurde nicht sehnig, und um ihre Hüften sammelte sich kein Ersatzreifen, der ihrem Gang etwas Watschelndes verlieh. Nicht einmal ihre Haare wurden grau. In regelmäßigen Abständen, wenn sich ihr Zustand verschlechterte und sie auf der Straße bewusstlos wurde oder sich in der Öffentlichkeit übergab oder auf dem Bett lag und vor Schmerzen stöhnte, schaffte meine ältere Schwester sie in eine Klinik zur Entziehungskur, und sie akzeptierte das strenge Regime dort mit der Unterwürfigkeit, die zu der Kindlichkeit gehörte, die sie gleichzeitig jung hielt. Eine rudimentäre Eitelkeit erwachte. Sie bat eine von uns, ihr Rasiercreme für die Beine mitzubringen – ihre Hände waren wieder einigermaßen ruhig – und ein Tönungsshampoo, das Heavenly Harmony hieß. Sie war so selbstzerstörerisch, wie man nur sein kann, und erwischte doch ihr Haar jedes Mal, bevor die Ansätze ihre kastanienbraune Farbe verloren. Vielleicht könnte ich meine Mutter wenigstens zum Teil abschütteln, wenn ich meine Haare grau werden ließe. John hat mich darum gebeten – er sagte, es würde ihm sehr gefallen. Er küsste das Grau an der Schläfe unter meinen blonden Strähnchen. Manchmal denke ich, ich könnte ihn für immer lieben.

Diese Liebe, um die ich mich bemühe, und zu der auch gehören würde, dass ich sein Kind mitliebe, ist vielleicht nichts Unerreichbares. Ich glaube, es hat sich schon etwas geregt, das noch zu unmerklich ist, als dass man es eine Bewegung nennen könnte. An einem stillen, heißen Tag – ich glaube, es war in Umbrien – habe ich einmal ein mit goldenem, erntereifem Mais bestelltes Feld betrachtet und mich gefragt, woher ich wusste, dass ein Rascheln durch die ausgetrockneten Blätter ging, da in den Stängeln keine Bewegung zu erkennen war. Ungefähr so ist das Gefühl.

»Wie würden Sie Ihr Verhältnis zu Ihrem Vater beschreiben?«, fragte der Analytiker.

»Nun«, antwortete ich sehr zögerlich. »Ich mochte ihn. Ich fand ihn interessant …«

»Wie würden Sie sein Verhältnis zu Ihnen beschreiben?«

»Nun«, noch zögerlicher, »er mochte mich auch. Jedenfalls manchmal. Oder zumindest, als ich erwachsen war …«

Es gab ein Bündel alter Briefe, das ich mir daraufhin noch einmal ansehen könnte. Ich radelte so schnell es ging nach Hause, nun ja, zu Johns Haus, das ja nicht ganz mein Zuhause ist. Durch eine Straße mit ansehnlichen alten Backsteinhäusern, kurzer Blick auf das exotische Blau des Hafens von New York über das harte Schwarzweiß der Industrielandschaft am Gowanus Canal, dann durch Sonnensprenkel unter Laubbäumen hinauf in das kühle Haus. Ich ließ Hund und Katze in den Garten, aber ich gehe nicht gern selber hinaus. Da draußen hat er geheiratet.

Die Briefe waren in dem verschlossenen Koffer gewesen, den ich aufgebrochen hatte, als ich damals mit *Nur nicht unsichtbar werden* anfing. Sie waren nach England an meinen damaligen Lover gegangen, und der hatte sie mir später zurückgeschickt. Ich hatte sie nach Amerika mitgenommen, um sie unter Umständen für meinen Roman als Informationsquellen für die sechziger Jahre zu benutzen. Jetzt breitete ich sie auf dem Küchentisch aus und nahm mir einen roten Buntstift von der Kleinen, um die Seiten durchzunummerieren. Mein Vater war dreimal erwähnt.

Eins:

Daddy hat mich gestern Abend angerufen und mich gefragt, ob ich ein paar Shilling für ihn hätte, und natürlich hatte ich keine, aber ihn kann ich nie um Geld bitten.

Zwei:

Ich glaube, selbst Daddy geht meine virulente Reaktion auf das alles hier zu Herzen, er klang am Telefon sogar regelrecht besorgt. Ich bin sicher, wenn ich zu Hause nichts verheimlichen würde und erklärte, wie schrecklich es hier ist, und weinte, dann müsste ich nicht wieder her. Einmal hat er mich trotz meiner Einwände gezwungen, Steno und Schreibmaschine zu lernen, und ich habe geschmollt und mich bitter beklagt, ohne dass es was nützte. Aber eines Tages bin ich mittags zum Essen nach Hause gekommen und konnte einfach nicht mehr, ich habe geheult und geheult und das hat sein steinernes Herz erweicht und er hat gesagt: »Schon gut, mein Hühnchen, du brauchst nicht mehr hin.«

Drei:

Ich hab vergessen, dir das Geld wiederzugeben, das du mir geliehen hattest, bevor Daddy mir was geschickt hat.

Ich hatte geglaubt, dass er so etwas nicht getan hatte – anrufen, Geld schicken. Ich habe immer gedacht, er habe alle Fürsorge meiner Mutter überlassen. In meiner Erinnerung war die Dynamik zwischen ihnen beiden. Er war ihr gegenüber zugleich außerordentlich duldsam und auf kühle, elegante Art unfreundlich, und sie machte alles so, wie sie es sich in den betrunkenen Kopf setzte. So. Was ist mit der Väterlichkeit in den drei Briefstellen? Es ist nicht eben viel im Vergleich zu der allumfassenden, nimmer endenden Vaterliebe, mit der ich mich zurzeit anzufreunden versuche. Aber es ist besser als nichts. Und in jedem Fall alles, was ich habe.

Doch das eigentlich Hoffnungsvolle ist, dass ich diese Fingerzeige jetzt sehe, während ich sie vor sechs Jahren, als ich die Briefe zuletzt las, nicht gesehen habe. Liegt es an der amerikanischen statt der irischen Luft, dass ich Zeugnisse jetzt anders lese? Oder kann es sein, dass Johns Liebe zu seinem Kind in mir die Erinnerung an väterliche Liebe weckt?

Ich sagte zum Analytiker: »Vielleicht hat mich mein Vater doch geliebt.«

»Sie haben gesagt, dass er Sie mochte«, meinte der Analytiker. »Jetzt sagen Sie, dass er Sie geliebt haben könnte. Das ist ein alles entscheidender Unterschied.«

Das ist alles. Das ist das unmerkliche Rascheln im Maisfeld.

Ich war gerade unter der Dusche, um mich abzukühlen. Es ist so heiß, dass sogar die kleinen Finken, die normalerweise durch die Kiefernzweige flitzen, verschwunden sind. Alles außer den Grillen ist still und verlangsamt. Ich habe nachgesehen, ob Mimmo noch atmet, weil er auf der Seite liegt und die Beine so ordentlich ausgestreckt hat, als wollte er zeigen, dass er ein braver Hund ist. Ich legte meinen Kopf sanft auf sein weiches graues Ohr. Ich habe Angst, dass er sterben könnte, weil er alt ist und Krampfanfälle bekommt, aber im Moment hat ihn schlicht die Hitze umgemäht. Es ist schrecklich schwül. In der Zeitung steht, in der Stadt sei es sengend heiß. Hier ist die Hitze feucht. In Irland kommt solches Wetter kaum jemals vor. Als ich gestern Abend mit dem Hund den Weg am Waldrand entlanggegangen bin, funzelten ein paar Sterne am dunstigen Himmel, über den von Zeit zu Zeit ein helles Flackern ging. Wetterleuchten. Heute Abend fühlt sich die Luft so fremd an, als wäre ich irgendwo im exotischen Ausland – in Dakar oder Manila. Die Schlafzimmerfenster sind groß, und die Bäume reichen fast heran, aber es gibt nirgends einen kühlen Luftzug, und die Häuser in der Kolonie sind nur für den Sommer ausgebaut, die alten Leitungen sind zu schwach für eine Klimaanlage. Letztes Wochenende war John allein hier. Die Haare auf seinen Schultern waren zu verschwitzten Locken gedreht. Unsere Körper waren zu glitschig für die Liebe. Wir rollten auseinander, um der Wärme des anderen Körpers zu entkommen. Noch Montagmorgen bei Sonnenaufgang, als er aufstand, um nach Manhattan zur Arbeit zu fahren, war es mir auf dem Bett zu warm, als dass er mich mit dem Laken zudecken durfte.

Meine Hände auf der Tastatur sind geädert und voll Sommersprossen. Mir ist meine Physis umso bewusster, als ich immer nur dasitze und schreibe. Die ganzen komplexen Körpergefühle melden sich – mein gewölbter Bauch am Schenkelansatz, meine nackten Füße auf dem Holzfußboden, der leichte Schmerz an den Pobacken vom stundenlangen Sitzen auf dem Holzstuhl, die Spannung in der rechten Hand, die ständig über der Maus liegt. Die heiße, stille Luft an meiner Haut. Den ganzen Sommer hatte ich den Kinderlärm, das Laufen und Lachen zwischen den Fahrrädern und Schaukeln, und wenn abends die letzten Rufe verhallten, hörte ich in der Stille manchmal das Wispern eines herannahenden Regenschauers. Jetzt regnet es auch. Dann werden meine Turnschuhe morgen früh, wenn ich mit dem Hund über das Gras an den See gehe, triefend nass sein, bevor ich am ganzen Körper nass werde. Ich glaube, ich werde mich zeitlebens an das Gefühl des Holzstegs hier erinnern – wie er leicht nach vorne hin abgesenkt ist, wie das kalte Wasser über die warmen Bretter schwappt. Ich gleite vorsichtig hinein, um die glatte Wasserfläche nicht zu zerstören. Enten paddeln seelenruhig vor meiner Nase einher. Der Hund hockt an den Büschen am Ufer und sieht den Bienen zu. Ich gehe wieder in die Wohnung und unter die Dusche, laufe zwischen den kleinen Zimmern hin und her, setze den Kessel auf, um mir Tee zu machen, suche einen Kamm, drücke eine Taste am Laptop, damit der Bildschirm aufleuchtet und ich stirnrunzelnd meine letzten Sätze lesen und sie an dem Ideal messen kann, das ich im Kopf habe. Eine CD höre ich immer wieder, mit Beethoven-Sonaten für Cello und Klavier. Manchmal bin ich das Cello und manchmal das Klavier. Der große Kühlschrank brummt. Man kann die Tür einen Augenblick aufmachen und die kalte Luft genießen.

Bitte gib, dass mir noch eine lange Zeit in dieser Welt beschert ist, dass er bei mir bleibt und nicht an den Schwierigkeiten, die ich mache, verzweifelt! Ich habe im zentralen Amt für Statistik in Dublin angerufen. Jetzt habe ich es amtlich: Nach der Statistik wird eine Frau, die jetzt in meinem Alter ist, achtundsiebzigdreiviertel Jahre alt werden. Dann hätte ich noch sechzehneinhalb

Jahre. Bis dahin bin ich vielleicht zum Sterben bereit. Vermutlich kommt es darauf an, wer vorher schon alles stirbt. Ein Kind findet sich, wenn vielleicht auch zögernd, bereit den Spielplatz zu verlassen, wenn alle Spielkameraden nach Hause gegangen sind. Eine erste Warnung hat es für unsere Generation gerade gegeben. Unsere Schwägerin Trudi, die seit fünfunddreißig Jahren zur Familie gehört, hat in diesem Jahr erfahren, dass sie Krebs hat. Sie unterzog sich zunächst einer Chemotherapie und wurde dann operiert. Im Anschluss an die Operation bekam sie einen Infekt und lag lange auf der Intensivstation, und als ich sie nach alldem wiedersah, wirkte sie so schwach und zerbrechlich wie eine uralte Frau. Trotzdem sieht es aus, als werde sie zu unserem dritten Familienurlaub demnächst mit nach Italien kommen, ihr Haarschopf schon wieder zu einem blassen Fell gewachsen, Hand in Hand mit meinem Bruder, ein perfektes Paar. Wenn alles gut geht, wird John mich begleiten. Ich weiß, dass meine Schwestern sich mit echtem Interesse nach seiner Tochter erkundigen werden. Gib, dass ich den Takt aufbringe, nichts zu sagen, sondern zusehe, wie sich sein Gesicht aufhellt, weil er Gelegenheit hat, über sie zu reden. Gib, dass ich ihm nicht das Wort abschneide! Luke und sein Lover haben ein Quartier im selben Dorf gebucht. Wenn es alles klappt, wenn es mit Trudi weiter bergauf geht, wenn unser jüngerer Bruder sich in einer guten Reha von seiner Operation erholt und wir ausnahmsweise wissen, wo er ist und dass er gut versorgt ist, wenn sonst nichts schief geht, wenn John mich noch liebt – wenn wir eines Abends zu zwölft zusammen an einem Tisch hoch über dem Meer sitzen, dann wird das der Moment in meinem Leben sein, wenn ich zum ersten Mal wirklich fast wunschlos glücklich bin. Ich weiß sehr wohl, dass ich im echten Leben nicht einmal die Größe habe, Johns Tochter von der Schule abzuholen. Aber wenn ich meine Wahlfamilie dieses eine Mal um mich versammeln darf – könnte es dann nicht sein, dass die wütende Achtjährige in meinem Innern endlich verstummt und der realen Achtjährigen ihren Raum zugesteht?

Trudi musste nach der Operation warten, bis man ihr sagen konnte, ob sie noch Krebs hatte oder nicht. Während dieser Zeit rief ich sie aus Amerika an und erzählte – weil das für die Familie eine weltbewegende Neuigkeit war –, dass ich einen Mann gefunden hatte, von dem ich glaubte, dass ich ihn lieben könne. Aber es gebe Probleme, sagte ich, er sei schon zweimal verheiratet gewesen und teile sich die Erziehung seines Kindes mit der Frau, und das gefalle mir nicht …

»Ach, *trau dich*, Nuala.« Plötzlich hatte Trudis erschöpfte Stimme Kraft. »Ach, wenn ich es gewusst hätte!«, sagte sie. »Ich sehe es jetzt, Nuala – du darfst dein Leben nicht verschwenden, nutz deine Zeit, *trau dich*!«

Meine australische Freundin in New York sagte neulich zu mir: »Meine Kinder sind Amerikaner. Alles ist auf den Kopf gestellt. Meine Kinder sind meine Wurzeln hier.«

Könnte dieses Kind einer anderen Mutter etwas Ähnliches für mich sein? Könnte ein solches Geschenk mich erwarten? Dass durch sie und ihren Vater ein neues Leben auf amerikanischem Boden Fuß fasst und wieder zu wachsen beginnt? Ist das so unwahrscheinlich? Die Wahrheit ist, dass mein Leben immer eine Mischung war – ich war schon ganz unten am Boden, aber ich habe nicht aufgegeben; ich verliere mich, aber ich finde mich wieder. Ich weiß offensichtlich manches, was ich nicht zu wissen glaube. Wenn ich auf den Anfang der sechs Jahre, über die ich hier schreibe, zurückschaue, dann wusste ich, dass Nell und ich uns trennen sollten, und war klug genug, Lukes Freundschaft nicht in den Wind zu schlagen, obwohl sie mich anfangs bedrohte, und ich war klug genug, damals die Gelegenheit zu ergreifen, *Nur nicht unsichtbar werden* zu schreiben. Könnte ich es nicht weiter irgendwie schaffen, die große Linie richtig hinzukriegen? Wenn er aus ihrem Zimmer kommt, nachdem er ihr einen dicken, schmatzenden Gutenachtkuss gegeben hat, und das Licht ausdreht, könnte ich dann nicht wie eine liebevolle Mutter fragen, ob ihr die Geschichte gefallen hat? Oder einfach lächeln, zum Kuckuck. Mehr müsste gar nicht sein. Ich muss schließlich nur eine passable Figur abgeben. Ich brauche keine Superfrau zu werden.

Ich wäre gern Jane Eyre, die steif und rigide ist, aber am Ende von Vater und Kind geliebt wird, und nicht die Verrückte auf dem Dachboden mit der irrsinnigen Lache. Von allem, was ich mir im Leben wünsche, ist das, was ich am liebsten lernen würde, gewöhnliche Alltagsliebe. Wenn ich stetiger lieben könnte, als es mir bisher gelungen ist – als ich es bei anderen erlebt habe –, dann könnte mich das retten, das glaube ich gewiss. Und dann – hätte ich auch viel zu geben. Ich könnte das Kind zum Lachen bringen. Ich könnte seine Liebe zu ihr um eine zweite Hälfte ergänzen. Schon jetzt muss ich mich manchmal fast bremsen, um nicht spontan auf sie zuzugehen. Den Impuls verstehe ich noch nicht ganz. Mitleid ist es nicht, obwohl sie mir manchmal Leid tut. Ich sehe sie in Brooklyn durch den Durchgang von der Küche im Nebenzimmer auf der Couch sitzen, wie sie ein Video guckt oder malt oder ihrer Puppe etwas vorsingt. Ich weiß, wie schutzbedürftig wir alle sind. Sie als Person hat mich nie gestört. Dass ich sie nicht liebe, liegt nicht daran, dass sie nicht liebenswert wäre, obwohl sie natürlich manchmal eine Nervensäge ist. Um sie sammeln sich mächtige Blitze, die sie nicht sehen kann, und ihre kleine Person ist der Blitzableiter.

Es kann sein, dass ich mich stetig dem Licht nähere, ohne es zu merken. Auf der letzten Seite von *Nur nicht unsichtbar werden* schrieb ich, dass es mir gelungen sei, meine Eltern weder als besonders gut noch besonders schlecht zu sehen, sondern als eine Mischung, wie ich auch eine bin. Und ich schrieb, ich hätte ihnen vergeben. Doch mittlerweile frage ich mich, ob ich mir die Versöhnung aufgezwungen habe, weil das Buch zu Ende ging. Heute scheint mir, dass man niemals endgültig mit den Eltern fertig wird. Mag sein, dass ich dabei bin, mich mit meinem Vater abzufinden, aber meine Mutter wird mich, glaube ich, immer verfolgen. Dennoch stimmt es mich hoffnungsvoll, dass ich mittlerweile daran zweifle, ob es das Beste wäre, ihr zu vergeben. Es steht jetzt weit mehr auf dem Spiel als früher, und das Leben ist viel weiter fortgeschritten. Vielleicht sollte ich mich diesmal aufraffen, mit ihr zu brechen? Und ihr zu sagen, dass sie endlich ohne mich zurechtkommen muss?

»Hör zu!«, könnte ich zu ihr sagen, und sie würde mich von ihrem hohen Hocker an der Bar ansehen, auf dem sie sitzt und liest und sich mit einer zittrigen weißen Hand an ihrem Glas festhält. »Hör zu!« Und wenn sie mir dann Platz machen will, damit ich mich zu ihr setze, wenn sie dem Mann hinter der Bar ein Zeichen gibt, dass er mir etwas zu trinken bringen soll, dann sage ich: »Lebe wohl.« Und auch wenn ich es mir nie vergeben würde, würde ich mich umdrehen und zur Tür hinaus verschwinden.